零售价随机波动下的易逝品单周期最优订购策略问题研究

郑敏超 著

中国农业出版社
北 京

前言
FOREWORD

在当今经济社会的发展中，供应链管理已成为企业成功的关键因素之一。其中，订购决策在整个供应链管理中扮演着至关重要的角色。作为供应链管理中的核心环节，订购策略不仅直接关系到企业的成本控制，还对收益、客户服务、生产规划和供应链协同等方面产生深远影响。合理的订购决策能够有效控制企业的成本，从而实现更高的收益。数据显示，供应链成本在企业总成本中的比重一直在不断增加。通过优化订购策略，企业能够降低采购成本、库存成本和运输成本等各项费用，从而提高企业的盈利能力。除此之外，供应链订购决策直接影响着客户服务水平，及时、可靠的产品供应对于客户满意度至关重要，大多数消费者表示，如果一家企业的产品缺货，他们会转而购买竞争对手的产品。因此，通过优化订购策略，确保及时交付和产品可靠性，可以提升客户的满意度和忠诚度，增强市场竞争力。再者，订购决策对于生产规划和运营效率具有重要影响。合理的订购策略可以帮助企业更好地规划生产，提高生产资源的利用率，降低生产成本。同时，供应链订购决策需要与供应链中其他环节的决策协同配合。整个供应链的协同作用可以实现资源共享、信息共享和风险共担，提高整体效率和灵活性。因此，供应链订购决策的研究和管理，可以使企业提高竞争力，实现可持续发展。企业应该重视采取科学有效的策略来优化供应链运作，实现收益最大化。

随着全球化和技术革新，特别是电子商务和人工智能技术的迅猛发展，零售行业正经历着前所未有的变革。这些变革带来了诸多机遇和新的挑战。其中之一就是价格波动销售普及，在传统实体销售和电子商务平台中都得到了广泛应用。以生鲜农产品市场为例，价格波动不仅受季节变化、气候条件等自然因素影响，还受市场供需状况、竞争强度、顾客购买行为和议价能力等因素影响。为了尽快售出产品，零售商被迫频繁调整价格，导致零售价出现频繁波动。这种价格波动性为零售商与顾客之间的交易带来了更多的机会和变数。在实体市场中，商家通过限时折扣、买赠促销等营销策略动态调整商品价格，吸引顾客增加购买，提高销售额和市场竞争力。而在在线销售渠道的兴起下，利用大数据分析和云计算等先进技术，电子商务平台实时监测和分析消费者行为，灵活调整价格策略以适应市场需求的变化。这导致了零售价在不同时间，甚至同一时间不同顾客间出现波动。这种零售价波动销售的模式我们称之为价格随机波动销售。价格随机波动销售带来更高的利润，也间接影响了消费者的购买决策，从而导致需求的不确定性增加。这种价格与需求双重不确定性，增加了运营的复杂性，给零售商的库存管理和订购决策带来了巨大挑战，使得订购决策优化的问题变得更加困难。

价格随机波动销售对易逝品的订购决策影响尤为显著。易逝品，是指那些容易腐败、失去新鲜度或者品质下降的产品，通常需要在较短的时间内进行消费或者处理，这些产品的特点包括易腐烂、易变质、保质期短等，因此对于其订购决策的精准性和时效性要求极高。易逝品的订购决策直接关系到产品的质量和安全性，全球每年由食品安全问题导致的疾病和死亡人数估计高达数百万人，因此，对于易逝品而言，及时订购并保持新鲜度至关重要。在进行易逝品订购决策时，过多的库存可能导致产品过期损失，而过少的库存可能造成供应中断，影响客户服务水平。通过对易逝品订购策略的优化，可以降低库存风险，减少浪费，提高资源利用效率。传统上，零售商在进行易逝品的订购决策时，往往依赖于稳定的价格预期和相对确定的需求预测。然而，由于易逝品的特性，供应链成员在考虑产品的新鲜度和品质的同时以期尽快将其卖完，这就导致价格波动性加剧。当易逝品价格波动显著，变得难以预测时，订购决策变得更加复杂和困难。

本书的研究目的在于探讨如何在价格随机波动和需求不确定性的环境下，制定出最优易逝品单周期订购策略。通过对现有文献的深入分析，我们发现大多数研究依然采用了固定价格假设，忽略了价格波动对需求以及订购策略可能产生的影响。因此，本研究旨在填补这一研究空白，通过构建更贴近实际的模型来模拟价格波动对易逝品订购策略的影响。

在研究方法上，本研究首先定义了价格波动的几种典型模式，并分别针对单阶段和两阶段价格波动情形，构建了易逝品单周期订购模型。通过对这些模型的深入分析，提出了四种不同决策准则下的最优订购策略，并利用数学方法证明了这些策略解的存在性和唯一性。这对于理论研究和实际应用都具有重要意义，因为它为零售商提供了一种可靠的决策支持工具。此外，本研究引入了Copula函数，以更准确地刻画价格波动与需求之间的相关性。采用这种方法，能够在模型中考虑到价格与需求的联动效应，从而提高订购策略的准确性和适应性。基于此，本研究进一步开发了两种价格波动情形下的近似最优订购策略求解算法，并通过理论分析和数值实验验证了算法的有效性和收敛性。在数值实验部分，通过模拟不同的市场情况和参数设置，详细分析了价格波动性、需求不确定性、需求分配、单位处理费用、单位生产成本以及Copula相关性等因素对订购策略的影响。这些实验结果不仅验证了所提模型和算法的有效性，也为零售商在实际操作中做出更加精准的订购决策提供了实证支持。

本研究的贡献在于，它不仅扩展了传统的易逝品单周期订购模型，而且通过考虑价格随机波动的影响，为零售商提供了一套全新的订购策略制定工具。这些工具和方法不仅可以帮助零售商在不确定的市场环境中做出更好的订购决策，还可以为供应商在确定最优批发价和订购量时提供参考。因此，研究成果对于供应链管理的理论与实践都具有重要的指导价值。

最后，本书指出了未来研究的方向。随着市场环境的不断变化和技术的进步，价格波动和需求不确定性的问题将变得更加复杂。因此，未来的研究可以进一步探讨如何结合更多的市场因素和技术手段，以提高订购策略的灵活性和稳健性。此外，可以考虑将研究的方法和模型应用于其他类型的产品或服务，以验证其广泛的适用性和有效性。

综上所述，本书通过深入分析价格随机波动下的易逝品单周期订购问题，提出了一系列创新的模型和方法，不仅丰富了供应链管理领域的理论体系，还为实践中的决策提供了有力的支持。在面对不断变化的市场环境和日益增加的不确定性时，本书所提供的研究思路和工具，将为零售商和供应商带来新的启示和指导。

著　者

2024年3月

目录

CONTENTS

第1章 绪　论

在现代经济体系中，面对瞬息万变的市场需求，零售商和供应商面临的挑战尤为严峻，特别是在易逝品的订购策略制定方面。易逝品，包括生鲜食品、时尚服装、最新科技产品等，因其市场寿命短暂、价值随时间迅速衰减的特性，对销售策略和订购决策机制提出了极高的要求。精确的订购决策对于企业来说至关重要，它不仅可以优化库存水平、减少过期导致的损失，还能确保顾客能够持续获得最新鲜的产品，显著提升顾客满意度和忠诚度。

随着全球经济波动、市场趋势的快速更迭以及供应链潜在中断的风险增加，企业运营所面临的不确定性愈发显著。特别是在电子商务盛行的今天，产品信息高度透明，消费者可以轻松比较不同渠道的价格信息，导致价格波动销售成为常态。这种波动不仅受供需关系的影响，还与市场竞争状况、消费者购买行为紧密相关，进一步加大了易逝品订购决策的复杂度。例如，电子商务平台上的商品价格可能因应即时市场需求和促销活动，在一天之内多次调整。虽然这增强了企业的市场适应性和竞争力，但也给供应链管理带来了新的挑战，尤其是在应对价值迅速衰减的易逝品时，企业必须更加灵活、敏捷地做出响应。

在这样的背景下，传统的供应链管理模式和固定价格销售策略已难以满足快速变化的市场需求。价格波动与需求不确定性的双重压力使得订购决策更为复杂，企业不仅需要根据当前市场信息和未来需求预测进行价格调整，还必须在不确定性条件下优化库存和订购策略，以实现利润最大化或损失最小化。尽管报童模型作为库存管理的经典模型为研究易逝品的单周期订购问题提供了理论基础，但它在处理价格波动和多阶段调整的实际问题上存在局限。随着市场环境的不断演变和电子商务技术的发展，对于同时考虑价格波动和需求不确定性的研究变得尤为迫切。

因此，本书探索易逝品在零售价随机波动销售环境下的单周期订购问题，填补了现有研究的空白，通过构建和分析一个新的订购模型，探索在不同价格波动模式下的最优订购策略。本章从研究背景入手，详细介绍了易逝品订购问题的实际意义和现状，随后阐述了研究内容和意义，并明确了本研究的创新点和章节安排，旨在为企业提供在不确定环境下做出更加科学、灵活的订购决策的理论依据和实践指导。

1.1 研究背景

1.1.1 研究的现实背景

(1) 零售价随机波动销售现象

随着市场更新换代的加速，越来越多的产品趋于短生命周期性，商品的严重过剩造成了激烈的竞争，促使零售商不得不频繁改变价格，以尽快将产品卖完，获取更高的市场份额。加上近年来数字技术的广泛应用，使得在线零售的价格更改变得十分便捷，信息系统可以根据顾客搜索情况、购买数量等动态调整价格，价格波动销售现象十分常见。随着价格波动频率的增加，同种商品的零售单价在不同时间面对不同顾客不尽相同，近似地可将零售价看作一个不确定的随机变量，我们称之为价格随机波动销售。

价格随机波动销售模式在现代零售领域尤为显著，在包括传统实体销售渠道和电子商务平台中的应用都极为广泛。以生鲜农产品市场为例，这一领域的价格波动不仅受到季节变化、气候条件等自然因素的影响，还与市场供需状况、同类产品之间的竞争强度、顾客的购买行为和议价能力等因素紧密相关。这种价格的不确定性和波动性为零售商与顾客之间的交易带来了更多的变数和机会。在实体市场中，商家通过采用各种营销策略，如限时折扣、买赠促销、会员专享价格等，动态地调整商品价格，以此吸引顾客增加购买，从而提高销售额和市场竞争力。顾客在这一过程中，通过积极讨价还价，亦能获得更加优惠的购物条件，实现双赢。例如，根据对杭州某超市生鲜农产品销售情况的调研结果，多数生鲜产品的价格波动幅度在10%～50%。对散装胡萝卜、金果猕猴桃和“丑八怪”柑橘2019年3月销售情况进行统计分析，得到日均单价波动的情况，见图1-1。

除此之外，在线销售渠道的兴起进一步放大了价格随机波动销售模式的应用范围和影响力。随着互联网技术的飞速发展，电子商务平台利用先进的信息技术手段，如大数据分析、云计算等，对消费者行为进行实时监测和分析，以此为基础进行灵活的价格调整。在线平台上，商品价格的变动成本极低，零售商可以根据实时的市场反馈迅速调整价格策略，以适应消费者需求的变化，增强市场竞争力（Gorodnichenko et al.，2017）。例如，一些电商巨头通过精密的算法模型，监测消费者的浏览和购买行为，实时调整商品价格，以吸引不同需求和偏好的消费者群体。美国著名电子商务分析公司Profitero对某电商平台2018年6—7月的销售数据分析显示，该电商平台自营商品中，25%的商品

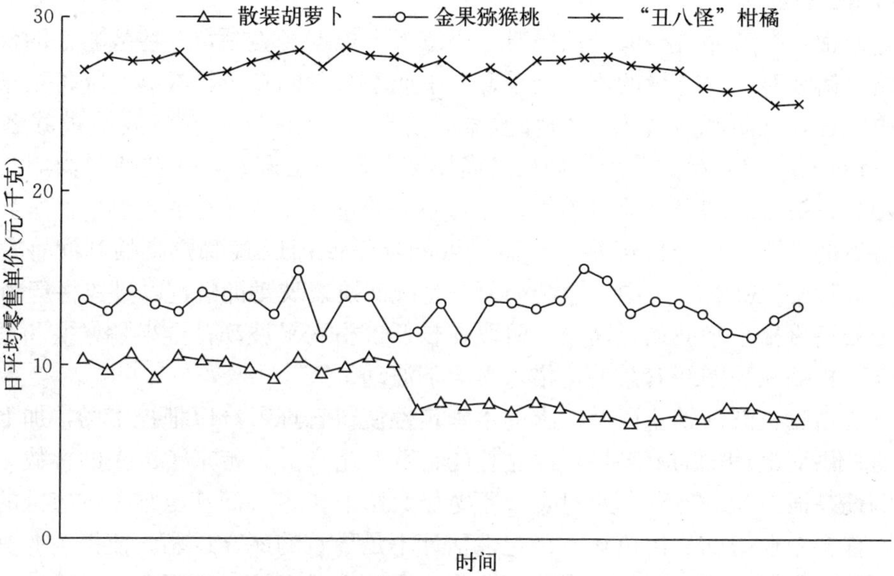

图 1-1　2019 年 3 月某超市农产品日均单价波动情况

数据来源：通过对杭州某大型连锁超市 2019 年 3 月销售情况调研获得。

零售价在一天内会发生多次变化，而第三方卖家销售的商品中有 71%的商品在一天内价格会发生变化。价格波动销售在国内电商平台也非常常见（Chen et al.，2016）。经常网购的消费者会发现，同一种产品在不同的时间零售价格是不同的，甚至同一时间同一产品也会以不同的价格出售。

价格波动本质上受供需关系的影响。在市场经济中，需求和供给是决定商品价格的关键因素。需求的变化可以引起价格的波动，而价格的变化反过来也会影响消费者的购买决策，从而改变需求的状态。这种相互作用意味着价格波动和需求的不确定性是相互影响、相互制约的。产品的更新换代加速、消费者偏好的多样化以及对个性化商品的追求带来了需求的剧烈变化。同时，气候条件的不确定性、技术进步的速度以及国内外政策法规的变动和货币价值的波动等外部因素，都会通过影响供需关系进一步影响到商品的零售价格。研究显示，与供应端变化引起的价格波动相比，由需求端变化引发的价格波动往往具有更强的影响力（贾凯威等，2016）。这是因为，在当前消费者行为日益多样化、个性化的市场环境下，消费者对商品和服务的需求更为复杂且变化迅速。消费者对价格的敏感度随着市场上可替代商品数量的增加而提高，他们更加倾向于寻找性价比更高的产品。因此，企业为了吸引消费者、扩大市场份额，不得不通过灵活的价格策略来适应这种快速变化的需求模式（埃森哲，2020；高峻峻等，2009）。

通常，在产品价格波动的同时，决策者会根据经验制定一些战略性的价格策略，诸如对库存过量的产品会采取季中或季末大幅打折等战略型降价策略来吸引顾客，从而减少库存，增加收益，导致不同的产品价格波动模式各异（Han et al.，2017）。典型的如快时尚服装产品，据调查，一些快时尚服装品牌均会在销售之初采用原价销售，随着服装的过季以及库存的过剩，商家会在销售后期采取大幅降价策略，从而尽可能降低库存以获取更高的利润（蹇明等，2015）。在图 1－1 中，散装胡萝卜呈现两阶段波动的情况，即第一阶段在一个较高价格水平波动，而第二阶段在较低价格水平波动；金果猕猴桃和“丑八怪”柑橘几乎围绕着某一价格水平上下波动。

价格随机波动销售以及需求的不确定性使得管理者难以把控市场，加上企业所处供应链环境的复杂性，给企业的订购及生产决策带来了巨大的挑战，由订购偏差而造成的库存严重过剩或不足极大影响了零售商甚至整个供应链的收益。许多企业遭到了由市场不确定性估计不足导致的库存过剩，使得企业资金链断裂，经营困难。例如，在我国，许多服装企业面临着高库存的风险。为了迎合市场需求，服装企业不断推陈出新，而实际需求又受到价格变化以及消费者消费偏好等众多因素的影响，特别是时装产品具有易逝的特征，较短的生命周期使得无法像对待一般产品一样，依赖及时补货来进行补偿，这使得库存积压、缺货损失成为企业的心头之痛。虽然此类产品的边际利润较高，但是库存过剩和缺货带来的损失大大削弱了企业的盈利能力（陈士昂，2007）。因此，如何面对零售价随机波动及需求不确定下的订购问题亟须得到解决。

（2）易逝品市场的特性与挑战

随着中国经济的蓬勃发展和社会的全面进步，消费市场经历了一场前所未有的活跃和增长期（宁吉喆，2020）。这场增长不仅仅体现在数量的扩张上，更为关键的是，随着人们生活水平的显著提升，消费者对商品和服务的需求变得更加多元化和个性化。市场竞争的激烈加剧促使各种产品的更新换代速度加快，推动了产品生命周期的快速更迭，展现出了易逝的特征。

易逝品市场覆盖了我们日常生活的方方面面，从基本的生鲜农产品和鲜花到电子产品如智能手机、时尚配饰，乃至机票、酒店预订、演出票务等休闲娱乐服务。这一市场的独特性对供应链管理、库存控制、定价策略乃至消费者行为产生了深远的影响，主要体现在三个方面：短生命周期、高度易损性和需求的不确定性。

① **短生命周期。**短生命周期是易逝品最显著的特征之一，给供应链管理

带来了特殊挑战。这些产品只有在非常有限的时间窗口内才具有价值，超出这个时间范围，其价值急剧下降，甚至变为零。因此，确保产品有效流通并最大限度地减少损耗，需要供应链有效衔接管理。

在整个供应链过程中——从农场到消费者——每个环节都需精确规划并快速执行。从产品成熟、采摘、加工、包装到运输和最终销售的每一个阶段，时间都必须被尽可能地压缩。例如，许多大型零售商依托先进的物流系统，确保生鲜产品在24小时内到达销售点，既减少时间损耗，又保证产品以最好的状态呈现给消费者。

此外，产品的短生命周期还对库存管理提出了高标准要求。为避免库存过剩造成浪费，供应链管理者必须进行精确的需求预测与库存控制。利用现代信息技术，如大数据分析和人工智能，能够实时追踪销售趋势、天气变化及季节性波动等因素，从而实现动态的库存管理。为应对短生命周期带来的挑战，企业也采纳了创新的营销策略以提高销量，如实施动态定价策略，在产品生命周期末期降价销售，或通过捆绑销售和社交媒体促销活动来吸引消费者，激发即时购买的欲望。

在可持续性日益成为人们关注的焦点时，企业开始探索如何通过循环经济和可持续发展战略来应对由短生命周期可能引起的食物浪费和环境问题。一些企业选择与本地农民合作，优选本地产品，以缩短运输距离和时间，支持本地经济的同时减少环境影响。同时，通过使用可生物降解或可回收材料，逐步解决过度包装问题，体现了对环境保护的承诺。

② **高度易损性。**易损性对易逝品储存、运输及最终销售产生了深远影响。水果、蔬菜、肉类和乳制品等易逝品在生产后必须被迅速且小心地处理，因为它们对物理和化学损害极其敏感。温度和湿度的轻微波动就可能触发食品腐败，而物理冲击可能破坏包装，造成不可逆的损害。

针对易损性，供应链在库存管理和订购决策上面临着更多的挑战。企业需要细致地平衡库存水平、满足客户需求和减少损耗，同时确保产品保持其新鲜度和品质。这首先要求对需求进行精确预测，以便制定合理的订购计划，避免因产品过期或缺货造成损失。此外，库存管理系统需要具备高度的灵活性和响应性，根据市场需求的波动、季节变化和促销活动等因素，实时调整库存策略。

同时，企业必须采取更灵活的订购策略，如实行小批量多频次的订购模式，以减小库存积压和过期风险。与此同时，建立与供应商的密切合作关系，以实现更快的补货周期和更灵活的订单调整，成为保障供应链流畅运作的关键。

为了减少易损品在供应链中的损耗，必须优化整个供应链流程，包括采购、运输、仓储和配送环节。这通常涉及选择地理位置更优的供应商、应用先进的包装技术和确保冷链物流系统的可靠性。特别是采用真空包装、改性气氛包装（MAP）或冷链物流技术，以延长产品保质期并保持其新鲜度。

因此，易损性要求库存管理和订购决策必须致力于实现精准的需求预测、动态的库存调整和供应链的整体优化。随着物联网（IoT）、大数据分析等技术的应用，管理易逝品的易损性的策略正在变得更加高效和精确，推动供应链管理向更智能和可持续的方向发展。

③ **需求的不确定性。**需求的不确定性是易逝品市场中的一个关键问题，主要由消费者行为的变幻无常和外部环境因素的不可预测性引起。这种不确定性使对易逝品（如农产品）的需求量预测成为一项复杂而充满挑战的任务。消费者购买决策的动态性受到众多因素的影响，包括季节变化、节日和文化活动、气候条件，乃至最新的健康与饮食潮流。例如，温度上升会增加人们对冷饮如冰激凌的需求，夏季的炎热可能在短时间内导致需求量剧增，迫使供应商迅速调整库存并重新分配资源来应对这一急剧的需求变化。节日也可能引发对特定食品需求量的激增，如中秋节的月饼或感恩节的火鸡。而不良的气候条件，如风暴、暴雨或冷潮，可能抑制消费者的外出购物意愿，尤其是那些需要现场选择的生鲜食品。一场意外的风暴可能突然使本应繁忙的市场变得寂静，造成重大的销售损失。

面对这样的不确定性，供应链的各方，特别是零售商和供应商，必须展现出极高的灵活性和适应能力。他们需利用先进预测工具和数据分析方法来洞察并预测市场动态。同时，他们也需要构建一个灵活的供应链体系，以便于快速调整采购策略、运输安排和库存水平。零售商应建立与供应商的密切关系，确保在需求急剧增加时能迅速获取额外的产品供应；采用动态定价策略来平衡需求高峰和低谷期的销售；通过多渠道销售策略来降低风险，包括在线订购和居家配送服务，以提高销售的稳定性。供应商和制造商同样需要采取措施，如推出能快速投入市场的新鲜产品，或提供更多预包装产品，减少零售环节的准备工作。在供应链上游，生产者通过建立更多本地化农场和合作社，可以减少运输时间和成本，以更迅速地应对市场需求的变化。

由于易逝品市场有其独特的性质，因此，易逝品企业决策也面临着更为复杂的挑战。一方面，需求不确定性要求企业必须能够快速响应市场变化，调整生产和库存水平以适应需求的起伏。价格敏感性是影响需求的关键问题，消费者对价格变动反应灵敏，特别是在经济压力较大或有较多替代品的情况下。在这种情况下，价格策略必须考虑到竞争对手的行为，零售商需要通过市场研究来确定合适的价格点，既能吸引消费者、获得稳定的需求来源，又能维持盈利。另一方面，随着全球化的不断发展，易逝品供应链企业需要在全球范围内协调生产者、供应商、物流服务商和零售商的活动，确保产品可以高效、及时地从源头送达消费者。全球化带来的好处包括成本优势和市场机会，但也带来了风险，如汇率波动、跨国运输的延误和国际市场的不确定性。

为了应对这些挑战，企业需要采取动态的、灵活的策略，在平衡运营效率和成本控制的同时，确保易逝品供应链长期稳定发展。首先，利用先进的信息技术和大数据分析可以显著提高需求预测的准确性，这对于优化生产计划和库存策略至关重要。实时数据分析和智能算法可以帮助企业更好地理解市场动态，预测消费趋势，从而做出更加精确的运营决策。动态的价格策略是另一个强有力的工具，它使企业能够根据市场需求和价格变化实时调整价格，该策略可以通过各种促销活动来吸引消费者，如限时打折、优惠券和忠诚度计划。同时，企业还需要考虑如何通过价格策略来保护或提高利润，尤其是在价格竞争激烈的市场中。通过建立灵活的供应链网络，从而减少运输和生产过程中的延误，快速适应突发事件，优化供应链管理，提高其适应性和韧性。

本书主要聚焦于易逝品单周期订购决策的调整来应对复杂的市场环境。由于易逝品的易逝性和高度易损性，在销售之初决定订购量有助于控制库存，减少由订购偏差导致的损失。

(3) 易逝品单周期订购决策问题

单周期订购决策问题针对的是如何在单个销售周期内做出一次订购决策，以达到库存管理的最优化。特别针对易逝品，这一策略的价值体现在其能够帮助企业准确把握订购量，以应对需求的不确定性和产品的易逝性。通过精确的订购量决策，企业能够在减少库存成本和避免缺货风险之间找到平衡点，旨在通过精细化的库存控制，实现成本效益的最大化。此策略对于提高企业的市场反应速度、提升顾客满意度以及增强竞争力具有重要意义。它要求企业具备高效的需求预测能力和灵活的供应链管理策略，以适应市场的快速变化和消费者需求的多样性。在实施过程中，企业需要综合考虑市场趋势、消费者行为、成本控制等多方面因素，制定出既经济又高效的单周期订购策略。

单周期订购模型通常指报童模型（Newsvender Model），是运筹学中的一个经典库存管理模型，主要用于解决在单个销售周期内面对需求不确定性时的最优订购量问题。该模型于1956年首次提出，最初用于帮助报纸零售商决定每天应购买多少份报纸以最大化利润或最小化成本。报童模型因其简单有效而广泛应用于各种易逝品和季节性商品的库存管理中。该模型在易逝品供应链管理中的应用极为重要，因为它帮助企业在面对需求不确定性的情况下，决定单个销售周期内的最优库存水平。这对于易逝品而言尤其关键，因为这类产品通常具有较短的保质期，过多或过少的库存都会导致显著的经济损失。通过应用单周期订购模型，企业能够有效平衡库存成本和缺货风险，调整库存水平，提高客户满意度，从而在保持成本效益的同时，增强市场竞争力。随着时间的推移，该模型也被扩展和应用于更多领域，包括但不限于供应链管理、零售业、生产计划和医疗物资管理等。报童模型不仅帮助企业解决了实际问题，还促进了运筹学、经济学和管理科学等领域的研究发展，成为这些领域不可或缺的理论基础之一。

经典的报童模型通常在概率需求下找到最大化预期收益或最小化成本的产品订购量。假设订购量小于已实现的需求，报童（销售商）将放弃一些需求带来的收益；若订购量大于已实现的需求，即销售期结束仍有库存剩余，则报童（销售商）会使用较低的价格将其剩余库存进行出售或处置。近30年来，研究者对单周期订购模型的扩展研究显著增加，发表了众多关于经典报童模型推广的相关论文。主要包括如下几个方面的扩展：对模型参数及决策变量的扩展，对目标函数的扩展，考虑时间的因素、约束条件的变化、求解方法、需求的不同分布、两次销售机会，考虑供应商的两级报童模型等（李雪敏等，2008）。

然而，由于市场竞争激烈导致零售价随机波动销售现象的普遍性，易逝品销售企业制定有效的单周期订购策略面临着显著的挑战和复杂性。一方面，价格波动销售增加了成本预测的不确定性，使得确定最优订购量变得更加困难。企业需要考虑如何在潜在的价格变化下保持利润最大化或成本最小化。另一方面，需求的不确定性与价格波动的结合进一步加大了库存管理的复杂度，企业必须灵活调整库存策略以适应市场变化。此外，有效应对这一挑战需要企业具备高度的市场洞察力和快速响应能力，以及使用先进的预测工具和技术来准确预测价格趋势和需求变化。因此，企业在价格随机波动销售下制定单周期订购策略时，必须综合考虑多种因素，以确保策略的有效性和适应性。

1.1.2 研究的理论背景

(1) 单周期订购决策理论

在现有的关于易逝品单周期订购模型中，最为经典的是报童模型，解决了易逝品在不确定需求下一次性订购多少可以使期望利润最大或损失最小的问题（李雪敏等，2008）。报童模型是一种用于解决库存管理问题的数学模型，特别适用于单周期（如一个季度）库存决策的情境。它主要解决的问题是确定最优的库存水平，以平衡过少和过多库存带来的成本。报童模型因其简单和广泛的应用性而在运营管理及供应链管理领域被广泛研究与应用。报童模型的发展可以大致分为以下几个阶段：

① **早期阶段。**报童模型最早可以追溯到19世纪末至20世纪初。该模型由于其在报纸销售中的初步应用而得名，为报纸销售者提供了一种科学的订购量决策工具，帮助他们在未来需求未知的情况下做出最佳订购决策。鉴于报纸一旦过时便失去销售价值，决定正确的订购量变得至关重要：过量订购可能导致资源浪费，而订购不足又会错失销售收入。

报童模型之所以具有革命性意义，在于它首次提供了一种定量化处理日常经营决策问题的方法。在此之前，这类决策往往依靠个人经验和直观判断。通过应用报童模型，零售商能够更有效地管理库存，降低库存成本和缺货风险，从而在整体上提高利润水平。

② **系统化和理论化阶段。**在20世纪中期，随着运筹学和管理科学的兴起，报童模型经历了重要的转型期，开始步入更加系统化和理论化的发展阶段。这一时期，概率论和统计学方法的引入，为需求不确定性的精确描述提供了可能，极大地增强了模型的科学性和实用性。这个阶段的标志性成就包括Arrow等（1951）提出的形式化报童模型，该模型深入探讨了在需求不确定性条件下的库存决策问题，为后续研究奠定了坚实的基础。此外，Morse等（1958）的工作进一步拓展了报童模型的应用范围和深度。

报童模型的这一演化不仅仅局限于报纸销售，而是扩展到更广泛的库存管理领域，特别是那些受到季节变化、时尚趋势、天气条件和经济环境等因素影响的行业。以服装零售业为例，这个行业的特点是产品生命周期短、与季节性密切相关，且受消费者偏好强烈影响。零售商面临的核心挑战是如何精确预测每个季节的库存需求，避免季末过时产品的积压。应用报童模型，零售商能够计算出每件服装的最佳订购数量，综合考虑剩余库存可能产生的降价成本和错失销售机会的代价。

通过综合运用历史销售数据，进行市场趋势分析和消费者行为研究，零售商可以估计出各类服装的需求概率分布，并据此利用报童模型决定最优库存水平。报童模型的理论化推广，还促进了其在汽车制造等其他行业的应用，帮助企业面对季节性需求变化和潜在的供应中断，通过调整零部件库存水平，维持生产效率和降低库存成本。

报童模型的系统化和理论化不仅优化了企业的库存管理，还提高了整个供应链的效率。它对现代供应链管理实践产生了深远影响，成为后续许多库存管理理论和实践方法的基础。

③ **扩展和综合阶段。**从20世纪末至21世纪初，随着计算机技术的飞速发展和对复杂系统管理需求的增长，报童模型迎来了扩展和综合的新阶段。模

型逐渐演化为能够适应多产品、多时期、多级供应链环境的高级版本，同时纳入了价格策略、服务水平、退货政策等多元实际因素。为提升决策效率和模型适用性，研究者们探索了将报童模型与优化算法、模拟技术、机器学习等现代决策工具结合使用。在这一时期，Zara 快时尚品牌通过应用扩展的报童模型，成功优化了其库存管理和供应链操作，确立了其在激烈竞争的市场中的领先地位。

Zara 采纳的策略是经典报童模型的创新应用，通过精确分析实时销售数据来预测消费者需求的动态变化，从而能够灵活调整生产和配送计划。该品牌以短生产周期和快速库存周转为核心，保证了每两周便能将新款式推向市场。Zara 利用这一模式迅速响应时尚趋势的初期形成，根据市场反馈及时调整生产计划，最大化了市场机会。此外，Zara 还应用了先进的预测和库存管理系统，与供应商建立了紧密的协作网络，保障了从设计到店[redacted]节都能迅速响应市场变化，保持了产品更新的高频率和商店的[redacted]。

特别值得一提的是 Zara 的定价策略。受 Gallego 等（1993）关于报童模型价格优化版本的启发，其将价格决策与库存管理相融合，实施动态定价策略。这一策略不仅考虑了存货水平和产品生命周期，还依据市场实时数据和消费者行为来调整价格，旨在最大化利润和顾客满意度。此外，Cachon 等（2005）的研究将报童模型扩展应用到多级供应链环境，为 Zara 等企业管理复杂供应链提供了策略指导。通过综合分析供应链各级数据，Zara 实现了生产与配送的高效协同，优化了原材料流动，减小了由市场波动带来的生产和库存成本。Zara 的实践展示了传统模型如何在现代企业环境中得到创新和应用，以及如何帮助企业在竞争激烈的市场中取得成功。

报童模型的这一阶段发展不仅优化了企业的库存管理，而且提高了整个供应链的效率和响应能力。通过不断扩展和综合，报童模型为现代企业提供了一种高效应对需求不确定性、复杂供应链管理和市场竞争的工具，为后续的库存管理理论与实践提供了丰富的基础和灵感。

④ **当前和未来趋势。**报童模型作为库存管理和决策理论的一个经典组成部分，正在经历一次由技术进步驱动的转型。目前，它已超越了传统理论模型的框架，演变成一个集成了尖端科技的实际应用工具。这包括高级数据分析、机器学习、深度学习和其他人工智能技术，它们被用于应对日益增长的供应链管理复杂性。在实际应用中，利用机器学习和深度学习技术进行需求预测，这些预测成为支持库存决策的关键依据。例如，借助社交媒体趋势分析、天气预测、实时销售数据以及历史购买模式，深度学习算法能够洞察消费者的购买倾向。依据这些数据驱动的预测，报童模型得以优化库存管理，降低缺货和库存

积压的风险。

未来，报童模型将向更细致和个性化的方向发展。模型能够针对不同的市场、地区，乃至个别消费者的独特需求进行调整。例如，模型能实时更新库存水平，以响应某一地区的节假日购物潮或流行趋势的快速变化。随着社会对可持续性和环境影响的关注日渐增加，未来的报童模型也将纳入产品生命周期评估，优化资源循环使用，减少废弃物的产生。领先的电商巨头已经将高度先进的报童模型融入其供应链和库存管理体系中。通过结合大数据分析和机器学习，电商巨头不仅能够精准预测产品需求，还能实时调整其全球物流网络中的库存分布，实现近乎即时的供应链优化，这不仅提升了顾客满意度，还提高了运营效率。

未来，预计报童模型将进一步整合新技术，如物联网设备提供的实时数据，以实时监测库存状况、环境变化及产品在供应链中的位置。随着区块链技术的发展，我们还将见证供应链网络的透明化和安全性增强，进一步增强报童模型在确保产品真实性和追踪能力方面的作用。

综上所述，报童模型的未来将不仅仅局限于算法优化，而是包括供应链从产品设计到最终消费者的全链条管理。这种演进，将推动供应链管理向更加智能化、个性化和可持续化的未来迈进。

(2) 经典报童模型的扩展

报童模型，作为一个经典的单周期订购模型，已经经历了广泛的扩展和改良，使其能够适应更加复杂的现实世界场景和多元化的决策需求。这些演进的模型纳入了多种关键因素，包括但不限于价格策略、跨多个时期的决策过程、对多种产品的统一管理，以及供应链各方之间的合作与协同。这些扩展不仅增加了模型的适用性和灵活性，还为面对现代供应链管理中的复杂挑战提供了新的解决策略。

① **考虑定价策略的报童模型。**其也称为动态定价报童模型，是对传统报童模型的一种重要扩展。该模型在决定最优库存水平的同时，综合考虑了产品售价的设置问题，目标是实现利润的最大化。模型特别关注需求对价格变动的敏感度，即需求与价格变化之间的弹性关系（Chen et al.，2004；Feng et al.，2000；Petruzzi et al.，1999）。这种模型的典型应用案例之一是航空业的收益管理。

在航空业中，航空公司的主要挑战在于如何制定合理的票价并管理航班座位的过剩预订，以实现收益最大化。票价通常会根据购票时间的远近及剩余座位数量的多少进行动态调整，并且航空公司通常会采取超额预订策略，考虑到总有一定比例的乘客可能不会实际登机。

具体而言，一家美国大型航空公司运用此模型来精细化其日常航班收益管理。该公司面对的问题是，固定的航班座位数量一旦出现空座，即意味着损失了潜在的收益。因此，其目标是尽可能地填充每个航班，同时避免因过度预订而引发的客户服务问题。该公司通过分析历史销售数据与市场调研来预测不同票价下的需求弹性，这包括特定的日期、季节和节假日对需求的影响，以及对竞争对手价格变化的反应。然后，该公司采用动态定价策略，根据航班预订状态和临近起飞的时间调整余票价格。通过过剩预订策略，基于历史上未登机乘客的数据，公司故意销售超过座位数的机票，假设并非所有乘客都会如期飞行。该策略要求公司准确平衡超预订数量，以最小化由超额预订导致的成本。

此外，该航空公司也综合考虑了乘客满意度、品牌声誉和由于超额预订可能带来的间接成本。为此，公司开发了一个复杂的优化模型，旨在预测需求、制定定价策略，并预测乘客实际出行情况，以及在预测出错时采取补救措施。

通过整合先进的预测技术和定价策略，该航空公司不仅显著提升了收益，还成功地保持了客户满意度和品牌形象。这个案例展示了报童模型在解决现实商业问题中的应用价值，以及如何通过科学的决策支持系统来优化库存和定价决策，预示着未来这类模型将朝向更加精细化和自动化的方向发展，为更广泛的行业提供决策支持。

② **多周期报童模型。**多周期报童模型标志着传统单周期库存管理模型向更加复杂、动态的决策环境的演进。该模型适用于那些销售周期不局限于单一时段的产品，能够考虑多个连续销售周期中库存的积累与消耗。根据 Bensoussan 等（2007）和 Aviv 等（2001）的研究，零售商可以利用跨周期的库存管理来减缓需求波动，并有效降低库存成本。

季节性产品库存管理是多周期报童模型的一个典型应用实例，在服装零售行业中尤为突出。以冬季服装销售为例，零售商面临的主要挑战是如何在整个销售季节中有效平衡各个销售周期的库存和定价，以最大化整季利润。服装零售商需要在季节开始前做出关于冬季服装系列订购量和定价的决策，运用多周期报童模型预测每个销售周期的需求变化，并据此计算最优的订货量和定价。这一过程涉及对先前销售数据的分析，并考虑天气变化、节假日购物趋势、竞争对手行为及消费者购买能力等因素。

在销售季节，零售商根据实际销售情况和更新的需求预测，持续调整其库存策略。如果某款服装的需求超出预期，零售商可能需迅速补充库存以防断货。相反，如果销售不佳，则可能采取折扣促销等措施以快速清仓。此外，零售商还需预测季末的剩余库存，并考虑是否减产或提前打折，以减少因季末积压而造成的损失。

通过多周期报童模型，零售商能够更灵活地应对季节性市场的波动，优化整个销售季节内的库存和定价策略，从而实现利润最大化。该模型不仅提高了决策过程的复杂性，还为零售商提供了更高的灵活性和盈利潜力。实践中，这种模型的应用使零售商能够精确地预测并响应市场需求的持续变化，保持在激烈竞争的市场环境中的竞争优势。

③ **多产品报童模型。**在现代零售业务中，管理多样化产品的库存是一项复杂而具有挑战性的任务。多产品报童模型应运而生，提供了一个框架，通过同时考虑多个产品的需求不确定性、它们之间的相互关系，以及存储空间和资金的限制，帮助零售商优化库存管理策略（Chao et al.，2008；Ding et al.，2006；Mahajan et al.，2001）。这一模型的发展促使零售商能在激烈的市场竞争中，更高效地利用资源，实现精细化的库存管理。

以超市为例，其销售的商品范围广泛，每种商品的需求波动和季节性特征各不相同。应用多产品报童模型，超市能够确保恰当的库存水平，以满足不同商品在不同时间的需求。这要求模型精确处理各商品的需求波动特性，并考虑商品间可能存在的需求关联性，如冬季可能存在热饮与甜点之间、夏季冷饮与烧烤食品之间的销售相关性。

在电子商务领域，由于顾客能够轻松浏览并选择成千上万的商品进行购买，多产品报童模型的应用变得尤为重要。一些电商平台依赖这一模型来管理其庞大的在线商品库存。借助先进的数据分析技术预测各类商品的需求，同时综合考量存储成本和物流因素，这些公司还致力于通过动态定价和推荐系统促进商品间的交叉销售。

技术进步预示着多产品报童模型在未来将融合更多尖端技术，如机器学习和人工智能，实现更加灵活和自适应的库存管理方式。这将赋予零售商能力，以实时应对促销活动、市场趋势的变化或供应链的中断等突发事件。随着模型的持续进化和应用，零售商不仅能更好地满足消费者需求，提升运营效率，增加销售额，还能有效降低库存积压的风险。

④ **供应链协作报童模型。**供应链协作报童模型深入探索了供应链各方，特别是供应商与零售商之间的信息共享和协调决策的重要性，同时关注如何在整个供应链中公平分配成本与利润。这种模型突显了合作关系的核心价值，强调了信息共享在优化供应链运营中的关键作用。

以自动补货程序（Vendor - Managed Inventory，VMI）为例，此模式下供应商根据与零售商共享的销售数据负责管理后者的库存，调整库存水平和生产计划。这种合作机制减轻了零售商的库存负担和资金占用，同时降低了供应商的生产过剩风险。在这种协作框架中，供应商通常会更积极地参与零售商的销售预测和促销活动，通过分析销售趋势和市场动态，提前调整库存以应对需求增长。密切的信息共享也使得供应商能够迅速感知市场的变化，如天气转变、新趋势的涌现或竞争对手的促销行动。

研究者如 Cachon 等（2005）、Aviv（2001），提供了供应链协作模型理论基础的重要研究，探讨了 VMI 等合作模式的效率和信息共享的关键作用。这些研究表明，当供应商与零售商之间建立起高度的信任和透明度时，整个供应链可以更高效运作，更快适应市场的变动。

未来的供应链合作模型有望整合更先进的数据分析工具，如利用机器学习算法进行更精确的需求预测。物联网技术的发展将实现实时库存和销售数据的快速共享，帮助供应链各方及时调整。随着区块链等技术的应用，供应链的透明度和安全性预计将得到显著提升，为供应链各方提供不可篡改的信息记录，确保信息的准确性和一致性。

除此之外，学者们对报童模型还在决策目标、供给不确定性、需求的多样性、库存有限性等方面也进行了扩展研究，拓展了模型的应用范围和深度，这些研究成果预示着供应链管理向更高水平的合作、动态性和适应性发展的未来趋势（Khouja，1999；Yan，2011）。

（3）Copula 函数的应用

在易逝品销售领域，企业经常面临多重不确定性的挑战，尤其是当涉及需要描绘多维不确定随机变量间复杂相关性时，这种相关性可能包括非对称性、尾部依赖性和非线性特征，传统的联合概率分布方法往往难以捕捉这些复杂关系。在这种背景下，Copula 函数提供了一种理论基础，它将多维随机变量的边际分布连接起来，形成一个统一的联合分布函数，以精确地描述这些变量之间的相关性，从而简化了建模过程。

自 1959 年 Sklar 提出 Copula 理论以后，尽管直到 1999 年这一理论才开始被应用于实际问题（Embrechts et al.，1999），但如今它已广泛应用于保险、金融、能源和水文等多个领域。在金融领域，Copula 函数的应用尤其成熟，它已成为进行风险分析和投资组合管理的重要工具（Bruneau et al.，2020；Hu，2006）。许多学者对此做了相应的研究。例如，Fan（2010）总结了 Copula 函数在两个经济学问题中的重要作用：多变量建模和依赖于两个已知边际分布的随机变量联合分布参数估计，主要讨论了两个随机变量的情形。Patton（2012）回顾了大量基于 Copula 函数的经济和金融时间序列模型的文献，并综述了这类模型的估计、推理方法和拟合优度检验，以及 Copula 在经济和金融时间序列中的实证应用。

一个突出的应用例子是在信用风险模型中的使用，特别是对多元信用衍生品（如抵押贷款支持证券 MBS 和担保债务义务 CDOs）的定价和管理。这些金融工具涉及的多个信用事件相关性复杂，Copula 函数能够建立这些事件之间的依赖结构。在 2008 年美国金融危机之前，由于其数学上的便利性，高斯 Copula 模型被广泛用于这类产品的风险评估和定价，尽管它也因低估尾部风险而受到批评。

Copula 函数也在资产组合管理中发挥作用，通过模拟不同金融资产回报之间的依赖性，有助于深入理解和构建资产组合的尾部风险，对于进行压力测试和优化资产配置策略极具价值。Copula 模型还被应用于生存分析和寿命数据，尤其是在关联多个信用相关实体（如多个公司或国家）的违约时间分析中，这种分析对于信用衍生品和保险产品来说尤其重要。

此外，Copula 函数在水文学领域同样有广泛应用，如在洪水频率分析、干旱特征分析和水文随机模拟中，它使水文学家能够独立选择每个变量的边缘分布并精确描述它们之间的依赖关系，为水资源管理和干旱风险评估提供决策支持（Bhatti et al.，2019；郭生练等，2008）。

显然，Copula 函数在捕捉多变量事件中复杂依赖关系有着强大的优势，为 Copula 函数指导复杂不确定环境的分析提供了工具支撑。在库存管理方面，随着一些学者成功将 Copula 函数应用于多重不确定性的建模中，这一理论对于指导企业在不确定的市场环境下做出有效的订购决策具有重要意义（Aydin et al.，2012；邵栗，2017；许民利等，2014）。

(4) 供应链集中决策和分散决策理论

为了应对各种组织环境和市场需求的多样性，供应链订购决策可以根据决策权的配置、信息流的控制方式，以及目标一致性的程度，被分为两种基本形式：集中决策和分散决策。这种分类依据帮助组织选择最适合其特定情况的决策框架，以提高供应链的整体效率和响应能力。

① **集中决策。**集中决策模式在供应链管理中特别强调整体目标的一致性和中心化的管理效率，以此来优化整个供应链的绩效，而非仅关注单个组织的利益（Larson，2001）。在这种模式下，决策权被集中至供应链中的某个核心节点，如主导企业或中心管理单位，通常这一节点是供应链中最具影响力的企业，它拥有对供应链整体战略和运营的决定权（Cachon et al.，1999）。此外，信息流的管理也是集中进行的，确保信息的准确性和及时性，从而减小信息失真和延误的可能性。

集中决策模型的核心特质是其高度协调和效率导向的决策体系。在此框架下，所有关键的决策权利都集中于一个中央实体，如供应链中的主导公司或组织的高层管理，这个实体负责制定包括资源分配、生产安排和定价策略在内的关键决策。这种决策追求的是整个系统或组织的最优化目标，通过统一的目标导向来达到成本最小化、利润最大化或效率提升，而非仅满足个别独立实体的部分最优。为了实现这一目的，集中决策模型依赖于高效的信息系统来集中处理所有决策相关的信息，如市场数据、库存情况和生产能力，以提升决策的精确性和响应速度。这一过程中，决策中心必须表现出强大的协调与控制能力，确保决策的有效执行，并具备迅速适应外部变化的能力。然而，这也意味着与决策相关的风险集中于决策中心，一旦决策出现失误，可能对整个系统或组织产生广泛影响（Tomlin，2006）。因此，实施集中决策的组织需依赖于高效的信息系统，以收集、处理和分析数据，辅助决策中心做出准确决策（Cachon et al.，2000）。这种模式的成功实施，要求决策过程中的资源被高效配置，并且所有操作高度协调，以保证整个系统的最优性能。

集中决策非常适用于那些需要快速反应、统一标准和流程优化的供应链管理场景，确保整个供应链向统一的目标前进。美国苹果公司通过对产品设计、开发和生产过程的严格控制，实施集中采购策略，与供应商直接谈判以确保原材料和组件的质量与成本效益，并提前采购关键原材料以保障供应链稳定和产品及时交付的案例，便是集中决策优势的明显展示。通过这种方式，该公司能够有效掌控供应链各环节，迅速在全球范围内推出新产品，确保产品质量和交付时间，提升顾客满意度，同时维持高利润率和市场竞争力。

本书将深入探讨集中决策框架下，面对价格波动的供应链订购策略，以期为读者提供深刻的洞见和实用的策略建议。

② **分散决策。**在分散决策环境下，供应链中的各个实体独立做出决策，依据自身掌握的信息与特定目标进行操作，而不需受到集中管理实体的直接指导。这种决策模式特别适合于组织结构较为复杂、市场环境迅速变化且对灵活性与适应性要求高的场合。在这样的环境中，每个单元可以针对自己的状况与市场需求，做出最适合的决策。然而，由于决策权的分散，信息可能在供应链各节点间不对称流动，而且各实体间的目标可能并不总是一致的，有时甚至会存在冲突，为供应链的整体优化带来挑战。

在处理分散决策框架下的企业行为时，博弈论提供了一个强大的理论框架，尤其是在分析各参与者之间的策略选择和相互作用时。通过寻找均衡点，博弈论揭示了在某种状态下，无论参与者如何单独调整自己的策略，都无法获得更好的结果。这一理论框架通过静态博弈和动态博弈、完全信息博弈与不完全信息博弈以及重复博弈等模型来分析策略互动，为解决供应链中的订购问题提供了深刻见解。

Stackelberg 模型，作为博弈论中描述市场领导者与追随者战略互动的一个重要工具，由德国经济学家海因里希·冯·斯塔克尔伯格（Heinrich Von Stackelberg）于 1934 年提出，被广泛应用于分析具有明显领导者-追随者角色的行业中的竞争行为。该模型展现了如何通过先行决策来塑造追随者的行为，从而优化领导者的利润。在供应链管理的背景下，Stackelberg 模型深入探讨了如何在上下游企业间形成有效的策略制定，确保领导企业通过其决策影响整个链条，从而实现供应链的协同优化。

在 Stackelberg 模型中，领导者通过利用其决策的先发优势，可以显著地影响追随者的行为，并优化自身的收益。追随者则在领导者决策的基础上，调整自己的策略以达到自己利润的最大化。这一过程最终达到的 Stackelberg 均衡点，是在领导者和追随者均考虑对方策略的前提下，各自实现利润最大化的状态。为了确定 Stackelberg 均衡，倒推法（Backward Induction）是一种常用的分析手段。首先，分析追随者可能在领导者采取任何可能策略下的最优反应。然后，领导者基于这些最优反应函数，确定一个能够最大化自身利润的策略，同时考量追随者的可能反应。

Stackelberg 模型凸显了先发优势的重要性，并展示了在非完全竞争市场中，如何通过战略性的领先行为塑造整个市场的竞争格局。领导者的策略选择不仅对追随者有深远的影响，而且决定了市场的定价水平、产量分布及最终的社会福利分配。通过这种模型，我们可以更深入地理解在复杂市场环境中，领导者与追随者之间动态互动的本质。本书将进一步深入探讨 Stackelberg 模型在供应链管理中的应用，尤其是在领导者-追随者关系明显的上下游企业策略制定中的作用，展示领导者的决策如何影响整个供应链的动态，并提出实现协调与最优化的策略建议。

(5) 供应链利润分配理论

供应链普遍采用的利润分配合作存在两个比较常见的形式：利润共享契约和事先的利润分配准则。

① **利润共享契约。**利润共享契约通常是供应商以非常低的批发价供应给零售商产品，零售商销售获得利润后再分配给供应商。利润共享契约是一种供应链合作机制，它通过对销售利润进行分配来激励供应链中的各方共同努力，实现利益最大化。在这种契约中，供应商以非常低的批发价向零售商供应产品，零售商在销售产品后获得利润，然后再将一部分利润分配给供应商。这种契约通常被称为事后利润分配契约，它强调了合作双方在销售过程中所取得的共同利益，并通过利润的共享来激励双方在供应链中的持续合作。其核心原理

如下：利润共享契约强调供应链中各方的共同利益，即供应商和零售商通过共同努力实现销售利润的增长，通过将销售利润与供应商之间的低成本供应相关联，利润共享契约提供了一种激励机制，鼓励供应链中的各方共同努力，共同实现利益最大化，从而帮助供应链中的各方分担风险。

利润共享契约作为一种供应链合作模式，具有多方面的优势。它不仅能够促进合作关系、激励零售商积极销售、分担风险、提高供应链效率，还能够增强企业的市场竞争力，为供应链的稳定发展和长期成功奠定基础。因此，在实际供应链管理中，利润共享契约可以被视为一种重要的合作方式，有助于实现供应链各方的共赢局面。

实施利润共享契约首先需要确立合作目标和内容，在开始签订合同之前，供应商和零售商需要明确合作的目标和内容，包括确定参与方的角色和责任、制定合作的具体计划、商定利润分成的比例和方式等。其次，双方应进行充分的协商讨论，就零售商的销售预期、供应商的供货能力、产品定价、利润分成比例、合同期限等内容进行详细的协商。再次，在协商讨论的基础上，供应商和零售商需要确定利润分成的具体比例。通常情况下，利润分成比例是在协商的基础上确定的，以确保双方的利益能够得到平衡。最后，根据协商的内容，供应商和零售商可以制定合同草案，草案应包括双方的基本信息、合作内容、合同期限、价格条款、付款方式、违约责任、争议解决方式等内容，并将合同草案提交给法律专业人士进行审核。为了确保合作顺利进行，双方需要在每一步都保持积极的沟通和合作态度，及时解决问题，并持续优化合作方式。

利润共享契约是一种常见的合作模式，在供应链管理中有着广泛的应用。例如，全球最大的零售商之一沃尔玛与其供应商之间建立了一系列成功的利润共享契约，根据供应商的产品销售量和质量，向供应商支付额外的奖金或提成。通过这种利润共享契约，沃尔玛成功地激励了供应商提高产品质量和供货效率，优化了供应链的运作，并提高了产品的市场竞争力。麦当劳也与供应商合作制定了一种利润分成计划，根据供应商提供的食材质量、交货准时率以及供应链成本等因素，向供应商支付额外的奖金或提成，从而也激励了供应商提高产品质量和供货效率，优化了供应链的运作，提升了产品的市场竞争力。

显然，利润共享契约在不同行业和企业中的成功应用证明了利润共享契约作为一种有效的合作模式，能够激励供应链各方共同努力，优化供应链运作，提升企业的竞争力和盈利能力。企业通过建立成功的利润共享契约，可以实现供应链的共赢局面，促进合作关系的长期稳定，实现持续的业务增长和发展。

② **事先的利润分配准则。**事先的利润分配准则指的是供应链参与者在合作开始之前就确定好利润分配的方式和标准。这种准则通常是一种强制性的利

润分配准则，通过协商和合同签订来实现，涉及供应链各方之间的权益保障和利益分配。

由于供应链各企业间的目标并不总是完全一致，通过设立强制性的事先利润分配比例，可以确保所有参与方都能从合作中获得公平的收益，确保风险和收益在各参与方之间得到公平共担，鼓励各方共同投入资源和努力，实现项目成功，从而促进合作伙伴之间的长期关系，避免短期行为对合作的破坏。除此之外，在某些行业或市场中，可能存在法规或行业标准要求在供应链中实施特定的利润分配机制，以确保行业的公平竞争和健康发展，例如，政府可能为了保护中小企业的利益，要求大企业与之合作时必须遵守一定的利润分配比例。

事先的利润分配准则旨在建立公平、透明的合作关系，确保供应链各方能够在合作中获得合理的回报，经常是通过谈判确定，也是普遍采用的一种合作交易形式。大多数情形，谈判是以讨价还价的形式完成，讨价还价时供应商通过计算每个批发价零售商对应订购量获得利润确定最优批发价，而零售商根据供应商提供的批发价确定自己的最优订购量获得的利润，此时他们之间利润产生了一定分配比例，双方同意达成这个利润比例后进行交易，就确定了最优的批发价和订购量。

1.1.3 小结

在当前的电子商务环境下，市场的高度动态性和竞争的激烈程度使得零售价格的随机波动成为一种常见现象。特别是在采取阶段性降价策略的背景下，价格的随机波动以及需求的不确定性为零售商的订购决策带来了前所未有的挑战。这种情况在易逝品领域表现得尤为明显，这些商品的销售周期短，且对价格的敏感度高，使得准确预测需求并制定相应的订购和定价策略变得格外困难。

尽管电子商务为零售商提供了更广阔的市场和更灵活的销售手段，但也带来了需求预测和价格管理的复杂性。在这种环境下，零售商面临的一个关键问题是如何在价格随机波动且需求不确定的情况下，制定有效的订购策略以最大化利润。然而，目前关于如何应对需求不确定性和阶段性价格随机波动的订购问题的研究还相对较少，这一领域的探索显得尤为迫切。

本研究致力于填补这一研究空白，运用 Copula 函数刻画价格和需求的不确定关系，探讨在不同供应链决策环境即分散决策和集中决策框架下，易逝品的单周期订购问题。研究的目标是为零售商及供应商提供实用有效的决策方案，帮助他们在复杂多变的市场环境中做出更加精准的订购和定价决策。通过结合案例分析、数学建模和实证研究，本研究旨在揭示价格波动和需求不确定性对订购策略的影响机制，以及如何通过优化订购和定价策略来应对这些挑战。

此外，本研究还将考察不同的销售模式和促销策略如何影响零售商的订购决策，以及如何在保证供应链整体效益的同时，实现单个零售商利润的最大化。通过对这些复杂问题的深入探讨，本研究期望为零售商在面临价格随机波动销售情境下的订购决策提供科学、系统的指导，帮助他们在激烈的市场竞争中保持竞争优势，实现可持续发展。

1.2 国内外研究现状

报童模型是求解易逝品一次性订购问题的经典模型，研究的是面对随机需求，零售商应该订购多少产品以获得最大的利润或消耗最小的成本（Khouja，1999）。关于零售单价的处理，在发表的大量报童模型扩展模型中，大多将零售价视为一个固定的外生的常量，该价格或是由市场竞争形成的均值，或是由零售商决定的定价，这种假设简化了模型的计算过程。然而，在实际销售环境中，零售价不仅会影响到需求，还会根据市场反应、竞争状况或销售策略进行调整，并不是唯一不变的。因此，一些学者开始考虑零售价变化的单周期订购问题，引入了价格维度，使得模型更贴近实际情况，增加了其复杂性和实用性。这种扩展模型不仅需要确定最优的订购量，还需要考虑如何设定售价以最大化期望利润或最小化成本。

（1）考虑零售价变化的订购问题

关于零售价变化下的订购问题是供应链管理中的一个重要研究方向，主要涉及三种类型的订购模型：季末出清价格的订购模型、价格阶段性变化的订购问题以及多种价格同时销售的订购问题。

第一类研究关注季末出清价格的订购模型，即关注季末时对剩余库存商品的价格折扣策略。传统报童问题将清货价格视为外生变量，不考虑其对订购决策的影响。然而，实际中，出清价格的设置可能会显著影响订购量。例如，Biswas 等（2018）研究了残值可变的报童模型，发现了加性需求模型下具有唯一定价和订购策略的充要条件。Cachon 等（2007）的研究表明，若清货价格独立于库存量，则采用平均残值方式是可行的；若价格依赖于剩余库存量，则平均残值方法可能导致过大的订购量，进而产生损失。高秀明等（2003）则考虑了服装产品面对两次定价机会的报童问题，旨在最大化期望利润。

第二类研究关注价格阶段性变化的订购策略。许多商家会根据季节变化或库存积压情况适时调整价格，以减少库存并提高利润。如快时尚品牌会在季末对过季商品采取大幅折扣销售策略。Lau 等（1998）分析了随商品积压递增折扣的策略，而 Khouja（1995）发现多折扣策略比单一折扣策略能带来更高的利润。

第三类研究相对较少，主要探讨同时以多种价格销售情形下的订购策略。Mu 等（2019）提出了一种面对不确定需求时，同一产品以多种价格销售的最优订购模型，这种模型适用于价格随机波动和有限的价格变动情况。以上关于零售价变化的订购问题的研究，仅考虑需求存在不确定性，关于两种不确定因素影响下的报童问题研究非常少。

（2）需求价格依赖的订购模型

传统的报童模型假设价格是一个外生变量，从而便于问题分析和求解，实际中零售价的波动影响了需求。在现代零售环境中，需求直接受到价格影响，对于那些需求敏感度高、市场竞争激烈的产品和服务，价格的灵活变化显得尤为重要。因此，考虑需求价格依赖的研究受到了越来越多学者的关注。

关于零售价与需求的相关性研究中，大多数研究讨论价格如何影响需求分布，如 Yao 等（2006）总结了需求价格影响的两种主要模式：乘性模式和加性模式。Tapiero 等（2009）基于以上两种模式讨论了均衡市场价下的订购问题。

除此之外，动态定价策略作为一种适应市场需求变化的有效工具，允许企业根据实时市场情况和内部目标灵活调整价格，这种策略的核心在于理解和利用需求对价格变化的敏感性，即需求弹性，来制定价格决策，以期在整个销售周期内最大化利润。价格依赖需求的模型进一步加深了这一策略的复杂性和实用性，要求企业不仅要准确预测需求量的变化，还要了解和预测需求对价格调整的反应。这种模型的实施涉及对历史销售数据的分析，以及对市场反馈的敏感捕捉，以便实时调整定价策略。在单周期销售模型中，如何根据初始库存水平、剩余销售时间和市场反馈灵活调整价格，成为实现利润最大化的关键。Elmaghraby 等（2003）强调了企业必须考虑需求预测的准确性和价格弹性的理解，以此进行动态定价策略的制定，也指出了实施该策略时面临的挑战，比如如何在不确定的市场环境中准确预测需求。此外，Gallego 等（1994）则基于价格对需求影响的分析，提出了一种考虑需求不确定性和有限销售期限的最优动态定价模型。他们的模型展示了企业如何通过在销售周期不同阶段调整价格策略，应对市场需求的不确定性，从而最大化预期利润。

随着互联网的普及，价格波动频率不断增加，并且竞争或主动变价或讨价还价机制的存在，导致成交零售价随机波动性，它与不确定的需求构成了二维随机变量，其相关性通常以联合分布的方式给出。由于两个不确定变量的相关性刻画较为困难，相关研究很少。

（3）关于价格变化的供应链订购问题

除此之外，在商品的订购销售过程中，零售商往往属于供应链的一员，其订购策略不仅受到市场及销售策略的影响，还受到供应商的制约。关于零售价格策略下供应链框架下的订购问题也已有相关研究，如 Jadidi 等（2016）讨论了一次性降价下的供应链订购问题。在商品的生命周期中，零售商采取一次性降价策略，假设需求是不确定的，且受到价格影响，其中零售商决定订购量以及降价幅度，供应商决定批发价。零售价不断下降的供应链订购问题也受到了许多研究者的关注。Shah 等（2014）考察了在两级供应链中，供应商决定产品价格，零售商决定订购量和降价频率的订购及协调问题，结果表明，降价方案比没有降价的方案有助于对供应链利润的提升。Widyadana 等（2008）则讨论了需求受到价格影响，且价格随时间稳步下降情况下供应链的订购决策及库存控制问题，以 EOQ 模型为基础进行建模。

与本书研究相关的一些研究成果主要来源于作者在撰写本书之前的研究积累（Zheng et al.，2020；孟志青等，2020；郑敏超等，2020）。这些研究尝试填补现有文献中的空白，探讨在不同的市场和供应链环境中，如何应对价格的随机波动，并制定相应的订购策略。通过分析市场数据、模拟不同的定价场景、建立数学模型等方法，这些研究提供了对于价格随机波动情境下订购决策问题的新见解和解决方案。

综上所述，目前关于零售价随机波动下的报童问题研究的不足包括：第一，已有的研究表明，大多数关于单周期订购问题的研究假定零售价是确定的常量，以便导出漂亮的理论结果，因此，决策模型只适用于价格基本不变的商品销售情形。第二，关于价格和需求之间的关系，按给定的函数关系讨论为最多，这样便于导出具体的公式，得到的订购公式基本符合实际情形。然而，价格的波动带来的需求变化并非简单的函数关系可以测定，在价格与需求均波动的情况下，单个价格下的需求分布数据较难获取，模型缺乏适用性。第三，零售价格的形成除了市场竞争外，零售商的价格策略也会导致商品价格在不同区间范围内波动，针对零售商营销策略的价格波动情况下的订购问题很少有相关研究。第四，在商品的订购销售过程中，零售商往往属于供应链的一员，其订购策略不仅受到竞争者及其他外部因素的影响，还受到供应商的制约，关于价格随机波动且需求不确定下的供应链订购问题并没有相关研究。

如何在价格随机波动且需求不确定下准确地确定订购量、制定订购策略对于决策者而言是一个困难的问题。由于价格波动影响需求波动，订购模型理论上无法准确刻画，因此，如何面对波动价格和不确定需求，且考虑零售商阶段性降价策略下的最优订购问题变得十分重要。

1.3 研究内容和意义

1.3.1 研究的内容和思路

由前文可知，易逝品常常面对激烈的市场竞争，导致价格随机波动销售以及需求的不确定性对管理者的订购决策造成了很大的困难，与此同时，决策者会根据经验制定一些战略型价格策略，导致在一个销售周期内，易逝品会以不同的价格水平波动销售，诸如对库存过量产品进行季中或季末大幅打折等战略型降价策略使得价格在两个不同的水平上波动销售。本书研究了易逝品在面对两种价格波动模式，即单阶段价格随机波动销售和两阶段价格随机波动销售下的单周期订购问题，提出了不同的决策环境下的订购决策建议。

(1) 本书的研究内容

本书的主要研究内容包括以下三个方面：

① **零售商单独决策的最优订购问题。**以不确定连续需求下的报童模型为基础，以重复供应的易逝品订购问题为研究对象，考虑零售商单独决策的情形，分别研究单阶段和两阶段价格随机波动销售下的单周期订购模型。假设波动价格和不确定需求均为连续随机变量，运用Copula函数刻画价格和需求的相关关系，分别求得两种价格波动模式下最优订购量的表达式，并证明了解的存在性和唯一性。通过将模型离散化，给出了离散价格需求数据下近似最优订购策略的求解算法，并证明了算法的收敛性。通过调研获得环境数据并进行模拟，得到满足的价格和需求数对，进而对模型进行数值分析，同时对单阶段和两阶段零售商订购策略进行对比分析。

② **两种供应链决策准则下的最优订购问题。**考虑由一个零售商和一个供应商组成的两级供应链系统，面对单阶段和两阶段价格随机波动销售下的订购问题。建立了供应商为主导、零售商为从属的Stackelberg决策准则下的单周期订购模型以及集中决策准则下的订购模型。在Copula函数刻画下，求解得到两种决策准则下单阶段和两阶段价格波动的最优订购量表达式，并在一定条件下证明了解的存在性和唯一性。通过模型离散化处理，给出了两种决策准则近似最优订购策略的求解算法。通过数值实验对两种决策准则最优订购策略进行了求解，并给出了相应的灵敏度分析。同时将Stackelberg与集中决策准则最优订购策略进行对比分析，并将单阶段和两阶段订购模型进行对比分析。

③ **供应链利润分配准则下的最优订购问题。**考虑一种利润分配机制下价

格随机波动销售的订购问题。同样建立单阶段和两阶段价格波动销售下利润分配准则的订购模型，并分析了供应链各成员占优的条件。通过离散化处理，给出了近似最优订购策略的求解算法。通过数值实验，对利润分配准则最优订购策略进行了求解并进行相应的灵敏度分析。通过将利润分配决策准则与 Stackelberg 决策准则以及集中决策订购模型进行对比，给出不同决策环境下相应的订购策略建议。

(2) 本书的研究思路

本研究主要按照以下研究思路展开（图 1－2）：

① **研究前的准备。**主要包括文献阅读与梳理，调研及数据整理。通过阅读相关文献，掌握并梳理研究所需理论知识。本研究涉及的相关理论包括：价格波动理论、易逝品订购理论、Copula 函数理论、博弈论、供应链利润分配理论等。通过调研获取波动价格及不确定需求的环境数据，便于进行数值分析。

② **模型建立。**在单阶段和两阶段价格波动背景下，分别建立零售商单独

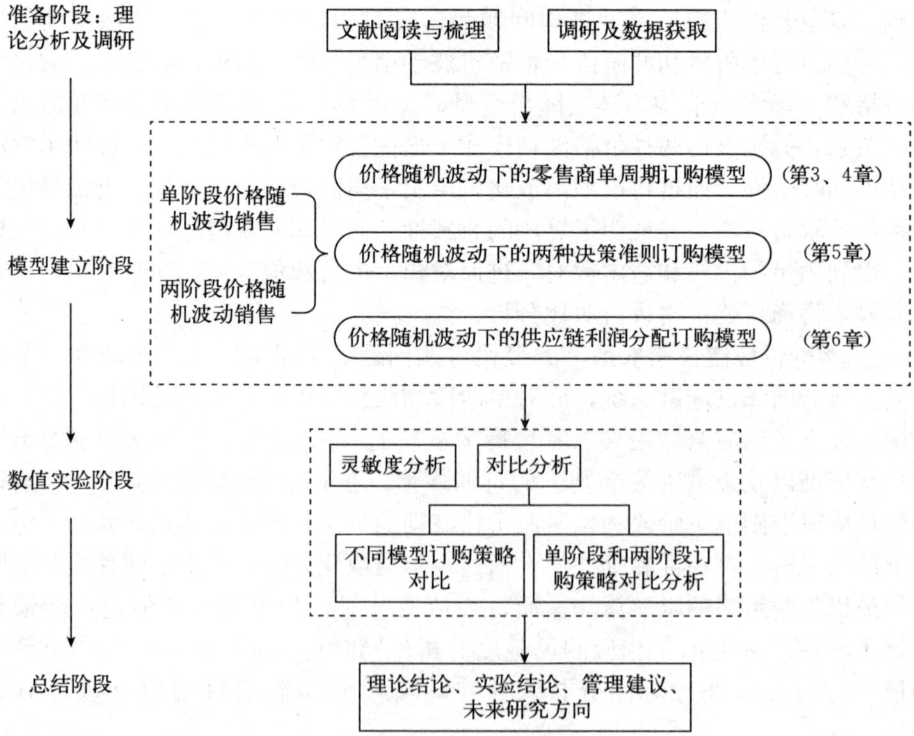

图 1－2　研究思路

决策、供应链 Stackelberg 决策、集中决策和供应链利润分配四种决策准则下的订购模型，并对模型进行求解分析。

③ **数值实验。**通过对获得的调研数据进行模拟，分别就四个模型进行两阶段和单阶段价格随机波动销售下的最优订购策略求解以及相关参数的灵敏度分析。

④ **总结及分析。**对模型的订购策略进行对比分析，总结所提模型的适用性以及相应的管理建议。特别是供应链环境下的 Stackelberg 决策准则、集中决策以及利润分配准则的订购策略的对比分析，并给出相关管理建议。

1.3.2 研究的意义和创新点

(1) 研究的意义

易逝品价格随机波动销售普遍存在，价格的波动性以及需求的不确定性大大增加了决策者的订购难度，因订购偏差造成的库存过剩或不足严重影响企业的收益。目前关于零售价阶段性随机波动且需求不确定的易逝品订购问题并没有相关研究。因此，如何在价格阶段性波动销售及需求不确定的环境下，考虑易逝品的订购决策问题，是亟须研究的重要课题。

本研究分别建立了仅零售商单独决策、供应链 Stackelberg 决策准则、集中决策准则以及利润分配准则下单阶段和两阶段价格随机波动销售的订购模型，为不同决策环境下的易逝品订购决策提供了模型支持。本研究拓展了易逝品单周期订购问题的研究，为解决阶段性价格随机波动销售下的易逝品单周期最优订购问题提供了理论基础。

数值实验表明，运用所提出算法可以求得两阶段和单阶段价格随机波动销售下的近似最优订购策略，从而指导零售商进行最优订购决策。同时，帮助供应商与零售商在不同决策环境下确定最优批发价和订购量，对供应商与零售商面对价格阶段性随机波动销售时做出正确的管理决策起到了重要作用。

(2) 研究的创新点

本研究在前人研究的基础上，分别从理论和方法上探讨了价格阶段性随机波动销售下不同决策环境的易逝品单周期订购问题，取得了一些有趣并且富有建设性的结论。本研究的主要创新点可以归纳为两方面：

① **理论创新方面。**第一，将传统零售价确定的易逝品单周期订购模型扩展到价格随机波动的情形，结合零售商的价格策略和价格波动，以期望利润最大为目标构建了两种不同的价格波动模式——单阶段和两阶段价格随机波动下的单周期订购模型，为价格阶段性随机波动及需求不确定环境下的易逝品订购问题提供了求解思路。通过求解得到了单阶段和两阶段价格波动下的最优订购

量表达式，为综合考虑价格波动性与阶段性价格策略下的订购问题研究提供了新的求解方法。第二，运用 Copula 函数刻画波动价格和不确定需求的相关关系，克服了传统函数关系带来的局限。通过 Copula 函数模拟价格需求数对，给出了求解近似最优订购策略的算法，为阶段性价格随机波动销售下最优订购策略的求解提供了可行且便捷的算法。第三，考虑了四种不同的决策环境——零售商单独决策、Stackelberg 决策准则、集中决策准则以及利润分配准则下的单周期最优订购问题，为零售商在面对不同供应链环境下价格波动销售的订购决策提供了理论指导。

② **管理创新方面。**第一，易逝品以价格波动销售时，零售商应采用价格波动订购模型进行订购决策，从而避免利用确定价格模型进行订购决策带来的订购偏差，为零售商在面对价格波动销售下的易逝品订购提供了决策建议。第二，易逝品以价格波动销售时，无论何种决策准则下，当价格和需求受到市场的冲击从而发生波动时，零售商应及时减少订购量来抵御市场不确定性带来的风险。研究表明价格波动性和需求不确定性在不同的决策环境下对订购决策产生不同的影响，为零售商处于多重不确定环境下进行订购决策提供了有效建议。第三，采用所提利润分配模型进行订购决策可以解决价格波动性变化下批发价与订购量的调整策略问题，为供应商和零售商在面对价格随机波动销售时如何抵御价格波动带来的风险提供了有效的决策建议。

1.4　研究章节安排

基于研究内容，本书的章节安排如下：

第 1 章，绪论。本章为本书的总述部分，首先分别阐述了本研究的现实背景和理论背景，突出了在电子商务快速发展的背景下，市场动态性和激烈的竞争环境给零售商的订购和定价决策带来的挑战。特别指出，易逝品领域由于产品销售周期短且对价格高度敏感，准确预测需求并制定相应的订购策略和定价策略变得尤为困难。接着给出目前关于易逝品价格波动销售下订购问题的国内外研究现状，梳理了相应的研究理论和案例，介绍了本研究的主要研究内容和研究意义以及创新点，最后给出本研究的结构框架安排。

第 2 章，相关理论介绍及文献综述。本章主要介绍了与本研究相关的理论和方法，并梳理了相关理论的研究现状。分别从价格波动理论、易逝品订购理论、Copula 函数相关理论、博弈论相关理论以及供应链利润分配理论等方面对相关文献进行了综述。

第 3 章，建立了价格随机波动销售下零售商单独决策下的易逝品单周期订购模型。本章分别建立了单阶段和两阶段价格随机波动下的订购模型，导出了最优订购量的解析式，并证明了满足一定条件下解的存在性和唯一性。

第 4 章，研究了价格随机波动销售下零售商的最优订购策略问题。在第 3 章模型的基础上，本章运用 Copula 函数刻画价格和需求的相关关系，构建 Copula 测度下单阶段和两阶段的零售商订购模型。通过建立离散化模型讨论零售商近似最优订购策略的求解算法，证明了算法的收敛性。通过调研某服装零售企业的环境数据，模拟价格和需求的随机数对进行数值实验，并对模型进行了灵敏度分析。将价格波动订购模型与价格确定订购模型进行对比分析，同时将两阶段以及单阶段价格波动下的订购策略进行对比，提出了相应的管理建议。第 3 章和第 4 章给出了本研究的基础模型以及基础求解算法。

第 5 章，研究了两种供应链决策准则下价格随机波动销售的零售商最优订购策略问题。本章分别构建了供应商为主导、零售商为从属的 Stackelberg 决策准则以及集中决策准则下的单周期订购模型。通过将模型离散化，得到两阶段和单阶段 Stackelberg 和集中决策准则下近似最优订购量的求解算法，并证明了算法的收敛性。通过数值实验，分别就价格波动性、需求不确定性、单位处理费用、单位进货成本等相关参数对两种决策准则的订购策略做了灵敏度分析，对比了不同参数对两种决策准则订购策略的影响，同时对两阶段和单阶段的订购策略进行了比较。

第 6 章，研究了供应链利润分配准则下价格随机波动的最优订购策略问题。本章首先建立了两阶段价格随机波动销售时，考虑包含一个供应商和一个零售商的两级供应链系统在一种利润分配机制下的订购模型。接着，给出了零售商和供应商分别占优的条件，并将模型退化到单阶段的情形。在前一章实验数据的基础上，对利润分配准则订购模型进行了数值分析。实验表明通过合理的利润分配比例可以促使供应链稳定交易的发生。同时，就利润分配准则订购策略、Stackelberg 决策准则订购策略、集中决策订购策略进行了对比分析。最后，将两阶段和单阶段价格随机波动销售下利润分配准则订购策略进行对比。

第 7 章，总结与展望。主要包括本书的研究结论总结，分为理论成果、数值成果、管理成果三方面，并指出了未来可能的研究方向。

第2章 相关理论介绍及文献综述

本书主要关注价格随机波动销售下的易逝品单周期订购问题，在该问题的研究过程中，涉及价格波动理论、易逝品订购理论、Copula 函数理论、博弈论以及供应链利润分配理论等理论和方法。因此，本章从以上五个方面对零售价随机波动下的易逝品单周期最优订购策略问题进行了相应的理论介绍以及广泛而深入的文献回顾。对现有研究成果的梳理和总结，为后续研究提供了理论基础和研究方向。

首先，从价格波动理论出发，概述了价格波动的成因、特征以及对销售策略的影响。通过对农产品、金属产品以及在线销售等不同领域中价格波动的分析，揭示了价格波动对销售策略的重要性，尤其强调了在线销售中价格波动的普遍性和复杂性，为后续研究提供了实证研究的背景。其次，探讨了价格需求相关性理论，强调了价格变动对需求量的影响，以及需求对价格波动的响应。通过不同学者的研究，展示了需求与价格之间的复杂关系，特别是在不确定需求下，价格波动对订购决策的影响，为理解价格变动对需求的影响提供了理论支持。在易逝品订购相关理论方面，综述了报童模型及其扩展模型在易逝品订购问题中的应用，揭示了需求不确定性对易逝品订购策略的影响，特别是价格波动下易逝品订购问题的复杂性，为研究易逝品在价格波动下的订购策略奠定了基础。Copula 函数理论部分详细介绍了 Copula 函数的定义、性质及其在多维随机变量相关性刻画中的应用，特别是在价格与需求不确定性下的订购问题中的应用，为研究价格波动与需求不确定性下的联合分布提供了有效工具。博弈论相关理论部分探讨了博弈论的发展介绍、模型分类以及在供应链决策中的应用。尤其是对价格波动下供应链成员间的动态交互问题做了详细的参数。通过对 Stackelberg 博弈模型及其在供应链订购决策中的应用的分析，为研究供应链成员在价格波动下的最优订购策略提供了理论框架。最后，供应链利润分配相关理论部分讨论了供应链契约、利润分配的公平性对供应链协调和订购决策的影响。分析不同类型的供应链契约以及公平性对供应链成员决策行为的影响，为研究价格波动下供应链利润分配问题提供了理论依据。

2.1　价格波动相关理论

2.1.1　价格波动理论及研究现状

价格波动销售被广泛运用到实际销售活动中。无论是线下实体店还是线上销售平台，可以发现零售价在不同时间，甚至同一时间不同顾客间出现波动，尤其在在线销售中表现得更为明显（Boivin et al.，2012；Cavallo et al.，2014）。众多学者针对商品价格波动的原因、特征等方面做了相关研究，研究表明价格波动销售可以让决策者动态把控市场，抓取更多的顾客从而获得更高利润，但波动幅度过大会带来一些潜在的风险。

(1) 关于价格波动成因、特征的相关研究

关于价格波动的成因、特征等的研究大多基于传统的农产品销售市场。国内外的研究主要通过对实际数据的分析，讨论一种或几种因素对价格波动的影响。Huka 等（2014）通过回归分析，讨论了农产品价格波动的成因，指出农产品价格波动十分普遍且受到多方面因素的影响，包括运输成本、作物产量、粮食库存水平、汇率的变化、贸易政策、天气、技术水平、粮食需求等，微小的供给变化或是需求冲击均有可能引起农产品价格的波动。Jacks 等（2020）调查了 12 种农产品、金属产品的数据，讨论了商品供应冲击以及总需求冲击、储存需求冲击或其他特定商品需求冲击对实际商品销售价格的影响，结果表明总需求冲击对价格的推动作用占主导。Yu 等（2019）在针对蔬菜价格波动规律进行实证分析的基础上，对 2010—2017 年黄瓜价格波动规律进行了深入探讨，运用套索回归模型对黄瓜价格数据进行建模和求解，得到影响黄瓜价格波动的主要因素及其相关性。张利庠等（2011）则通过建立 VAR 模型，分析了外部冲击对农产品波动的影响，讨论了国际贸易、汇率、气候、自然灾害等对不同农产品的影响。

关于价格波动特征的研究，多数研究针对商品的时间序列数据进行实证分析，研究价格波动的周期性、风险性等相关特征。例如，在价格的周期性研究方面，张小栓等（2004）从定性和定量角度对 1978—2000 年水产品的价格波动进行了研究，采用变异率指标与谐波分析法测定出我国水产品零售价格波动存在明显的周期性。宋晓丽等（2019）通过使用 X12 季节调整乘法模型，基于 HP 滤波法的周期性分析并构建 ARCH 类模型的方法，研究了苹果、香蕉和橙子三类水果价格波动特征。在价格波动的风险性方面，Chuan 等（2010）通过 VaR（风险值）模型构造了一个概率分布模型来测量水果价格波动的风险，通过实证数据准确计算出 7 种不同的水果品种市场价格的主要波动风险。

周德（2010）研究了猪肉价格波动风险的问题，通过计算波动异率从而对猪肉价格的波动风险进行了定量测定。

（2）在线销售价格波动的研究现状

随着互联网以及信息技术的发展，在线销售越来越普及，使得零售价呈现出越来越复杂的波动特征。由于在线销售价格更改的成本可以忽略不计，价格可以根据不断变化的需求和供应情况随时波动，每周、每天甚至每分钟发生变化。消费者也可以通过搜索快速比价，这使得在线销售的价格竞争更为激烈，价格变动更为频繁。许多学者以及科研机构开始着眼于研究并挖掘在线销售价格波动的特征、带来的影响、动态价格调整等相关问题。例如，Gorodnichenko 等（2017）记录了美国和加拿大在线销售价格波动的事实，发现了虽然在线销售价格变化幅度比线下实体要小，但是波动频率则高很多。赵峰（2003）指出，顾客可以通过例如淘宝、京东、拼多多等一系列网络购物平台寻找商品，而在线销售的管理者倾向于采取一系列的价格措施来吸引不同类型的顾客，从而获得企业的各种目标，留住更多顾客。与此同时，学者们还做了大量关于动态定价的研究，主要针对诸如机票（Sweeting et al.，2020）、酒店（Anderson et al.，2016；Nair，2019）、时尚产品（Caro et al.，2012）、电子软件产品（Nair，2007）以及广告（Ye et al.，2015）等易逝性产品。

综合以上的文献，关于价格波动研究最多的方法是基于实证的方法，考察价格波动的频率、相关影响因素等，除此之外动态定价近年来也受到了广泛关注。然而，随着在线销售的普及以及人工智能等技术的发展，市场竞争越来越激烈，价格波动也呈现出更为复杂的特征，如何在复杂的价格波动环境、不确定需求环境下制定诸如订购、销售等策略需要得到研究者更多的重视。

（3）关于价格策略的研究

在零售行业，销售策略的多样性要求价格策略的灵活性和创新性，以适应不同的市场需求和消费者偏好。随着市场竞争的加剧和消费者行为的变化，零售商越来越依赖于多样化的销售模式和定价策略来吸引顾客及提升销售额。例如，数量折扣、买一赠一、赠送礼品卡等促销活动不仅能够激发消费者的购买兴趣，还能有效提高产品的销售量。这些策略的成功实施依赖于对价格变动的精确控制和对市场反应的敏感捕捉。此外，时间和空间价格歧视策略的采用体现了零售商对市场需求动态的深入理解和应对。高峰期定价策略，如在节假日或特定季节提高价格，反映了销售周期内需求的季节性或时间变化。这种策略能够帮助零售商在需求高峰期获得更高的利润，同时在需求低迷期通过降价促销活动吸引消费者。区域定价策略则考虑到不同地理位置间消费者支付意愿和购买力的差异，通过对不同市场定制化的定价策略，以适应地区间需求的差异，最大化整体销售和利润。

因此，许多研究关注不同的销售模式，如数量折扣、买一赠一、赠送礼品卡等，其本质都是价格的波动（Khouja et al.，2013；Ye et al.，2016）。其中，时间和空间价格歧视也逐渐成为研究焦点，如高峰期定价策略反映了销售周期内需求的季节性或时间变化，而区域定价策略则适应了地理位置间需求的差异（Federgruen et al.，1999；Khouja，1995）。

2.1.2 价格需求相关性理论及研究现状

需求对于企业的生产和经营来说至关重要，影响需求的因素包括商品本身的价格、替代商品的数量与价格、消费者的收入水平与偏好以及未来的预期和政府的政策等，其中价格是影响需求较为重要的因素之一（Böhm et al.，2016）。需求理论告诉我们：若某种商品市场价格降低，则该类物品的需求可能会上升，这是由于一方面价格的降低可以带来新的购买者，另一方面价格的降低可以诱使消费者购买更多数量的商品；相反，若某商品市场价格上升，可能会使市场需求倾向于下降，这是由于货币的有限性使人们感觉到实际收入的减少，于是自然会削减他们在大多数一般物品上的消费，价格上升人们也自然会寻找替代品。由此可知，价格的上升或下降可以有效地抑制和刺激消费者对某类物品的需求，无论是对企业还是对消费者而言，价格的影响都最为直接。然而不同的商品，价格影响需求的程度不一样，有些物品价格微小的变动可以引发较大的需求变化，另外一些物品价格变动很大，引起的需求变化却很小。微观经济学中，通常用需求曲线来刻画价格和需求的相关性，而价格影响需求的程度则用价格需求弹性系数来表示。

实际中，市场需求往往不是一个确定的量，而是不确定的随机变量，许多学者研究了不确定需求受价格影响下的订购、定价等决策问题。参考 Agrawal 等（2000）对不确定需求受价格影响方式的分类，按价格影响不确定需求分布的方式不同可将相关研究分为四类：一是需求和价格满足加型或乘型模式关系；二是需求设为一个特定的分布，其参数受价格的影响；三是需求分布通过回归的方法来获得，其中随机误差项可以独立于或依赖于价格；四是模糊需求价格依赖等其他方式。

加型关系和乘型关系是研究最多的两种价格影响需求的模式。这两种模式均假设需求是价格的某种带有随机项的函数关系。由于加型和乘型模式具有简洁的函数形式，便于得到较好的理论结果，因此被许多学者运用到价格影响需求的订购问题中。Yao 等（2006）和 Dada（1999）对这两种模式进行了总结：

若 d 为需求，p 为销售价格，ε 为随机变量，则价格影响需求的函数关系可总结为 $d(p)=a_1(p)\varepsilon+a_2(p)$，其中 $a_1(p)$ 和 $a_2(p)$ 分别为某种固定的函数关系，一般为价格的减函数，如线性函数 $a-bp$ 或指数函数 $a\mathrm{e}^{-bp}$；当 $a_2(p)=0$ 时，需求与价格是一种乘型关系，即 $d(p)=a_1(p)\varepsilon$；当 $a_1(p)=1$，需求与价格是一种加型关系，即 $d(p)=\varepsilon+a_2(p)$，并指出加型需求和乘型需求情况下所做的最佳决策行为是完全不相同的。

许多关于价格影响不确定需求的订购问题研究都是基于以上加型和乘型模式的。如 Agrawal 等（2000）通过两种价格影响需求的方式解决了单周期库存问题，讨论了风险厌恶零售商面对不确定的市场需求，如何做出最优采购量和定价策略，从而使其期望效用最大。研究中将上述 $a_1(p)$ 视为价格对需求的规模形态的影响因素，$a_2(p)$ 为价格对需求位置的影响因素，研究得出风险厌恶型商家在第一种价格影响需求分布的形态的情况下，定价会更高，订购量会减少；而第二种情况下，商家会选择较低的定价，较多的订购量。Abad（2014）运用加型和乘型两种需求价格依赖模式来进行订购问题的探讨，假设零售商用服务水平替代缺货成本来描述缺货的经济后果，并给出最优定价和订购情况。Xu 等（2010）在假定需求和价格满足加型和乘型两种类型的情况下，研究了随机需求变动对最优订购量和定价的影响，得出了三个结论：当价格是内生的时候，随机性较大的需求可能导致更小的订购量以及低期望利润；当需求价格依赖为加型依赖时，随机性较大的需求将导致更高的销售价格；而在某些特定条件下，当需求价格依赖为乘型依赖时，随机性更大的需求会导致更低的销售价格；当销售价格为加型依赖和乘型依赖情况，一个较低的可变需求将分别导致更高和更低的销售价格，并同时得到更高的预期利润。Luo 等（2016）在假定需求是价格的加型和乘型依赖的基础上解决了一个单周期报童模型如何定价和订购的问题，文中设需求的随机项有递增的失效率，并设需求函数满足凹性条件，所得出的最优性条件是对现有结论的一个补充。Xu 等（2011）采用乘型依赖来刻画价格需求关系，并首次证明了需求价格依赖的利润函数及其关于订购量的导出函数是凹性的。罗春林等（2015）讨论了乘积型需求和加型需求对风险中性和风险厌恶两种类型决策者最优策略的影响，研究了随机需求依赖于价格的二阶供应链运作策略，并得出了如下结论：零售商在分散决策模式下的最优订购量要低于集中决策模式下的最佳订购量，却选择比集中决策模式下更高的零售价；零售商与供应商的利润分配取决于由需求的“价格依赖性”引发的零售商后动优势和由需求的“随机性”引发的供应商先动优势的较量结果。

除了加型和乘型关系外，其他价格影响不确定需求的方式也被提出。例如，假定需求满足一个特殊的分布，价格影响分布的一些参数，从而影响需求分布。如 Mondschein（1996）假设需求是满足泊松分布的，价格影响分布的强度。Lau 等（1988）对传统报童模型的需求价格依赖方面进行了扩展，采用统计分析的方法，假设价格影响需求分布的均值、标准差、偏斜态和峰态，分别通过最大化利润和最大化目标利润的概率两种目标函数来建模，实验得出考虑到价格因素之后，目标得到了有效改善。除此之外，还有学者利用模糊需求依赖价格的方式刻画价格和需求的相关性，如 Yu 等（2013）建立了一种模糊需求价格依赖情况下最大化期望利润的最优定价和订购策略，并讨论了策略需满足的条件，假定需求与价格存在如下关系 $\tilde{d}=\tilde{b}-ap$，其中 $\tilde{b}$ 为一模糊数，表示产品的潜在市场需求，研究通过一种模糊数排序的算法进行求解，并将该模型与确定型需求模型进行比较从而研究该种模糊价格依赖需求对订购策略的影响。

显然价格影响不确定需求的研究已受到众多学者的重视，但是以上研究中，关于价格与需求的相关性一般假设价格是确定的量，或是由决策者确定的定价，或是由市场竞争形成的均衡价格，并不适用于价格随机波动且需求也不确定的情形。由前一章内容可知，随着价格波动频率的加剧，波动的价格可以近似看成一个随机变量，它与不确定的需求构成了二维随机变量，其相关性通常以联合分布的方式给出，该联合分布获取较为困难，因此很少有研究涉及价格随机波动且需求不确定的订购问题，仅少数考虑了单阶段下两种不确定因素下的订购决策问题。

2.2　易逝品订购相关理论

随着科技的进步以及人们消费偏好的不断变化，商品更新换代加速。许多商品的价值随着时间快速消逝，出现易逝的特征，如生鲜农产品、流行服饰、饰品以及手机电脑等电子产品等。这些商品往往生产周期长、销售周期短、市场需求不确定性大、剩余价值低，因此被称为易逝品，也被称为季节性产品、Newsvendor 型产品、短生命周期产品等（Bodily et al.，1995；Adachi et al.，1999）。电子商务的不断发展使得易逝品销售呈现出越来越多新的特征，价格波动加剧便是其中一个。易逝品波动价格销售已成为普遍现象。价格波动越来越频繁，加上需求的不确定性，导致了易逝品订购决策更为困难，订购过剩造成的期末库存积压或订购不足使利润损失严重，影响了决策者的收益。

2.2.1 报童模型相关理论及研究现状

事实上，由于易逝品时效性强，实际中往往只能进行单周期的销售，所以易逝品的订购问题往往是单周期订购问题，或称为报童问题。报童模型主要研究的是需求的不确定性对库存管理的影响，最早起源于19世纪80年代的银行业，首先由著名的经济学家Edgeworth（1888）提出，应用中心极限定理解决了最优储备金（cash reserves）问题。1951年，Arrow等（1951）针对所提出的报童模型给出了最优求解方案。此后，由于报童模型结构简洁且其结论可以很好地解释现实中的一些经济管理问题，逐渐被广泛应用于供应链管理、生产规划、金融服务等领域，并取得了较好的效果。

报童模型考虑的是决策者要在需求实现之前发出一个订购决策，由于事先不知道需求量，则订购多少成为一个挑战。若订购过多，则易逝品不易保存，从而导致库存过剩，库存成本过高；而订购不足则导致销售不足，从而会损失一定收入。接下来介绍经典报童模型的建模过程。

假设报童每天清晨从报社批发报纸进行零售，晚上将没有卖掉的报纸退回报社。由于报纸具有很强的时效性，视为易逝品，那么对报童而言，若订购过多，则不能在当天被完全售出，报童会赔钱；若订购过少，则不能满足顾客需求，报童会少挣钱。但是每天的报纸需求量是随机的，报童应该如何确定他每天报纸的订购数量以获得最大收入？学者们采用了两种方法来讨论经典报童模型：第一种方法以期望损失最小化为目标，分别计算缺货损失和过剩损失（或描述为库存成本）；第二种方法以期望利润最大化为目标。已有研究表明，两种方法得到结果是相同的。因此，我们通过期望利润最大来说明经典报童模型。令d为不确定需求，p为单位产品销售价格，c_h为单位处理费用（当c_h为负则表示单位残值），s表示单位缺货惩罚成本，w表示单位进货成本。

若需求是连续的，设$f(\cdot)$为需求的概率密度函数，$F(\cdot)$为累积分布函数，当零售商订购量为Q时，整个销售周期的利润π可表示为

$$\pi=\begin{cases}(p-w)Q-s(d-Q) & d\geqslant Q\\ pd-c_h(Q-d)-wQ & d<Q\end{cases}$$

取π的期望值并化简，得到期望利润表达式如下

$$E(\pi)=(p+s-w)\int_Q^{+\infty}Qf(x)\mathrm{d}x-s\int_Q^{+\infty}xf(x)\mathrm{d}x+(p+c_h)\int_0^Q xf(x)\mathrm{d}x-(w+c_h)\int_0^Q Qf(x)\mathrm{d}x$$

可以通过期望利润对Q求导，得到众所周知的最优订购量分位数公

式，即

$$F(Q^*)=\frac{p+s-w}{p+s+c_h}$$

若需求 d 为离散随机变量，则取离散需求集合 $d\in\{d_1, d_2, \cdots, d_n\}$，每种需求出现的概率分别为 p_1，p_2，…，p_n，那么累积概率分布可以由 $p_k(k=1, 2, \cdots, n)$ 完全确定。由连续需求最优订购量公式可知，离散情形下的最优订购量 Q^* 可以通过下述方法得到：设 m，$1\leqslant m\leqslant n$，是使得 $\sum_{k=1}^{m}p_k\geqslant\frac{p+s-w}{p+s+c_h}$ 成立的最小整数，则最大期望利润值可在最优订购量 $Q^*=d_m$ 处取到。特别地，若 $\sum_{k=1}^{m}p_k=\frac{p+s-w}{p+s+c_h}$，则最大期望利润在 $Q^*\in[d_m, d_{m+1}]$ 这个订购区间均能达到。

虽然报童模型结构和结论相对简洁的优势使其有了较好的发展和运用，但正是因为简洁的结构无法满足复杂的实际情况，因此学者们在各个方面对经典报童模型进行了扩展研究。Petruzzi 等（1999）、Khouja（1999）以及 Yan（2011）等就报童模型的扩展研究进行了分类和总结。国内关于报童模型的综述研究中，李雪敏等（2008）从约束条件、目标函数等不同方面，对报童问题有关文献进行了分析，并提出未来的研究方向。薛颖（2009）对报童问题的顾客需求分布、约束条件、时间因素以及模型参数及决策变量的拓展等四个方面进行了文献回顾。万仲平等（2008）对报童模型及其扩展进行了综述，并对报童模型的扩展做了新的分类：决策目标的扩展模型、零售商的扩展模型、市场格局的扩展模型、供应商的扩展模型以及其他扩展模型等。刘海军等（2010）根据 SCI 数据库、Elsevier 外文电子期刊数据库和 CSCD 数据库以“报童问题”的检索结果从多产品报童问题、需求预测、风险偏好和采购提前期四个方面对供应链环境下报童问题的相关文献进行了梳理。这些扩展研究增加了关于决策者风险偏好、需求类型、进货价格折扣、允许缺货、单个或多产品、一个或多个供货商、单层或多层模型以及是否允许延迟付款等方面的假设。

总之，报童模型在解决易逝品订购问题方面起了重要的作用，受到了研究者极大的关注。关于报童模型的扩展研究从单产品扩展到多产品，从单阶段扩展到多阶段，从风险中性扩展到风险偏好以及各种约束下的复杂报童模型的研究，极大地丰富了报童模型在实际生产中的运用。然而，由于在线销售的普及，商品零售价的变化方式以及对需求的影响方式出现了巨大的变化，接下来我们讨论关于零售价波动下易逝品订购问题的研究现状。

2.2.2 价格波动订购问题研究现状

经典报童模型将零售价作为一个外生变量考虑，价格的变化不会影响到需求的变动，这个假设显然与事实不符。实际中，由于市场竞争激烈，价格变化方式各异，且价格对需求有着显著的影响。

考虑价格因素的报童模型扩展研究主要包括供应侧批发价变化的研究和需求侧零售价变化的研究。在供应侧，传统的报童模型设批发价不变，是一个外生的常量，然而实际中，供应商往往会通过数量折扣、回扣等策略使得批发价发生变化，目的是促进零售商订更多货（Burke et al.，2007）。许多研究者考虑了不同的供应商价格折扣方案如何调节买方的最优订购决策的问题（Hua et al.，2012；Berling et al.，2011；Kalymon，1971；Taaffe et al.，2008）。在需求侧，传统的报童模型设零售价为一个确定的外生变量，赋值为常量进行建模计算。然而实际中，零售价会影响需求，且零售价有时往往不是唯一的。Whitin 在 1955 年首次提出了不确定需求受到价格影响下的一次性订购模型，假设不确定需求是价格的函数，利用增量分析方法得出了最优性必要条件，并得到了当需求满足均匀分布时最优价格和订购量的解析表达式，为今后零售价影响需求的订购问题奠定了理论基础。

除此之外，零售价变化下的订购问题也得到了许多学者的关注。涉及零售价变化的订购模型主要包含以下三类：第一类考虑季末出清价格的制定问题，第二类考虑价格阶段性变化的订购问题，第三类考虑多种价格同时销售下的订购问题。

第一类季末出清的订购问题实质上是将出清价也看作一次价格确定的机会，即零售价发生了折扣变化，许多学者考虑出清价格（残值）对订购量的影响（Biswas et al.，2018；Cachon et al.，2007；高秀明等，2003）。传统报童问题假定清货价格为一个外生变量，与清货时的库存无关，并且不会影响到订购决策，然而出清价格的制定可能会影响决策。Biswas 等（2018）考虑残值可变的报童模型，考虑了加型需求模型，给出了具有唯一定价和订购策略的充要条件。Cachon 等（2007）考虑了清货价格制定下一次性订购问题，研究结果表明，若清货价格是独立于库存量的，那么传统的平均残值方式是可行的；若清货价格依赖于季末的剩余的库存量，那么采取平均残值的方法会使得订购量比最优订购量要大，会遭遇一定的损失。高秀明等（2003）考虑了服装产品面对两次定价机会的一次性采购报童问题，最大化期望利润来确定期初的采购数量和期末的出清数量以及出清价格，但未考虑何时调整出清价格。Moon 等

(2016）假设商家的顾客为战略型顾客，即在整个销售周期内，顾客会综合自身的价格偏好考虑在何时购买商品，卖家则要考虑买家的行为特征，制定使自身利润最大化的订购和出清价格策略。

第二类考虑价格阶段性变化的订购问题，主要考虑商家会适时对库存过量的产品采取季中或季末大幅打折，或价格逐步降低等战略型降价策略来减少库存从而获取更多利润。典型的如快时尚服装产品，随着服装的过季以及库存的过剩，商家会在销售后期采取大幅降价策略，从而尽可能降低库存减少损失（蹇明等，2015）。不同的降价方式下的订购问题被提了出来。例如，Jadidi 等（2016）讨论了一次性降价下的订购问题，假设零售商在销售易逝品时，采取一次性降价策略，且需求是不确定的，受到价格影响。Lau 等（1988）考虑决策者可以选择降低价格以增加需求，并且，随着商品的积压，递增的折扣会逐步运用到商品促销活动中。Khouja（1995）讨论了价格逐步打折的情况下以最大化目标利润的概率以及最大化期望利润为目标的报童问题，并得出多折扣情形比单折扣可以获得更高的利润的结论。Shah 等（2014）讨论了零售价不断下降的供应链订购问题，考察了在两级供应链中，供应商决定产品价格，零售商决定订购量和降价频率的订购及协调问题，结果表明，降价方案比没有降价的方案有助于对供应链利润的提升。Moon 等（2016）则考虑对易逝品提供一系列逐步增加的折扣，并讨论需求满足正态分布和无分布对报童模型决策的影响。Chung 等（2009）讨论了季节性产品只允许一次订购，但价格是动态调整的报童问题，假定零售商面临着随机需求随着销售的推进变得更加准确，零售商可以运用已实现的需求信息来对将来的需求进行更精确的估计，从而调整其销售价格。Widyadana 等（2008）探讨了价格是随时间稳步下降情况下供应链的订购决策及库存控制问题。苏菊宁等（2011）针对流行性短生命周期产品，面对市场价格随时间快速下降且市场需求不确定性高的特点，解决一次性订购问题，考虑销售价格随着时间是下降的，为时间的指数型减函数，且供货时间随机的情况下集中系统和分散系统的订购决策问题。

关于第三类多个零售价同时销售的订购问题研究较少，仅查到 Mu 等（2019）考虑了针对不同价格同时销售的情形，假设同一产品同时以多种价格销售的情形，提出了一种针对不确定需求的最优订购模型，该研究是价格随机波动的一种特例，商品以有限多价格销售，因此并不适合价格随机波动和阶段性降价下的订购决策问题。

以上查到的关于零售价变化的订购问题的研究中，仅考虑需求存在不确定性，关于两种不确定因素影响下的报童问题研究非常少。邵栗（2017）探讨了成本和价格不确定以及成本和需求不确定情形下的库存问题，以 Copula 衡量不确定因素之间的相关关系，以 CVaR 衡量决策者的风险态度，从而讨论订购决策问题。许民利等（2014）假设未来售价不确定以及需求不确定下的订购问题，同样以 Copula－CVaR 作为决策目标。孟志青等（2020）通过价格区间划分的方法，研究了价格波动和需求不确定下的订购问题，为价格波动销售且需求不确定研究提供了有效的计算方法。

综上，在考虑零售价格变化的单周期订购问题中，不管市场条件如何变化，或是销售策略如何调整，在具体的销售阶段中，零售价格总是被视为一个固定值，或是市场决定的均衡价格，或是零售商的定价。这种处理方式简化了价格因素的复杂性，使得零售商能够针对确定的价格水平制定相应的订购策略。尽管这种方法在很大程度上便于模型的建立和问题的求解，但它忽略了现实中价格可能随时间、需求、库存状况等因素发生随机波动的情况。

目前，关于价格随机波动下的订购决策问题的研究较少，这部分研究的稀缺可能与该问题的复杂性有关。价格的随机波动不仅增加了订购决策的不确定性，也使得零售商在制定价格策略时面临更多的挑战。在现实商业活动中，价格可能因为多种因素而变化，包括竞争对手的定价行为、消费者需求的变化、季节性因素、供应状况等。实际上，随着销售策略的多样化以及市场竞争的日趋激烈，易逝品的价格波动越来越频繁，波动方式也更为多样，价格阶段性随机波动并且需求不确定，同时考虑供应链制约下如何进行易逝品的订购决策显得尤为重要。因此，深入研究这一领域，探索如何在价格随机波动的条件下做出有效的订购和定价决策，对于提高零售商的市场适应能力和促进利润最大化具有重要意义。

2.3 Copula 函数相关理论

2.3.1 Copula 函数简介

（1）Copula 函数理论基础

多维不确定随机变量之间的相关性往往需要通过联合概率分布来刻画，如果随机变量之间的相关性出现诸如非对称性、尾部相关性、非线性，则其联合概率分布往往难以获得。由于联合分布由两个部分组成：每个随机变量的边缘分布和这些随机变量之间的依赖性。为了独立研究这些成分的作用，Copula 函数提供了很好的理论支持。Copula 函数又称“相依函数”或“连接函数”，首先由 Sklar 在 1959 年提出，其特点在于可以将多维随机变量的单变量边缘分布连接起来，得到这些变量的联合分布函数，从而刻画多重随机变量之间的相关性，简化建模过程。下面我们介绍 Copula 函数的基本理论，包括定义和基本性质。

Copula 函数是一个具有标准均匀边缘分布的多元分布函数。通常记 d 维的 Copula 函数为 $C(u_1, u_2, \cdots, u_i, \cdots, u_d)$，$C:[0, 1]^d \to [0, 1]$，是一个累积分布函数，并且其边缘分布为均匀分布。Mcneil 等（2005）指出，函数 $C(\cdot)$ 具备以下性质可视为一个 Copula 函数：$C(u_1, u_2, \cdots, u_i, \cdots, u_d)$ 关于任意分量 u_i，$i=1, 2, \cdots, d$ 是单调递增的；对于所有 $j \neq i$，通过设置 $u_j=1$，可获得分量 u_i 的取值，即 $C(1, 1, \cdots, u_i, \cdots, 1)=u_i$；任一分量为 0 时，Copula 取值为 0，$C(u_1, u_2, \cdots, 0, \cdots, u_d)=0$；$\forall a_1, a_2, b_1, b_2$，且$a_1 \leqslant a_2$，$b_1 \leqslant b_2$，则以两维 Copula 函数为例，满足矩形不等式 $C(a_2, b_2)-C(a_2, b_1)-C(a_1, b_2)+C(a_1, b_1) \geqslant 0$。

由 Sklar 定理可知，若 X、Y 为连续型随机变量，且各随机变量的边缘概率分布也连续时，则存在唯一一个 Copula 函数 $C(\cdot)$ 使得

$$H(x, y)=C(F(x), G(y)) \tag{2-1}$$

其中 $H(x, y)$ 为 X、Y 的联合概率分布函数，$F(x)$ 和 $G(y)$ 分别为 X 和 Y 的边缘分布函数。因此，若要研究 X 和 Y 的联合分布函数，则我们能够分别对 X 和 Y 的边缘分布和依赖结构进行建模。由 Sklar 定理，以及联合概率分布和边缘概率分布公式，我们可以得到 Copula 函数 $C(\cdot)$ 的表达式，即

$$C(u_1, u_2)=C(F^{-1}(u_1), G^{-1}(u_2)) \tag{2-2}$$

对式（2-1）两边求 x、y 的偏导数，可以得到随机变量（X, Y）的联合概率密度函数，即

$$h(x, y)=c(F(x), G(y))f(x)g(y)$$

对式（2-2）两边求 x、y 的偏导数，可以得到 Copula 函数 $C(\cdot)$ 的密度函数，即

$$c(u_1, u_2)=\frac{h(F^{-1}(u_1), G^{-1}(u_2))}{f(F^{-1}(u_1))g(G^{-1}(u_2))}$$

Sklar 定理提供了一种强大的技术，可以将边缘分布从依赖结构中分离出来。由于可以分别固定或改变边缘分布和 Copula 函数，因此可以构造一类丰富的随机模型，提供一种替代的、灵活的建模方法，且与大多数基于线性相关系数的传统相关性刻画相比，Copula 函数是没有这种限制的。由于 Copula 函数包含了关于随机变量之间依赖关系的所有信息，因此，Copula 函数在刻画多重随机变量相关性上有其优势，已被应用于从决策、风险分析到金融的各领域（Chen，2013）。

联合分布由两个部分组成：每个随机变量的边缘分布和这些随机变量之间的依赖性。由于往往容易获得随机变量的边缘分布函数，因此如何选择合适的

Copula 函数成为研究随机变量联合概率分布的关键。接下来，我们首先以二维 Copula 函数为例，给出两种常见的 Copula 函数簇。

① **椭圆**（Elliptical）**Copula 函数簇**。椭圆 Copula 函数簇主要包括高斯 Copula 以及 t - Copula 函数。由公式（2 - 2）可知，若联合分布函数为某些特殊的函数，则可以构造出特殊的 Copula 函数。例如，若联合分布函数为二元正态分布，则可生成高斯 Copula；若联合分布函数为二元 Student t 分布，则可以生成 Student t - Copula。

高斯 Copula 即正态 Copula 函数，它是从多维正态分布中导出的，二维（u_1，u_2）高斯 Copula 可表示如下

$$C(u_1, u_2, \rho)=\Phi_2(\Phi^{-1}(u_1), \Phi^{-1}(u_2))$$
$$=\int_{-\infty}^{\Phi^{-1}(u_1)}\int_{-\infty}^{\Phi^{-1}(u_2)}\frac{1}{2\pi\sqrt{1-\rho^2}}\exp\left[-\frac{x_1^2-2\rho x_1x_2+x_2^2}{2(1-\rho^2)}\right]\mathrm{d}x_1\mathrm{d}x_2$$

其中 Φ_2 表示二元标准正态分布的联合分布函数，$\Phi(\cdot)$ 表示的是标准正态分布的累积分布函数。高斯 Copula 可用线性相关系数 ρ 来衡量两个随机变量之间的相关性，当 $\rho=0$ 时表示两个随机变量是独立的，当 $\rho=1$ 时表示两者共线性正相关，相反 $\rho=-1$ 表示两者共线性负相关。

Student t - Copula 函数表示如下

$$C(u_1, u_2, \rho)=t_{v,\Sigma}(t_v^{-1}(u_1), t_v^{-1}(u_2))$$
$$=\int_{-\infty}^{t_v^{-1}(u_1)}\int_{-\infty}^{t_v^{-1}(u_2)}\frac{\Gamma\left(\frac{v+2}{2}\right)}{\Gamma\left(\frac{v}{2}\right)\pi v\sqrt{1-\rho^2}}\left[1+\frac{x_1^2-2\rho x_1x_2+x_2^2}{v(1-\rho^2)}\right]^{-\frac{v+2}{2}}\mathrm{d}x_1\mathrm{d}x_2$$

其中，Σ 是一个相关矩阵，$t_{v,\Sigma}$ 表示自由度为 v、满足相关性条件的二元 t 分布。t_v 是一维 t 分布的累积分布函数，$\Gamma(x)=\int_0^{\infty}e^{-t}t^{x-1}\mathrm{d}t$ 为伽马函数。

② **阿基米德 Copula 函数簇**。与多元分布导出的 Copula 函数不同，有许多 Copula 可以直接表示，而且形式非常简单，它们通常属于阿基米德 Copulas 函数簇。我们以二元情况为例，简单介绍常见的几种阿基米德 Copula 函数（Mcneil et al.，2005）。其他阿基米德 Copula 函数的例子可以参考 Nelsen（2000）的研究。

Gumbel Copula 函数表示如下

$$C(u_1, u_2, \theta)=\exp\{-[(-\ln u_1)^{\theta}+(-\ln u_2)^{\theta}]^{\frac{1}{\theta}}\}$$

其中，$\theta\in[1, +\infty)$。当 $\theta=1$ 时，Copula 函数是独立的，当 $\theta\to+\infty$，则 Gumbel Copula 显示出完全正相关性。因此，Gumbel Copula 函数表现出从相互独立到完全共相关之间的情况，无法用来描述负相关随机变量的相关性。

Clayton Copula 函数表示如下

$$C(u_1, u_2, \theta)=\max[(u_1^{-\theta}+u_2^{-\theta}-1)^{-\frac{1}{\theta}}, 0]$$

其中，$\theta\in[-1, +\infty)\setminus\{0\}$。当 $\theta\to0$ 则该 Copula 表示完全独立的相关性，当 $\theta\to+\infty$ 则表示完全正相关性，当 $\theta=-1$ 则接近 Frechet - Hoeffding 下边界（Lee et al.，2014）。因此，相比于 Gumbel Copula 函数，Clayton Copula 函数可以表示普遍的相关性结构，包括独立、正相关性、负相关性。

Frank Copula 函数表示如下

$$C(u_1, u_2, \theta)=-\frac{1}{\theta}\ln\left[1+\frac{(e^{-\theta u_1}-1)(e^{-\theta u_2}-1)}{e^{-\theta}-1}\right]$$

其中，$\theta\in\mathbb{R}\setminus\{0\}$，Frank Copula 函数也可以表示包括独立、正相关性、负相关性的相关关系。

不同的 Copula 函数描述了不同的相关性特征，因此适用性不一样。例如，高斯 Copula 函数适合具有对称尾部特征，并且分布的尾部接近独立的随机变量之间关系的刻画；t - Copula 函数则适合具有对称尾部特征，并且尾部相关的随机变量之间关系的刻画；二维 Gumbel Copula 函数适合于具有非对称尾部，并且上尾相关，下尾渐进独立的二维随机变量之间的关系刻画；Frank Copula 函数适合具有对称尾部特征，变量之间在分布的尾部渐进独立的；二维 Clayton Copula 函数适用于具有非对称尾部特征，并且下尾相关，上尾渐进独立的随机变量之间的刻画。关于相关性强度的测量，主要包括三种测度：线性相关系数，也是最为经典的测度，它只能用于测量椭圆分布簇相依性结构的相关性，而用于其他分布簇，则可能导致许多相关性描述谬误；另外两种相关性测度是秩相关系数和尾部相关系数，这两种测度可以为任何相依结构提供合理的相关性描述。

(2) Copula 函数的实际应用研究

Copula 理论自 1959 年被 Sklar 提出后直到 1999 年才进入实际运用，是由 Embrechts 等（1999）首次将 Copula 理论运用到金融问题的研究，之后，学者们将 Copula 函数运用在保险、金融、能源、水文等领域（Jondeau et al.，2006；Luciano，2004）。

Copula 函数在金融领域运用最为成熟广泛，是风险分析和投资组合的重要工具（Bruneau et al.，2020；Hu，2006）。Fan 等（2014）总结了 Copula 函数在两个经济学问题中的重要作用，即多变量建模和依赖于两个已知边际分布的随机变量联合分布参数估计，主要讨论了两个随机变量的情形。Patton（2012）回顾了大量基于 Copula 函数的经济和金融时间序列模型的文献，并综述了这类模型的估计、推理方法和拟合优度检验，以及 Copula 在经济和金融时间序列中的实证应用。

另一个应用是在资产组合管理中，如使用 Copula 来模拟不同金融资产回报的依赖性，进而更好地理解和管理资产组合的尾部风险。这对于进行压力测试和优化资产配置策略非常有用。Copula 模型还被应用于生存分析和寿命数据，尤其是在关联多个信用相关实体（如多个公司或国家）的违约时间分析中。这种分析对于信用衍生品和保险产品来说尤其重要。

除此之外，Copula 函数还在洪水频率分析、干旱特征分析、水文随机模拟的领域得到了广泛的运用（Bhatti et al.，2019；郭生练等，2008）。郭生练等（2008）对 Copula 函数在洪水频率分析、降雨频率分析、干旱特征分析、洪水或降雨遭遇问题以及水文随机模拟中的运用进行了归纳。Bhatti 等（2019）则综合考察了 Copula 理论的基础及其在能源、燃料电池、林业和环境科学领域的应用。这些应用显示了 Copula 函数在捕捉多变量水文事件中复杂依赖关系的强大能力，以及它们对水资源规划和管理的贡献。通过将理论与实际应用相结合，水文学家可以更好地理解并应对水文事件的不确定性和风险。

总之，Copula 函数允许分析师对多变量的复杂风险结构进行更精细化的建模和分析。尽管在实践中存在着应用上的挑战，但 Copula 的方法仍然是风险管理不可或缺的工具之一。

2.3.2 Copula 函数在订购问题中的研究现状

由于在价格波动销售中，波动价格和不确定需求均可视为随机变量，其联合分布获取较为困难，却可以通过历史数据预测得到价格和需求的边缘概率分布。于是用于连接随机变量边缘分布的 Copula 函数自然被运用到了关于价格和需求的相关性测定上，它通过随机变量的边缘分布获得联合概率分布，从而解决了随机变量之间联合概率分布获取困难的问题。

采用 Copula 函数刻画不确定需求和价格之间的相关关系，且用于订购问题的研究很少，仅发现少数研究将 Copula 函数运用到了库存管理的研究中，为 Copula 函数在订购模型中运用提供了可行性。Aydin 等（2012）在研究库存共享问题时引入 Copula 函数来刻画各个库存之间多重需求的相依性结构，该研究为边际需求分布和相依结构对库存控制的影响提供了有价值的建议，是所查到的第一篇将 Copula 函数运用到库存问题上的文献。邵栗（2017）则主要考虑了成本、价格以及需求均不确定的情形。分别用 Copula 函数刻画成本和价格的相关关系、成本与需求相关两种随机情形下的报童模型，条件风险价值 CVaR 度量风险态度，建立了两种情形下的 Copula－CVaR 模型。针对成本和价格双波动的情形，通过 Copula 函数模型的选择方法以及模拟的方式，分析了价格上涨通道和下跌通道下产品运营周期以及决策者风险态度的变化对决策行为的影响，但并没有考虑零售价波动的情形。许民利等（2014）运用Copula函数刻画不确定零售价和需求之间的相关关系，从而考虑订购决策问题，该研究表明了利用Copula函数可以有效地将价格和需求联系起来，最大优点是通过对历史数据的调研模拟得到足够多可能的价格和需求数据，从而进行订购策略的分析研究，克服价格与需求同时变动带来的计算上的困难。本书将参考上述文章对于不确定价格和需求的研究的方法，将Copula函数运用到刻画价格阶段性波动销售的订购决策问题中来。

综上所述，Copula函数为衡量多维随机变量相关性提供了很好的理论支持，可以将多重随机变量的边缘分布联结成联合分布，从而便于建模计算。同时，Copula函数衡量相关性可以避免单纯采用线性相关来刻画两个随机变量之间的关系带来的不足。虽然Copula函数已被广泛运用到金融、水文分析等领域，且被证明在衡量多重随机变量相关性方面具有独特的优势，然而将Copula函数用于易逝品订购问题的研究尚处于起步阶段，尤其是在供应链订购以及阶段性价格波动销售的订购问题方面，并没有相关研究，值得进一步深入探讨。

2.4　博弈论相关理论

2.4.1　博弈理论简介及分类

（1）博弈论的发展

博弈论是一种分析和理解决策者之间互动的数学框架，其历史可以追溯到几个世纪前，但它作为一个正式的学科是在20世纪发展起来的。约翰·冯·诺依曼（John Von Neumann）和奥斯卡·摩根斯特恩（Oskar Morgenstern）被认为是现代博弈论之父，他们的经典著作《博弈论与经济行为》总结了博弈论的一些基本概念。此后博弈论得到了快速的发展，包括Nash提出的均衡概念、Kuhn提出的不完全信息博弈、Aumann及Shubik提出的合作博弈等。

博弈论的发展经历了以下几个关键时期：

① **早期思想。**博弈论的早期思想可以追溯到18世纪和19世纪的几位数学家和经济学家。1738年，Daniel Bernoulli提出了预期效用理论，这可以被视为博弈论早期的基石之一。

② **现代博弈论的奠基。**1944年，John Von Neumann和Oskar Morgenstern合著的《博弈论与经济行为》一书标志着现代博弈论的诞生。该书不仅引入了博弈论在经济学中的应用，还提出了零和博弈的概念，并且使用了最小

化最大损失（minimax）原则。

③ **纳什均衡的引入。**1950 年，John Nash 引入了纳什均衡的概念，成为博弈论中的一个核心概念。纳什均衡描述了一种状态，在这种状态下，没有任何玩家能够通过改变策略来单独提高他们的效用，前提是其他玩家的策略保持不变（Nash，1950）。Nash 的工作为非合作博弈提供了解析工具，并为博弈论的发展做出了重要贡献。

④ **博弈论的进一步发展。**自 Nash 以来，博弈论得到了快速发展，产生了许多不同的分支和应用领域：在 20 世纪 60 年代和 70 年代，博弈论开始应用于国际关系和军事战略；20 世纪 80 年代，重复博弈和完美信息动态博弈的概念被引入；20 世纪 90 年代，博弈论与经济学的结合更加紧密，特别是在产业组织、拍卖理论和市场设计方面；进入 21 世纪，行为博弈论和实验博弈论的发展挑战了传统博弈论的一些假设，如玩家的完全理性。

博弈论作为一个工具和理论框架，不仅对经济学有深远的影响，还深刻地影响了政治学、心理学、社会学和其他许多学科的研究。

(2) 博弈模型的分类

博弈模型的主流分类方式归纳如下：

① **根据参与者之间是否存在明确的合作协议或能力以及如何处理这些合作行为，可以将博弈分为非合作博弈与合作博弈。**

A. 非合作博弈（Non - cooperative Game）。非合作博弈关注的是各个参与者（也称为玩家）之间没有强制性合作约束时的策略选择和决策过程，它研究的是玩家在追求个人利益最大化的过程中，如何通过选择最佳策略来影响博弈的结果。

纳什均衡是非合作博弈论中的一个核心概念，由约翰·福布斯·纳什（John Forbes Nash）在 20 世纪 50 年代提出。纳什均衡是指在一个包含两个或多个参与者的非合作博弈中，每个参与者在给定其他参与者选择的策略时，选择自己的最优策略。在纳什均衡状态下，没有任何一个参与者可以通过单方面改变自己的策略来获得更高的收益。换句话说，当一个博弈达到纳什均衡状态时，每个参与者都已选择了最佳应对对方策略的策略。纳什证明了在一定条件下，每个有限博弈至少存在一个纳什均衡，无论是在纯策略还是混合策略中。且在纳什均衡点，没有参与者愿意单独改变其策略，因为这不会给他们带来任何好处。同时，某些博弈可能有多个纳什均衡点，甚至是无数个，这使得预测博弈结果变得更加复杂。

纳什均衡的概念在经济学、政治学、社会学、军事战略等多个领域都有广泛应用研究。例如，在经济学中，企业之间的定价、市场竞争策略等问题可以用纳什均衡分析；在国际关系中，不同国家间的军备竞赛也可以视作一种寻找纳什均衡的过程。一个典型的例子是“囚徒困境”：两个犯罪嫌疑人被分开审问，每个人都有供认或不供认两种选择。如果都不供认，两人都将获得较轻的刑罚；如果一个供认而另一个不供认，供认的将被释放而另一个将获得重刑；如果都供认，两人都将获得中等程度的刑罚。在这个博弈中，双方都选择供认构成了一个纳什均衡，尽管这不是双方的最优合作结果。纳什均衡为理解复杂的决策过程提供了一个强大的分析工具，它揭示了即便在个体追求自身利益的情况下，系统整体如何能达到一种“平衡”状态。

B. 合作博弈（Cooperative Game）。合作博弈指的是玩家可以通过制定并遵守共同的策略和约束来改进其福利的情况。它通常关注如何在玩家之间分配合作所带来的总收益，以及如何通过联盟（coalitions）来实现目标。与非合作博弈论主要关注个体策略选择和竞争相比，合作博弈论更加注重集体行动、资源分配和合作机制。

合作博弈的参与者通过协商一致的方式做出决策，而非独立地选择策略，常常假设参与者之间可以通过某种方式进行效用（如金钱、资源等）的转移，以实现更优的合作结果，参与者可以通过签订约束性协议来保障合作的实施和收益的分配，并且可能形成不同的联盟或集团，以实现更大的谈判力和更高的集体效用。

合作博弈论中最典型且广泛使用的模型是特征函数形式的博弈。这个模型提供了一个基础的框架，用于分析和解决参与者之间通过形成联盟以获得共同利益的问题。该模型中，每个可能的参与者联盟都有一个与之相关的值，表示该联盟能够通过合作获得的总效用。特征函数形式的博弈重点在于如何在不同联盟成员之间公平、有效地分配这个总效用。在这种博弈中，参与者可以形成各种可能的联盟（subsets of the total set of players），并且每个联盟都被分配一个值，该值通过特征函数计算得出。特征函数将每个联盟映射到一个实数，表示该联盟成员可以通过合作不需外部帮助独立获得的最大总效用。特征函数形式的博弈提供了一种强大的分析工具，用于研究合作行为、效用分配和联盟形成等问题，它在经济学、政治科学、社会学等多个领域有着广泛的应用。

合作博弈论的应用范围非常广泛，包括经济学中的市场分析和价格形成、国际政治中的联盟和条约谈判、社会选择理论、资源分配和公共项目的资金分配等领域。通过研究如何通过合作来提高集体福利，合作博弈论提供了一个理论框架和分析工具，帮助理解和设计有效的合作机制和策略。

② 基于博弈过程中玩家做出决策的时序结构，可将博弈模型分为静态博弈与动态博弈。其区别在于游戏进行过程中玩家决策的时序安排以及他们在做

决策时可获得的信息量。

A. 静态博弈（Static Game）。静态博弈是指所有参与者在不了解其他参与者选择的情况下同时选择自己的策略的博弈。这种博弈的特点是缺乏先后顺序，即所有玩家在做出决策时都没有其他玩家的信息。静态博弈与动态博弈相对，后者允许玩家观察到一些或所有之前玩家的行动后再做出决策。

在静态博弈中，所有玩家通常拥有相同的信息，但他们不知道其他玩家的选择，玩家需要在不了解对手策略的情况下同时选择自己的策略，且与动态博弈不同，玩家不能从其他玩家先前的选择中学习或调整自己的策略。静态博弈常用支付矩阵来表示，其中行和列分别代表不同玩家的策略选择，矩阵中的元素反映了相应策略组合下的支付或效用。支付矩阵能够清晰地展示玩家在不同策略组合下的收益情况。

作为博弈论的一个重要组成部分，静态博弈提供了一个理论框架来分析和理解在不确定性和信息不完全情况下的决策行为。

B. 动态博弈（Dynamic Game）。动态博弈考虑了时间的因素，它分析在时间序列中发生的决策过程，其中参与者（玩家）的选择不仅取决于当前的情况，还受到先前行动的影响。与静态博弈相比，动态博弈允许玩家在游戏进行过程中观察到一些或所有其他玩家的行为，然后基于这些信息做出决策。

动态博弈强调时间对决策的影响，玩家在不同时间点做出选择，且当前决策可能受到之前行动的约束或影响，这意味着历史行为在分析中扮演重要角色。在许多动态博弈中，玩家可能不完全了解其他玩家的类型、意图或之前的选择，这引入了不确定性和信息不对称。玩家可能根据观察到的其他玩家的行为和博弈的进展来调整自己的策略。

动态博弈可以根据是否存在随机事件和玩家对历史信息的认识程度进行分类，包含完全信息动态博弈和不完全信息动态博弈。当所有玩家都对游戏的历史行为有完全的信息，包括其他所有玩家在游戏的每个阶段所做的选择，称之为完全信息动态博弈。而当至少有一名玩家对于一些历史事件或其他玩家的选择没有完全的信息的时候，称为不完全信息动态博弈。

它们可以用来分析和预测企业之间的竞争行为、选举策略、资源管理决策、动态定价策略，以及在复杂环境下的适应和进化行为，因此，动态博弈在经济学、政治科学、生物学和自动控制等领域有着广泛的运用，同时，为理解和预测复杂系统中的策略互动提供了强大的工具。

③ 根据博弈参与各方的利益总和是否为定值可将博弈模型分为零和博弈与非零和博弈。

A. 零和博弈（Zero - Sum Game）。零和博弈描述了这样一类博弈情形：

一个参与者的收益（或损失）与另一个参与者的损失（或收益）完全相等，使得所有参与者的收益和为零。也就是说，在零和博弈中，一个玩家的收益是另一个玩家的损失，博弈的总收益为零。这种博弈体现了纯粹的竞争关系，其中参与者之间不存在合作的可能性，每个参与者的目标是最大化自己的利益，通常以牺牲其他参与者的利益为代价。在零和博弈中，总收益是固定的，不会因参与者的策略选择而增加或减少，因此，参与者必须仔细选择自己的策略，以最大化自己的收益，同时尽可能减少对手的收益。零和博弈在经济学、军事策略、政治科学、运动竞技等领域都有广泛的应用。

John Von Neumann 和 Oskar Morgenstern 首次系统地提出了零和博弈的概念，并详细探讨了纳什均衡及其在零和博弈中的应用，奠定了现代博弈论的基础，特别是在分析对抗性经济行为方面。此外，John Nash 扩展了纳什均衡的概念，使之适用于更广泛的博弈情形，包括零和博弈和非零和博弈。Nash 提出的纳什均衡不仅适用于纯策略，也适用于混合策略，为理解“剪刀、石头、布”等经典零和博弈提供了理论基础。零和博弈对于分析和理解在完全竞争环境下的决策过程和结果，揭示在对抗性互动中策略选择提供了一个理论框架。

B. 非零和博弈（Non - zero - sum Game）。非零和博弈则描述了另一种情况，其中所有参与者的总收益或总损失不一定为零，意味着参与者之间可以通过合作来增加总收益，或者由于对立导致总损失增加。与零和博弈不同，非零和博弈中的参与者可以同时获得收益，或者他们的损失和收益不完全相抵消。因此，非零和博弈允许参与者通过合作增加总收益，但同时也可能存在竞争，玩家需要权衡合作与竞争的利弊，以确定最佳策略。

非零和博弈在现实世界中非常普遍，强调了合作与竞争的动态平衡，以及多方参与者如何能通过合作达到共同利益的增长。这种博弈类型对于理解和设计现实世界中的合作机制和策略至关重要，涵盖了经济学、国际关系、环境政策、公共管理等众多领域。例如，两个国家在环保议题上的合作可以视为一个非零和博弈，通过合作可以共同提高环境质量，从而使双方都受益。Axelrod 等（1981）的研究强调了在非零和环境中合作的可能性和稳定性，为理解现实世界中的合作机制提供了有力的理论支持。

纳什均衡对于分析非零和博弈依然是一种重要的工具，用于识别参与者可能采取的策略组合，其中任何一个参与者单方面改变策略都不会使自己更好。另一个在非零和博弈中常用的概念是帕累托最优（Pareto Optimality），指的是无法通过改变策略使某个参与者更好而不使其他参与者变得更差的状态，Vilfredo Pareto（1906）在其著作中首次提出了帕累托最优的概念。在非零和博弈分析中，寻找帕累托最优解成为评估合作成果的重要标准，代表了所有参与者都不能通过改变策略来提高自身福利的一种平衡状态。

④ 根据博弈的进行次数和参与者之间的互动持续性可分为一次性博弈与重复博弈。

A. 一次性博弈（One - shot Game）。一次性博弈的特点在于博弈仅发生一次，参与者基于当前可用信息做出决策，不受以往或未来互动的影响。这类博弈强调单次决策的重要性，参与者缺乏历史和未来交互的考虑，仅依赖于静态信息环境。此类博弈适用于分析不重复的交易或决策，如市场交易、一次性投票决策等，强调了在单次互动场景下的策略选择与决策过程。如何在缺乏对手策略信息和未来互动预期的情况下做出最佳决策是一次性博弈重点关注的，其在理论和实际应用中都非常重要，它们提供了一个研究在单一交互场景中的决策行为的分析框架，对于理解那些不太可能再次遇到相同对手或在完全不同环境中进行单次交易的情境尤其有用。纳什均衡是分析一次性博弈中策略选择的基础（Nash，1950）。除此之外，Akerlof（1978）则分析了信息不对称如何影响市场交易，揭示了在一次性交易中，由信息不完全可能导致的“不良品驱逐良品”的市场失灵现象。

B. 重复博弈（Repeated Game）。重复博弈则涉及同一个博弈被多次执行，允许参与者根据以往的行为调整自己的策略。这种博弈的核心在于历史依赖性和策略的动态调整，参与者的决策受到之前互动的影响，并考虑到未来的互动预期。重复博弈可以是有限次或无限次进行，策略更为复杂，包括针锋相对、触发策略和宽容策略等，旨在促进合作或报复背叛行为。这类博弈对于分析长期关系中的合作与竞争行为具有重要意义，如经济市场的厂商行为、国际关系中的合作协议等。重复博弈的存在使得在没有外部强制机制的情况下建立信任和合作成为可能。

Axelrod 等（1981）在其著作《合作的进化》中通过计算机模拟囚徒困境博弈，展示了“针锋相对”策略如何在重复博弈中促进合作的形成和维持。Axelrod 指出，尽管短期内背叛可能带来更高的收益，但长期视角下，合作能够为所有参与者带来更大的总收益。此外，Fudenberg 等（2009）在其关于重复博弈的研究中分析了“触发策略”的效用，展示了参与者如何使用历史依赖性策略来惩罚背叛者，并在长期互动中维护合作，强调了未来预期在重复博弈策略选择中的关键作用，也就是“影子未来”概念，这种预期促使个体在没有外部约束的情况下采取合作行为。

2.4.2 博弈论在价格波动订购问题中的研究现状

静态博弈常用于地位均等的供应链成员之间的决策描述。在多数情况下，同一级供应链横向企业之间往往是相互独立地位均等的决策者，他们通过优化自己的目标独立做决策，因此，静态博弈在横向企业之间的竞争中使用最为常见，诸如多零售商同时销售同类商品时供应链的决策。由于本书主要考虑的是单个零售商和单个供应商组成的两级供应链系统，且往往两者地位不均等，因此主要涉及动态博弈模型，接下来总结动态博弈模型在订购问题中的研究现状。

由于供应链的上下游企业之间往往地位是不均等的，供应链成员的决策有先后顺序，因此，动态博弈常用于解决供应链上下游地位不对等企业之间的管理决策问题。动态博弈也称“多阶段博弈”，是指参与者的行动有先后顺序，而且行动在后者可以观察到行动在先者的选择，并据此做出相应的选择。

Stackelberg博弈是供应链决策管理中运用最为广泛的动态博弈模型。许多学者基于Stackelberg博弈模型研究了供应链中诸如订购、定价、协调等综合决策问题，从主导关系、多供应商多零售商、多层级供应链、公平偏好、期权及商业信用等方面展开了一系列研究。例如，Chen等（2001）考虑了供应商为主导、零售商为从属的Stackelberg博弈，讨论如何进行订购决策以及定价问题。Cachon等（1999）则在此基础上分别讨论了供应商主导和零售商主导下的两级供应链的Stackelberg博弈模型，得到了相应的子博弈完美均衡。杨树等（2007）利用Stackelberg博弈模型研究多个订购商和一个供应商的供应链系统下供应商延期支付策略的制定以及订购商最优订购量的制定问题。Weng等（1995）研究了包含一个制造商和多个相同零售商的供应链系统的价格制定和订购策略问题，结果表明Stackelberg博弈在考虑到数量折扣和特许经营费的情形下最优决策可以达到完美协调。王冲等（2013）研究了生鲜农产品的供应链联合订购产品和订购期权的问题，以一个供应商和一个零售商组成的供应链系统Stackelberg博弈为框架，考虑损耗率对产品订购和期权订购的影响。Chiang等（2003）利用两阶段Stackelberg博弈模型研究了三种供应链网络结构设定下供应链参与者之间的动态关系。Huang等（2011）通过三层动态博弈分析了多个供应商、单个制造商和多个零售商的多层供应链，这些供应链具有独特的决策变量，包括供应商选择、零部件选择、定价等。覃燕红等（2014）考虑了供应商为主导、零售商为从属时，公平偏好对供应链订购及协调的影响，结果表明公平偏好不会影响零售商的最优订购量。王勇等（2012）则分别考虑了仅零售商具有公平偏好、仅供应商具有公平偏好以及两者均存在公平偏好三种情况下的博弈情形，分析了公平偏好对销售收益分享率、零售商的销售努力水平等的影响。Zhen等（2013）以一个供应商和一个零售商的两级供应链为研究对象，建立了一个Stackelberg博弈下的供应链信息共享模型，分析零售商和供应商是否共享供应链信息。

关于零售价的设定，大多数供应链博弈模型假设零售价为一个确定的量，关于零售价变化下的供应链订购问题主要是考虑零售价在销售期中存在一次折扣或多次折扣的情形。例如，Jadidi 等（2016）探讨了以供应商主导的 Stackelberg 博弈框架为基础，假设在一个销售周期内，零售商以两种价格策略销售同一种产品，考虑制造商的批发价和价格补偿、零售商的订购数量和零售价格等的决策。结果表明，零售商更倾向于考虑零售价格的下降，而不是价格补偿。Shah 等（2014）讨论了价格逐步打折的 Stackelberg 博弈下的供应链订购和降价策略问题，其中供应商作为领导者决策批发价格，零售商决策订购量和降价频率，结果表明降价策略下总的供应链利润比没有降价的要高。

综上所述，Stackelberg 博弈模型在供应链订购相关研究中的运用已十分广泛：在考虑决策主体方面的扩展包括决策主体行为偏好、多决策主体、多层供应链结构等；在考虑决策行为时考虑了诸如订购频率、批发价契约、商业信用等。而考虑零售价变化的供应链博弈模型则较少。目前所查找的文献中，未找到关于价格随机波动销售下考虑 Stackelberg 主从博弈的供应链订购问题的研究。因此，为了弥补在零售价波动情形下供应链博弈下的订购问题研究，本书将以 Stackelberg 博弈模型为基础，讨论两级供应链主从博弈下零售价随机波动对供应链订购策略的影响，分两种不同的价格波动模式进行讨论。

2.5　供应链利润分配相关理论

在现代经济中，供应链的作用已远远超出了传统的生产和分销功能，成为企业获取竞争优势的关键。供应链管理不仅关系到产品的流通效率，还直接影响到企业的成本、响应市场的灵活性以及客户满意度。随着科技的不断进步和全球经济一体化的深入，企业之间的竞争已经演变为供应链与供应链之间的竞争。在这一过程中，供应链内各企业之间的合作关系尤其显得至关重要。

供应链合作的核心在于协同效应，即通过成员间的有效合作，供应链整体的性能优于各单独企业运作的总和。然而，实现这种协同并非易事。其中，合理的利润分配机制是确保供应链成员长期稳定合作的关键因素之一。

合理的利润分配方案可以激励供应链中的每个成员在保持自身利益的同时，也考虑整个供应链的最大化利益。若某个环节感到分配不公，就可能导致其减少投入或寻求其他合作伙伴，进而影响供应链的稳定性和效率。供应链合作的可持续性取决于所有成员对利益分配的满意度。如果分配机制透明、公正，每个成员都有贡献和受益的动力，这将增强合作伙伴间的信任，减少冲突，促进信息和资源的共享，最终提升供应链的整体竞争力。科技进步为供应链管理提供了新的工具和平台，包括物联网、大数据分析、云计算和人工智能等。这些技术使得供应链各环节的信息流通更加迅速和透明，同时提高了决策的精准度。利用这些技术，可以实现对供应链各环节的实时监控和管理，从而及时调整生产和分销策略，优化库存控制，降低成本，提高响应速度。

在供应链合作中，通常面临的一个重要问题是如何设计激励机制以及如何通过合同设计来协调供应链中各方的行为。传统的供应链关系可能基于简单的买卖关系，但在今天的环境下，这种关系需要转变为更紧密、更具战略性的伙伴关系。为了建立这种伙伴关系，供应链中的企业不仅需要共享信息和资源，还需要共同承担风险和收益。这就要求企业之间建立起基于信任和互利原则的长期合作关系。

供应链协同合作面临的挑战包括成员企业目标不一致、信息共享不足、合作机制不明确等。解决这些挑战的关键在于建立起一套综合的协调机制，包括合理的利润分配、有效的风险管理、灵活的合作协议以及共同的战略目标。合理的利润分配机制不仅要保证供应链上下游企业的利润空间，还要考虑到各环节对供应链整体价值创造的贡献。例如，如果上游供应商提供了创新的原材料，降低了整个供应链的成本，那么它就应该获得相应的收益。同样，如果下游零售商能够通过有效的市场推广扩大销量，带动整个供应链的利润增加，它也应该得到额外的奖励。

此外，供应链合作的另一个重要方面是风险共担。在全球化的市场环境下，供应链面临的风险种类繁多，包括市场风险、供应风险、政策风险等。通过供应链合作，成员企业可以共同开发风险管理策略，如建立风险共担基金、采购供应链中断保险等，从而降低单个企业承受风险的压力。这种风险共担机制可以促使成员企业在遭遇不利情况时互相支持，保证供应链的连续性和稳定性。

在供应链中实现效率的同时进行利润分配，需要一个复杂的动态平衡。企业往往需要在短期利益和长期合作关系之间做出选择。长期合作关系可能需要在短期内做出一些让步，比如提供更优惠的价格或更灵活的付款条件。然而，这样的让步通常能够带来长期的稳定订单和合作伙伴的信任，从而在长期内促进利润的增长。供应链中的利润分配模型应该考虑到成员企业的投入成本、市场竞争力、价值链中的位置以及提供的附加值。例如，一些供应链采用了基于成本加成的分配模型，而另一些则根据市场需求和供应能力来动态调整分配比例。

综上所述，供应链中的利润分配问题在确保供应链各环节有效合作中扮演着至关重要的角色。一个合理、公平的利润分配方案能够增强供应链成员之间的信任，激励各方为供应链的整体优化贡献自己的力量。为了达到这个目标，供应链管理者需要不断地探索和优化合作机制，以应对市场的变化和内部的挑战。其中对供应链成员合作起到关键作用的便是利润分配是否合理的问题。关于供应链利润分配的研究主要分为两个方面：供应链契约下的利润分配问题以及考虑公平性的供应链利润分配问题。

2.5.1 利润分配契约相关理论

有效制定供应链契约是实现供应链各级之间的协调、维持供应链长期合作的关键策略之一。它通过设定合适的信息共享和激励机制等契约，确保买卖双方的协作，从而优化供应链。此外，供应链契约还明确了参与各方的权利与责任，有效促进了成本共担和利益共享，平衡了供应链成员间的利润分配（高峻峻等，2005）。

学者们从不同的角度对已有的供应链契约进行了分类。例如，王迎军（2005）将供应链契约根据下游企业的需求不同，分为确定性需求和不确定性需求两种模式，讨论了供应链管理中需求驱动的契约问题。蔡建湖等（2010）分别总结了单供应商对单零售商以及多点成员供应链契约的研究现状，并就决策环境对供应链契约设置的影响问题进行了探讨。Cachon 等（2005）对收益共享契约进行了详细的分类讨论，研究表明，传统报童模型的收益共享等同于回购契约，而定价的报童模型，则相当于价格折扣策略。Tsay（1999）认为常见的供应链契约主要包括以下几种：批发价契约、回购契约、收益共享契约、数量折扣契约、数量弹性契约、价格补偿契约等。而其他契约均是从以上契约演化而来。刘咏梅等（2006）将供应链契约按节点企业的合作程度、供应链外部环境、契约的适用期限、供应链契约的参数等四个方面进行了分类，如表 2-1 所示。

表 2-1 供应链契约分类

分类方法	契约类型
按节点企业的合作程度划分	联合决策型供应链契约、单方决策型供应链契约
按供应链外部环境划分	确定市场需求供应链契约、不确定市场需求供应链契约
按契约的适用期限划分	长期契约、中期契约、短期契约
按供应链契约的参数划分	批发价契约、回购契约、收益共享契约、数量折扣契约等

研究表明，当零售商面对不确定需求时，在满足一定的条件下供应商可以

通过提供诸如批发价契约、回购契约、收益共享契约、数量折扣契约等协调零售商的订购策略，从而对供应链的利润进行协调。例如，Lariviere 等（2001）考虑了报童模型为基础的批发价契约效率，研究结果表明简单的批发价契约不能很好地协调供应链，造成了供应链整体的效率损失。Venegas 等（2018）重点分析了供应商和买方通过数量折扣的协调，包括定价和库存的决策问题。Tsay（1999）首次提出数量弹性契约，在零售商和供应商组成的两级供应链设定下，研究了数量弹性契约可以协调因市场需求不确定性带来的成本分配，并可以提高供应链效率。高冬冬（2018）研究了两级易逝品供应链的数量柔性和时间柔性问题，结果表明易逝品供应链柔性水平并不是越高越好。

供应链普遍采用的利润分配合作存在两种比较常见的形式。一种是收益共享契约，这种契约是供应商以非常低的批发价供应给零售商产品，零售商销售获得利润后再分配给供应商，这是事后利润分配契约，这种研究近年来受到了许多研究者的关注。例如，Mortimer（2002）通过详细的计量经济学方法，研究了收益共享契约对视频租赁行业的影响，研究发现契约的执行使供应链利润增加了 7%。Cachon 等（2005）从更一般的角度对这些合同进行了分析。收益共享契约也被许多学者运用到易逝品的供应链协调上，Xu 等（2014）考虑了双渠道供应链协调问题，提出了一种双向收益共享契约，分析了零售商是风险规避情形下其风险态度如何改变协调契约的参数，结果表明该双向契约可以促使零售商进行合作，并且保证了供应链双方的双赢。国内也涌现出诸多收益共享契约在易逝品供应链协调方面的研究，如华连连等（2021）讨论了“批发价＋收益共享”以及“收益共享＋品质投入成本共担”契约对乳制品供应链的协调作用，研究结果显示，相比于“批发价＋收益共享”，“收益共享＋品质投入成本共担”可以更好地协调供应链，实现供应链利润的提高。李绩才等（2013）基于报童模型，考虑多零售商单供应商的两级供应链系统的框架下，损失厌恶零售商之间存在竞争的收益共享契约协调供应链的模型，研究发现存在唯一的“批发价-收益共享系数”比例可以协调供应链。

另一种是事先的利润分配准则，就是按供应商与零售商协商好的利润分配比例进行交易。这种分配准则容易进行，经常是通过谈判确定，也是普遍采用的一种合作交易形式。大多数情形，谈判都是以讨价还价的形式完成，通过讨价还价时供应商计算每个批发价零售商对应订购量获得利润确定最优批发价，而零售商根据供应商提供的批发价确定自己的最优订购量获得的利润，此时他们之间利润产生了一定分配比例，如果他们双方同意达成这个利润比例后进行交易，他们就确定了最优的批发价和订购量。该类利润分配准则的研究较少，如肖玉明（2009）将考虑事前利润分配下的供应链协调问题，将利润分配契约作为一个约束条件，使供应商在追求自身利润最大化的同时还要考虑零售商的利益。周娜（2020）研究了事后利润分配比例下考虑价格补偿机制下的最优订购策略问题，结果表明零售价固定时，供应商与零售商可以比较容易地估计出各自的利润，确定各自的最优策略，且证明了所采用的利润分配准则可以有效协调供应链。

以上研究表明大多数关于契约的研究讨论在不同的条件下供应链协调的问题。事实证明在一些特定条件下，合理的契约涉及可以改善供应链整体的效益，提高供应链各成员的利润，实现供应链的协调。然而，当零售价波动销售时，供应商和零售商无法通过各自所能过获得的利润计算出精确的最优批发价和最优订购量，使得供应链交易几乎很难达成。因此，需要研究出一种针对零售价波动销售，供应商与零售商利润分配比例下的最优策略的方法，这对于这种情形下的交易达成具有重要的实际价值。

2.5.2 利润分配公平性相关理论

很多时候，供应链成员不仅在意自身利润的提高，还在意自己和其他成员所获得利润的比例。Cui 等（2007）发现供应链决策者会以对方利润的一定比例作为参考，当决策者的利润大于或小于该参考值时会引发决策者效用的降低。当感到利益分配不公平时，决策者常常不惜牺牲自己的利益来影响他方收益，甚至导致供应链合作无法继续（王宣涛等，2015）。决策前各个成员之间的利润配比是多少很少有相关研究。

供应链利润分配公平性的研究主要集中在两方面。一方面，考虑公平性对决策者效用的影响，进而研究供应链协调和相应决策问题；另一方面，考虑利润分配作为事先的决策约束，从而考虑供应链决策问题。

考虑公平性对决策者效用的影响的研究主要考虑的公平偏好问题，该类研究近几年引起了广泛的关注。研究者就不同的决策环境下考虑了供应链成员的公平偏好对决策和供应链协调的影响，通常通过影响决策主体的效用函数起作用。例如，Katok 等（2013）讨论了零售商对不公平的厌恶程度对决策行为的影响。姚锋敏等（2020）研究了供应商和零售商的公平偏好行为对闭环供应链协调以及决策的影响，设公平关切直接影响决策主体的效用，分别讨论了制造商、零售商分别具有公平关切以及同时具有公平关切下供应链的定价以及回收率的问题。毕功兵等（2013）研究了仅零售商具有公平偏好情况下的回扣契约下的供应链协调问题。

考虑利润分配作为事先的决策约束的研究相对较少，此类研究主要将利润分配准则作为一个约束条件，事先进行考虑，避免因利润分配不公造成的供应链无法长期合作的问题，因此，在价格波动销售的情形下，该利润分配准则更适合供应链契约的制定。例如，肖玉明（2009）将利润分配的公平性作为一个约束条件，使供应商在追求自身利润最大化的同时还要考虑零售商的利益，考虑回购契约下的供应链协调问题。

总之，供应链利润分配问题引起越来越多学者和管理者的重视。关于收益共享契约的研究已经涉及契约的变化和组合、双渠道契约制定、决策者风险偏好等各个方面，研究非常广泛；考虑事先的供应链利润分配是否公平的问题也引起了足够的重视。当零售价确定时，利润分配约束下的供应链订购决策问题较容易获得，然而，关于零售价的波动对整个供应链的决策制定带来了更为复杂的挑战，如何面对零售价波动且需求不确定下，考虑供应链事前利润分配下的订购问题并没有相关研究，本书将就供应链考虑事前利润分配准则下的价格波动销售的订购问题进行讨论。

2.6　本章小结

综上，本章综述了零售价随机波动下的易逝品单周期最优订购策略问题的相关理论研究现状，涵盖价格波动理论、易逝品订购相关理论、Copula 函数相关理论、博弈论相关理论以及供应链利润分配相关理论五个方面。价格随机波动销售现象的普遍存在以及需求的不确定性给管理者的订购决策带来了很大的困扰。零售价随机波动下的易逝品单周期最优订购策略问题是一个多方面、跨学科的研究领域，而目前关于波动随机价格且需求不确定下的订购问题大多假设零售价是确定的常量，即便零售价变动，在每个销售阶段也被设定为确定的量进行建模求解。关于价格和需求之间的关系，按线性或乘型关系讨论为最多，这样便于导出具体的公式，得到的订购公式基本符合实际情形。少数研究考虑了两种不确定因素下的订购问题，然而同时考虑零售商阶段性价格策略下的价格随机波动销售的订购问题并没有相关研究。除此之外，尽管许多研究者采用博弈论等相关方法，考虑了不同背景下的供应链协调问题，但价格随机波动销售并结合零售商的销售策略的供应链订购问题以及在此背景下的供应链协调问题也没有相关研究。因此，本书主要从零售价随机波动销售作为背景，同时考虑零售商的战略型降价策略，运用 Copula 函数刻画价格和需求的相关关系从而求解单零售商、Stackelberg 分散决策准则、集中决策以及利润分配准则四种决策环境下的易逝品单周期订购问题，为解决易逝品价格波动的订购问题提供了一种理论基础和实践方案。

第3章 价格随机波动销售下的零售商订购模型

零售价随机波动销售的普遍存在使得易逝品的订购管理已成为一个复杂且具有挑战性的任务。易逝品，如农产品、时尚服装等，因其短暂的生命周期、快速变化的市场需求和价格敏感性，要求企业采取灵活且高效的销售策略以优化库存、降低损失并提高盈利能力。尤其是在价格波动常见的市场环境下，如何制定有效的订购策略成为企业面临的关键问题之一。本章聚焦这一核心问题，以重复供应的单周期易逝品为研究对象，深入探讨了价格随机波动销售环境下的零售商易逝品单周期订购问题，为理解和解决实际中的订购决策问题提供了理论基础和方法论指导。

本章首先对易逝品市场的特点进行了描述，指出了价格波动销售在现实中的普遍性及其对订购策略的影响。随后，通过问题描述与假设说明，明确了研究范围和目标，为模型的建立奠定了基础。在此基础上，详细构建了两种价格波动模式下的易逝品单周期订购模型——单阶段价格波动销售模型和两阶段价格波动销售模型，分别对应于商品在销售周期内没有明显折扣策略和有一次显著折扣策略的情况。

对于单阶段价格波动销售模型，本章提出了一个考虑价格波动和需求不确定性的订购策略，通过联合概率分布描述价格与需求之间的关系，利用优化方法求解了零售商的最优订购量，以期最大化期望利润。进一步，考虑到实际销售中常见的战略性降价行为，引入了两阶段价格波动销售模型，更加贴近快速变化的市场环境和零售商的实际操作。在此模型中，零售商面临的挑战更为复杂，需要在初期订购时考虑到后期可能实施的折扣策略。通过建模和分析，本章揭示了两阶段价格波动对订购策略的影响，还提供了一种求解近似最优订购量的方法，使零售商能够在考虑价格波动和需求不确定性的同时，实现利润最大化。

本章通过对价格随机波动销售环境下的易逝品单周期订购问题的深入研究，分析了复杂市场环境中订购策略的设计和优化过程。通过将理论与实践相结合，本研究不仅为学术研究提供了新的视角和方法，还为实际经营活动中面临的订购决策问题提供了有价值的参考。

3.1　问题描述与假设说明

随着产品更新换代的加速，许多产品存在易逝的特征。易逝品的短生命周期以及库存过剩造成了商家的激烈竞争，促使许多企业不得不频繁降价促销，以获取更高的市场份额，因此，价格波动销售十分常见。一些集聚的贸易市场（如菜市场、小商品市场等），易逝品的零售单价会随着顾客讨价还价能力、购买的数量等出现波动，每笔交易的零售单价不尽相同。与此同时，随着电子商务和信息技术的发展，在线销售的价格更改变得十分便捷，信息系统可以根据顾客搜索频率、购买数量、会员级别等因素动态调整价格，从而吸引不同类型的顾客，获取更高的收益。易逝品的价格波动销售在国内外电商平台销售中非常常见。随着波动频率的增加，零售商无法提前预知每笔订单的零售价，近似地，可将零售价看作一个不确定的随机变量，我们称这种销售为价格随机波动销售。为了便于描述，本书中出现的价格波动销售即为零售价随机波动销售。

除此之外，零售商往往会根据销售时间以及库存情况在销售周期内采取大幅降价策略，这种战略性的降价策略可以吸引更多潜在顾客，从而减小库存，增加收益。关于阶段性降价策略下的订购问题已有相关研究，然而，在以往关于阶段性降价策略下的订购问题研究中，在每个阶段，零售价仍然被设为一个确定的量，而不是波动的随机变量，同时考虑阶段性价格策略以及价格波动的易逝品订购问题并没有相关研究。

阶段性降价策略使得不同的商品价格波动模式各异，本书主要研究两种价格波动模式下易逝品的单周期订购问题：单阶段价格波动销售和两阶段价格波动销售。

单阶段价格波动销售是基本的价格波动销售模式，是指在商品的销售周期内零售商并没有采取大幅的战略性降价策略，零售价围绕某一均值波动销售。该销售模式主要针对那些没有明显大幅降价销售的商品，如一些生鲜农产品，往往集中在某一时段卖出，卖出的零售单价不是唯一的，而是根据顾客讨价还价或是零售商动态定价在某一区间波动的。若销售周期结束仍无法卖出，则需花额外的费用，对多余的商品进行处理。

而有的商品则会在销售期中有一次明显的大幅降价，典型的如快时尚服装，往往在销售开始之初采用原价销售，随着服装的过季以及库存的过剩，在销售后期商家会采取大幅降价策略。决策者的大幅降价策略以及激烈的竞争使得商品在两个不同的价格水平上波动销售，称之为两阶段价格波动销售。

两阶段价格波动销售时，第一阶段，也称为原价波动阶段，商品以原价水平波动销售，对应的需求为希望尽早得到商品的接受原价水平的顾客；第二阶段，即折价波动阶段，零售商采取一次大幅折扣策略，商品以折价水平波动销售，对应的需求为愿意为了获得低价考虑折价水平购买的顾客；若到期末仍未销售完，则剩余商品滞销，需要额外的费用进行处理。在每个价格阶段零售商无法预知每一笔订单的价格，每种价格以一概率出现，近似地，可将波动的零售价视为随机变量，对应的需求也是不确定的，那么价格与需求对应一对随机变量。两阶段价格策略是按销售时间大致划分的，即商品在整个销售周期内围绕两种价格波动销售，两阶段价格波动示意图见图 3-1。

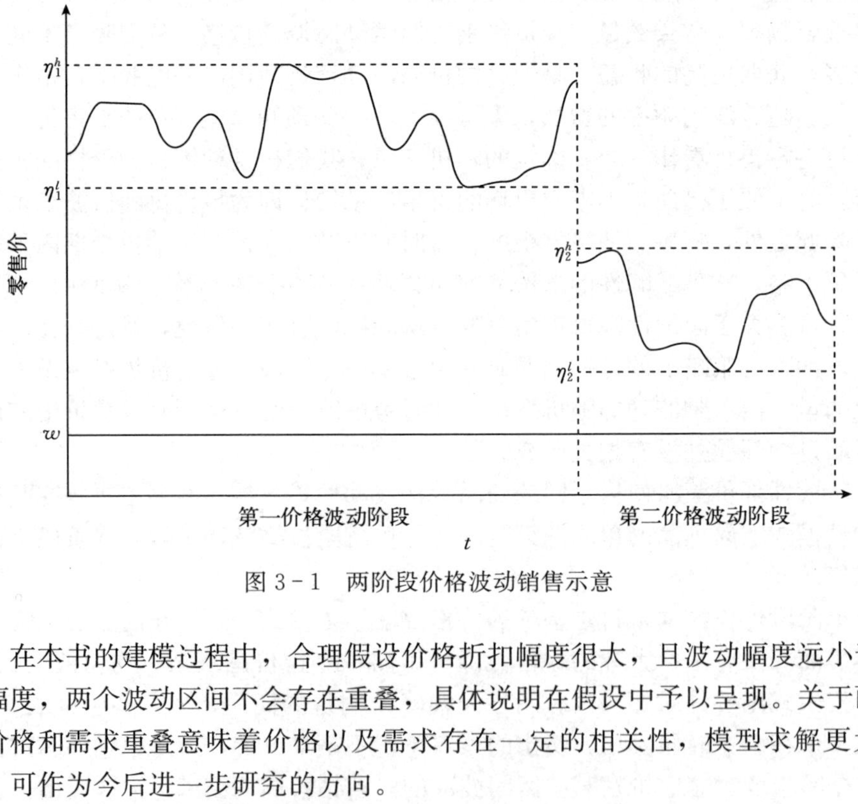

图 3-1　两阶段价格波动销售示意

在本书的建模过程中，合理假设价格折扣幅度很大，且波动幅度远小于折扣幅度，两个波动区间不会存在重叠，具体说明在假设中予以呈现。关于两阶段价格和需求重叠意味着价格以及需求存在一定的相关性，模型求解更为复杂，可作为今后进一步研究的方向。

在建模之前，对市场环境以及相关参数作出如下假设：

(1) 随机价格连续性假设

假设零售商销售某产品的单位零售价为在某一价格区间波动的连续随机变量。实际中仅有有限多个零售价格，然而竞争或主动变价或讨价还价机制的存在，导致成交零售价的不确定性，本书参考已有的研究，设零售价无限多，对零售价做一个连续的近似处理（孟志青等，2020；Zheng et al.，2020）。

（2）相关参数假设

假设缺货不会出现诸如信誉等的额外损失，即不考虑缺货损失费；假设销售周期结束，仍销售不出去的商品需进行处理，单位处理费用为一个确定的常量，且按该处理费用一定可以处理完所有商品；单位进货成本为一确定的常量，并且为了获取利润，单位进货成本小于波动零售价的最低价。

（3）订购决策假设

假设无论零售商订购多少商品，供应商均能满足订购需求，即供应商没有生产能力约束，并且零售商有能力存储所有的商品，即没有存储空间约束；由于考虑易逝品生产周期长、销售周期短且补货困难的特点，仅考虑在销售之前有一次订购机会，且销售期中无补货环节；假设零售商是风险中性的，以利润最大为决策目标。

（4）价格与需求分布描述假设

假设价格和需求的边缘概率分布连续，且联合概率密度和联合概率分布函数也连续；假设第一阶段与第二阶段的需求相互独立，这一假设也被一些先前的研究采纳（Lau et al.，1998）；假设第一阶段和第二阶段的价格波动区间没有重叠，即原价波动阶段的最低价高于折价波动阶段的最高价，根据调研，多数情况下原价水平的零售价高于折价水平的零售价，个别特殊订单可作为异常数据剔除。

由前述可知，由于易逝品生命周期短，在线销售价格随机波动的现象越来越普遍，加上零售商的战略性降价策略，许多易逝品满足以上假设，典型的如生鲜农产品常以单阶段价格波动销售，而快时尚服装产品则常以两阶段价格波动销售。本章首先构建单阶段价格波动销售下易逝品的单周期订购模型，接着给出两阶段价格随机波动销售下易逝品的单周期订购模型。

3.2　单阶段价格随机波动的单周期订购模型构建

考虑零售商以单阶段价格随机波动销售某易逝品，由于易逝品具有生产周期长、生命周期短、低残值的特征，因此考虑零售商仅在销售开始之初有一次订购机会，无补货行为，即为单周期订购问题。单阶段价格随机波动的易逝品单周期订购模型类似于报童模型，但是与传统报童模型不同的是：首先，价格从外生变成了内生，影响需求；其次，价格从确定的常量变成了波动的随机变量，随机波动的价格和不确定需求构成了一组二维随机变量。因此在进行建模时，需要考虑波动价格影响不确定需求，两个随机变量之间的相关关系以联合概率分布呈现。

本节所用到的主要符号如表 3－1 所示。

表 3－1　本节主要符号说明

符号	说　明
η，$\eta \in [\eta^l, \eta^h]$	单阶段价格波动销售时的零售单价，为随机变量
ξ，$\xi > 0$	单阶段价格波动销售时的需求，为随机变量
$h(\eta, \xi)$	单阶段价格波动销售时价格和需求的联合概率密度函数
$H(\eta, \xi)$	单阶段波动销售时价格和需求的联合概率分布函数
$\pi_{re}(Q)$	零售商获得的总利润
$E[\pi_{re}(Q)]$	零售商的总期望利润
w	零售商的单位进货成本（供应商提供的单位批发价）
c_h	销售期末未售出的产品所花费每单位产品的处理费用
Q	零售商的订购量，为决策变量
Q^*	零售商的最优订购策略

注：由于本研究建模过程涉及的上下标较多，为了避免因上下标引起的误解，两阶段和单阶段均采用 Q^* 代表最优订购量，并且由后面的推导可知，单周期为两周期一个特殊情况，因此，统一采用 Q^* 代表最优订购量。

考虑零售商以单阶段价格波动销售某易逝品，在整个销售周期内，零售价在区间 $[\eta^l, \eta^h]$ 内波动，需求 ξ 是不确定的随机变量。假设零售商可以通过历史数据获得价格和需求的联合概率密度函数 $h(\eta, \xi)$，那么需要考虑零售商在销售之初订购量 Q 为多少可以使其期望利润最大。在不考虑缺货损失的情况下，零售商所得的利润为销售收入减去处理费用以及订购成本，容易得到零售商的利润表达式如下

$$\pi_{re}(Q) = \eta \times \min\{Q, \xi\} - c_h(Q-\xi)^+ - wQ$$

其中 $(a)^+ = \max\{a, 0\}$。$\eta \times \min\{Q, \xi\}$ 是零售商的收入所得，$c_h(Q-\xi)^+$ 为零售商总处理成本，wQ 为总进货成本。

考虑零售商的期望利润最大为目标，可建立如下优化模型（P3－1）

$$\begin{cases} \max E[\pi_{re}(Q)] \\ \text{s. t.} \quad Q \geqslant 0 \end{cases}$$

其中，波动价格和不确定需求下零售商的期望利润 $E[\pi_{re}(Q)]$ 表示如下

$$E[\pi_{re}(Q)] = \int_{\eta^l}^{\eta^h}\int_0^{+\infty} \pi_{re}(Q,\ \eta,\ \xi)h(\eta,\ \xi)\mathrm{d}\xi\mathrm{d}\eta$$
$$= \int_{\eta^l}^{\eta^h}\int_0^{Q}[\eta\xi - c_h(Q-\xi)]h(\eta,\ \xi)\mathrm{d}\xi\mathrm{d}\eta +$$
$$\int_{\eta^l}^{\eta^h}\int_Q^{+\infty} \eta Q h(\eta,\ \xi)\mathrm{d}\xi\mathrm{d}\eta - wQ$$

化简并整理，可得

$$E[\pi_{re}(Q)] = E(\eta\xi) - \left[\int_{\eta^l}^{\eta^h}\int_Q^{+\infty} \eta(\xi - Q)h(\eta,\ \xi)\mathrm{d}\xi\mathrm{d}\eta + \right.$$
$$\left.\int_{\eta^l}^{\eta^h}\int_0^{Q} c_h(Q-\xi)h(\xi,\ \eta)\mathrm{d}\xi\mathrm{d}\eta + wQ\right]$$

其中，第一项为零售商的平均盈利，括号中第一项为因缺货失去销售机会的缺货损失期望值，括号中第二项为因滞销遭受的库存损失期望值，括号中第三项为进货成本。接下来给出在单阶段价格随机波动销售时零售商的最优订购策略，见定理 3-1。

定理 3-1：当 $h(\xi,\ \eta)>0$ 且连续时，$E[\pi_{re}(Q)]$ 是定义域内的严格凹函数。则模型（P3-1）存在唯一的解 Q^*，使得 $E[\pi_{re}(Q^*)]$ 取最大值，且 Q^* 满足以下公式

$$E(\eta) - \int_{\eta^l}^{\eta^h}\int_0^{Q^*} (c_h + \eta)h(\eta,\ \xi)\mathrm{d}\xi\mathrm{d}\eta = w \qquad (3-1)$$

证明：为了便于求导，将 $E[\pi_{re}(Q)]$ 化简为

$$E[\pi_{re}(Q)] = \int_{\eta^l}^{\eta^h}\int_0^{Q} (\eta + c_h)\xi h(\eta,\ \xi)\mathrm{d}\xi\mathrm{d}\eta - \int_{\eta^l}^{\eta^h}\int_0^{Q} c_h Q h(\eta,\ \xi)\mathrm{d}\xi\mathrm{d}\eta +$$
$$\int_{\eta^l}^{\eta^h}\int_Q^{+\infty} \eta Q h(\eta,\ \xi)\mathrm{d}\xi\mathrm{d}\eta - wQ$$

由于假设 $h(\eta,\ \xi)$ 连续，且 $h(\eta,\ \xi)>0$，利用变上限求导法则和莱布尼茨定理，求 $E[\pi_{re}(Q)]$ 关于 Q 的一阶导数，即

$$\frac{\mathrm{d}E[\pi_{re}(Q)]}{\mathrm{d}Q} = \int_{\eta^l}^{\eta^h} (\eta + c_h)Q h(\eta,\ Q)\mathrm{d}\eta - \int_{\eta^l}^{\eta^h}\int_0^{Q} c_h h(\eta,\ \xi)\mathrm{d}\xi\mathrm{d}\eta -$$
$$\int_{\eta^l}^{\eta^h} c_h Q h(\eta,\ Q)\mathrm{d}\eta + \int_{\eta^l}^{\eta^h}\int_Q^{+\infty} \eta h(\eta,\ \xi)\mathrm{d}\xi\mathrm{d}\eta -$$
$$\int_{\eta^l}^{\eta^h} \eta Q h(\eta,\ Q)\mathrm{d}\eta - w$$

由二维连续型随机变量期望的求解法则可知，价格的期望 $E(\eta) = \int_{\eta^l}^{\eta^h}\int_0^{+\infty} \eta h(\eta,\ \xi)\mathrm{d}\xi\mathrm{d}\eta$，因此，上式可改写为

$$\frac{\mathrm{d}E[\pi_{re}(Q)]}{\mathrm{d}Q}=-\int_{\eta^l}^{\eta^h}\int_0^Q c_h h(\eta,\ \xi)\mathrm{d}\xi\mathrm{d}\eta+E(\eta)-\int_{\eta^l}^{\eta^h}\int_0^Q \eta h(\eta,\ \xi)\mathrm{d}\xi\mathrm{d}\eta-w$$

进一步化简得

$$\frac{\mathrm{d}E[\pi_{re}(Q)]}{\mathrm{d}Q}=-\int_{\eta^l}^{\eta^h}\int_0^Q (c_h+\eta)h(\eta,\ \xi)\mathrm{d}\xi\mathrm{d}\eta+E(\eta)-w$$

令$\frac{\mathrm{d}E[\pi_{re}(Q)]}{\mathrm{d}Q}=0$，则得到

$$\int_{\eta^l}^{\eta^h}\int_0^Q (c_h+\eta)h(\eta,\ \xi)\mathrm{d}\xi\mathrm{d}\eta=E(\eta)-w$$

进一步求$\frac{\mathrm{d}^2E[\pi_{re}(Q)]}{\mathrm{d}Q^2}$，即

$$\frac{\mathrm{d}^2E[\pi_{re}(Q)]}{\mathrm{d}Q^2}=-\int_{\eta^l}^{\eta^h}(c_h+\eta)h(\eta,\ Q)\mathrm{d}\eta$$

由于$c_h>0$，$\eta\in[\eta^l,\ \eta^h]>0$，且$h(\eta,\ Q)>0$，则当$Q\geqslant0$时，$\frac{\mathrm{d}^2E[\pi_{re}(Q)]}{\mathrm{d}Q^2}<0$，可知$E[\pi_{re}(Q)]$为定义域内的严格凹函数，从而式（3-1）的解$Q^*$是单阶段价格随机波动销售时零售商期望利润最大的最优订购量，且Q^*为唯一的解。

证毕。

以上构建了以期望利润最大化为目标的单阶段价格波动销售下的单周期订购模型。在已知价格和需求联合概率密度函数时，可以得到单阶段价格波动销售下零售商最优订购量的表达式。当零售商以单阶段价格随机波动销售时，最优订购量需满足式（3-1）可以使零售商获得最大的期望利润。然而，由于价格和需求的联合概率密度函数在实际中较难获取，通过式（3-1）求得最优订购量仍较为困难，如何具体求解将在第4章中进行介绍。

3.3 两阶段价格随机波动的单周期订购模型构建

假设某零售商以两阶段价格波动销售某易逝品，即考虑零售商在销售过程中有一次战略型的大幅折价策略（常见于快时尚服装等易逝产品）。那么，第一阶段该产品以原价水平波动销售，第二阶段由于采取了大幅折扣策略，该产品则以另一个较低的折价水平波动销售。与单阶段一样，假设以零售商期望利润最大化为目标，且仅考虑一次性订购的单周期订购问题，构建两阶段价格随机波动销售下的订购模型。

本节所用到的主要符号如表3-2所示，其中$t=1$，2分别表示两阶段价

格波动销售的第一阶段（原价波动阶段）和第二阶段（折价波动阶段）。

表3-2　本节主要符号说明

符号	说　明
η_t，$\eta_t \in [\eta_t^l, \eta_t^h]$	t 阶段的波动零售单价，为不确定的随机变量
ξ_t，$\xi_t \geqslant 0$	t 阶段的需求，为不确定的随机变量
$g_t(\eta_t)$	t 阶段价格的边缘概率密度函数
$G_t(\eta_t)$	t 阶段价格的边缘概率分布函数
$f_t(\xi_t)$	t 阶段需求的边缘概率密度函数
$F_t(\xi_t)$	t 阶段需求的边缘概率分布函数
$h_t(\eta_t, \xi_t)$	t 阶段价格和需求的联合概率密度函数
$H_t(\eta_t, \xi_t)$	t 阶段价格和需求的联合概率分布函数
$c_t(G_t(\eta_t), F_t(\xi_t))$	t 阶段价格和需求的 Copula 密度函数
$C_t(G_t(\eta_t), F_t(\xi_t))$	t 阶段价格和需求的 Copula 函数
$\pi_{re}(Q)$	零售商总利润
$\pi_{re_1}(Q)$	零售商在第一阶段价格波动销售获得的利润
$\pi_{re_2}(Q)$	零售商在第二阶段价格波动销售获得的利润
$E[\pi_{re}(Q)]$	零售商总期望利润
$E[\pi_{re_1}(Q)]$	零售商第一阶段期望利润
$E[\pi_{re_2}(Q)]$	零售商第二阶段期望利润
c_h	销售期末未售出的产品需要的每单位产品的处理费用
w	零售商的单位进货成本，即供应商提供的单位批发价
Q	订购量，为决策变量
Q^*	零售商的最优订购策略

假设零售商能够通过历史数据调研得到各个阶段价格和需求的联合概率分布，并可以通过调研获得单位处理费用、单位进货成本等相关参数，并且假设零售商仅在销售开始之初有一次订购机会，且无补货环节。根据订购量是否能满足各阶段的需求，零售商可能面临以下三种销售情况：

情况一：当第一阶段需求大于订购量，即当 $\xi_1 \geqslant Q$ 时，所有商品均以原价水平波动销售，无须折价销售。此时零售商以原价波动价格卖出所有的商品Q，且不会有库存损失，零售商获取的利润为（η_1-w）Q。

情况二：当第一阶段需求小于订购量，且第二阶段需求大于第一阶段的剩余库存，即$\xi_1<Q$且$\xi_2\geqslant Q-\xi_1$。此时，第一阶段卖出ξ_1的商品，第二阶段卖出$Q-\xi_1$的商品。零售商总利润可表示为

$$\pi_{re}(Q)=\eta_1\xi_1+\eta_2(Q-\xi_1)-wQ$$

情况三：当第一阶段需求小于订购量，且第二阶段需求小于第一阶段的剩余库存，即$\xi_1<Q$且$\xi_2<Q-\xi_1$，则此时零售商第一阶段卖出ξ_1的商品，第二阶段卖出ξ_2的商品，且有$Q-\xi_1-\xi_2$的商品在销售周期结束时仍未卖出，需要花费额外的费用c_h（每单位商品）进行处理。则此时零售商的总利润可表示为

$$\pi_{re}(Q)=\eta_1\xi_1+\eta_2\xi_2-c_h(Q-\xi_1-\xi_2)-wQ$$

由上述分析得到零售商的总利润为

$$\pi_{re}(Q)=\pi_{re_1}+\pi_{re_2}-wQ$$

其中，零售商第一阶段利润和第二阶段利润分别表示为

$$\begin{cases}\pi_{re_1}(Q)=\eta_1\times\min\{\xi_1,\ Q\}\\ \pi_{re_2}(Q)=\eta_2\times\min\{(Q-\xi_1)^+,\ \xi_2\}-c_h(Q-\xi_1-\xi_2)^+\end{cases}$$

其中，$(a)^+=\max\{a,\ 0\}$。由于零售商进行的是单周期一次性订购，中间无补货环节，若第一阶段的需求大于订购量，即所有订购的商品在第一阶段已卖完，也即$\xi_1\geqslant Q$时，则不存在第二阶段的利润，即不存在$\pi_{re_2}(Q)$。

以期望利润最大化为目标的零售商最优订购决策模型（P3-2）可表示为

$$\begin{cases}\max E[\pi_{re}(Q)]=E(\pi_{re_1})+E(\pi_{re_2})-wQ\\ \text{s. t.}\quad Q\geqslant 0\end{cases}$$

其中，两阶段期望利润函数$E[\pi_{re}(Q)]$的表达式如下

$$\begin{aligned}E[\pi_{re}(Q)]=&\int_{\eta_1^l}^{\eta_1^h}\int_Q^{+\infty}\eta_1 Q h_1(\eta_1,\ \xi_1)\mathrm{d}\xi_1\mathrm{d}\eta_1+\int_{\eta_1^l}^{\eta_1^h}\int_0^Q\eta_1\xi_1 h_1(\eta_1,\ \xi_1)\mathrm{d}\xi_1\mathrm{d}\eta_1+\\&\int_0^Q\int_{\eta_2^l}^{\eta_2^h}\int_{Q-\xi_1}^{+\infty}\eta_2(Q-\xi_1)h_2(\eta_2,\ \xi_2)f_1(\xi_1)\mathrm{d}\xi_2\mathrm{d}\eta_2\mathrm{d}\xi_1+\\&\int_0^Q\int_{\eta_2^l}^{\eta_2^h}\int_0^{Q-\xi_1}\eta_2\xi_2 h_2(\eta_2,\ \xi_2)f_1(\xi_1)\mathrm{d}\xi_2\mathrm{d}\eta_2\mathrm{d}\xi_1-\\&\int_0^Q\int_{\eta_2^l}^{\eta_2^h}\int_0^{Q-\xi_1}c_h(Q-\xi_1-\xi_2)h_2(\eta_2,\ \xi_2)f_1(\xi_1)\mathrm{d}\xi_2\mathrm{d}\eta_2\mathrm{d}\xi_1-wQ\end{aligned}\tag{3-2}$$

定理 3-2：当各个阶段价格和需求的联合概率分布 $h_t(\eta_t, \xi_t)>0$，$t=1$，2 且均为连续函数时，模型（P3-2）存在唯一的解 Q^* 使得零售商的期望利润最大，最优订购量 Q^* 满足下式

$$\left[E(\eta_1)-\int_{\eta_1^l}^{\eta_1^h}\int_0^{Q^*}\eta_1 h_1(\eta_1, \xi_1)\mathrm{d}\xi_1\mathrm{d}\eta_1\right]+\left[E(\eta_2)F_1(Q^*)-\int_0^{Q^*}f_1(\xi_1)\int_{\eta_2^l}^{\eta_2^h}\int_0^{Q^*-\xi_1}(\eta_2+c_h)h_2(\eta_2, \xi_2)\mathrm{d}\xi_2\mathrm{d}\eta_2\mathrm{d}\xi_1\right]=w \quad (3-3)$$

其中 $E(\eta_1)$、$E(\eta_2)$ 分别是第一阶段及第二阶段波动价格的期望值。

证明：由于我们假设 $h_t(\eta_t, \xi_t)>0$，$t=1$，2 且为连续函数，则式（3-2）可导。由含参变量的常义积分求导的莱布尼茨法则求解 $E[\pi_{re}(Q)]$ 关于 Q 的一阶导数。

$$\begin{aligned}\frac{\mathrm{d}E[\pi_{re}(Q)]}{\mathrm{d}Q}=&\int_{\eta_1^l}^{\eta_1^h}\int_Q^{+\infty}\eta_1 h_1(\eta_1, \xi_1)\mathrm{d}\xi_1\mathrm{d}\eta_1-\int_{\eta_1^l}^{\eta_1^h}\eta_1 Q h_1(\eta_1, Q)\mathrm{d}\eta_1+\\&\int_{\eta_1^l}^{\eta_1^h}\eta_1 Q h_1(\eta_1, Q)\mathrm{d}\eta_1+\int_0^Q\int_{\eta_2^l}^{\eta_2^h}\eta_2(Q-\xi_1)h_2(\eta_2, Q-\xi_1)f_1(\xi_1)\mathrm{d}\eta_2\mathrm{d}\xi_1-\\&\int_0^Q f_1(\xi_1)\left[\int_{\eta_2^l}^{\eta_2^h}\int_0^{Q-\xi_1}c_h h_2(\eta_2, \xi_2)\mathrm{d}\xi_2\mathrm{d}\eta_2\right]\mathrm{d}\xi_1-\\&\int_0^Q\int_{\eta_2^l}^{\eta_2^h}\eta_2(Q-\xi_1)h_2(\eta_2, Q-\xi_1)f_1(\xi_1)\mathrm{d}\eta_2\mathrm{d}\xi_1+\\&\int_0^Q f_1(\xi_1)\left[\int_{\eta_2^l}^{\eta_2^h}\int_{Q-\xi_1}^{+\infty}\eta_2 h_2(\eta_2, \xi_2)\mathrm{d}\xi_2\mathrm{d}\eta_2\right]\mathrm{d}\xi_1-w\end{aligned}$$

化简得

$$\begin{aligned}\frac{\mathrm{d}E[\pi_{re}(Q)]}{\mathrm{d}Q}=&\int_{\eta_1^l}^{\eta_1^h}\int_Q^{+\infty}\eta_1 h_1(\eta_1, \xi_1)\mathrm{d}\xi_1\mathrm{d}\eta_1-\\&\int_0^Q f_1(\xi_1)\int_{\eta_2^l}^{\eta_2^h}\int_0^{Q-\xi_1}c_h h_2(\eta_2, \xi_2)\mathrm{d}\xi_2\mathrm{d}\eta_2\mathrm{d}\xi_1+\\&\int_0^Q f_1(\xi_1)\left[\int_{\eta_2^l}^{\eta_2^h}\int_{Q-\xi_1}^{+\infty}\eta_2 h_2(\eta_2, \xi_2)\mathrm{d}\xi_2\mathrm{d}\eta_2\right]\mathrm{d}\xi_1-w\end{aligned}$$

进一步化简，并令其等于零，得到式（3-3）。接下来对期望利润求两阶导，由上式的第一项对 Q 求导得

$$-\int_{\eta_1^l}^{\eta_1^h}\eta_1 h_1(\eta_1, Q)\mathrm{d}\eta_1$$

第二项对 Q 求导得

$$-f_1(Q)\int_{\eta_2^l}^{\eta_2^h}\int_0^{Q-Q}c_h h_2(\eta_2, \xi_2)\mathrm{d}\xi_2\mathrm{d}\eta_2+f_1(0)\int_{\eta_2^l}^{\eta_2^h}\int_0^Q c_h h_2(\eta_2, \xi_2)\mathrm{d}\xi_2\mathrm{d}\eta_2-\int_0^Q\int_{\eta_2^l}^{\eta_2^h}c_h h_2(\eta_2, Q-\xi_1)f_1(\xi_1)\mathrm{d}\eta_2\mathrm{d}\xi_1$$

第三项对 Q 求导得

$$f_1(Q)\int_{\eta_2^l}^{\eta_2^h}\int_0^{+\infty}\eta_2 h_2(\eta_2,\ \xi_2)\mathrm{d}\xi_2\mathrm{d}\eta_2-f_1(0)\int_{\eta_2^l}^{\eta_2^h}\int_Q^{+\infty}\eta_2 h_2(\eta_2,\ \xi_2)\mathrm{d}\xi_2\mathrm{d}\eta_2-$$

$$\int_0^Q\int_{\eta_2^l}^{\eta_2^h}\eta_2 h_2(\eta_2,\ Q-\xi_1)f_1(\xi_1)\mathrm{d}\eta_2\mathrm{d}\xi_1$$

由于连续型随机变量在某一点的概率约等于零，$f_1(Q)$、$f_1(0)$ 均为 0，那么将以上三项相加得到

$$\frac{\mathrm{d}^2E[\pi_{re}(Q)]}{\mathrm{d}Q^2}=-\int_{\eta_1^l}^{\eta_1^h}\eta_1 h_1(\eta_1,\ Q)\mathrm{d}\eta_1-$$

$$\int_0^Q\int_{\eta_2^l}^{\eta_2^h}(\eta_2+c_h)h_2(\eta_2,\ Q-\xi_1)f_1(\xi_1)\mathrm{d}\eta_2\mathrm{d}\xi_1$$

显然当 $Q>0$ 时，$\frac{\mathrm{d}^2E[\pi_{re}(Q)]}{\mathrm{d}Q^2}<0$，因此，函数 $E[\pi_{re}(Q)]$ 关于 Q 是一个严格凹函数。因此模型（P3－2）一定存在唯一的最优解 Q^* 满足式（3－3）。

证毕。

以上我们证明了定理 3－2，并给出了两阶段价格随机波动销售下零售商期望利润最大的最优订购量表达式。当易逝品以两阶段价格波动销售时，若可以获得各阶段价格和需求的联合概率分布以及边缘概率分布，则可以通过式（3－3）求得最优订购策略。

若零售商并没有明显的降价策略，易逝品仅在一个价格波动水平销售，此时，第一阶段卖不完的商品不再进行折价销售，而是直接进行处理，那么第二阶段就相当于处理阶段。由于 c_h 在两阶段模型中表示的是单位处理费用，而 $-c_h$ 则意味着残值收入。取 $\eta_2=-c_h$，第二阶段意味着残值收入阶段，且第二阶段需求不存在，则此时可以退化到一阶段的情形，见推论 3－1。

推论 3－1： 当 $\eta_2=-c_h$，ξ_2 不存在时，两阶段价格波动销售下的最优订购问题可退化为一阶段波动价格销售的最优订购问题，此时最优订购量满足

$$\int_{\eta_1^l}^{\eta_1^h}\int_0^{Q^*}(c_h+\eta_1)h_1(\eta_1,\ \xi_1)\mathrm{d}\xi_1\mathrm{d}\eta_1=E(\eta_1)-w$$

证明过程与定理 3－2 相似。

推论 3－1 与定理 3－1 一致，表明了单阶段价格波动销售订购模型是两阶段的一种特殊情况。特别地，当零售价为确定型常量，且不影响需求时，推论 3－1 可转化为经典报童模型。

接下来考虑价格和需求相互独立的特殊情况。若价格波动不影响需求，即在价格和需求相互独立的情况下，其联合概率密度函数可以表示为边缘概率密度函数的乘积，即 $h_t(\eta_t,\ \xi_t)=f_t(\xi_t)g_t(\eta_t)$，$t=1$，2，代入式（3－3）得到价格和需

求相互独立时两阶段价格波动销售的最优订购策略，满足的条件见推论3-2。

推论3-2：若价格波动不影响需求，即价格和需求相互独立时，可得到两阶段价格和需求独立情况下的最优订购量满足

$$E(\eta_1)-[E(\eta_1)-E(\eta_2)]F_1(Q^*)-[E(\eta_2)+c_h]\int_0^{Q^*}F_2(Q_2^*-\xi_1)f_1(\xi_1)\mathrm{d}\xi_1=w$$

证明略。

当价格波动不影响需求时，无须考虑价格对需求的影响作用，最优订购量仅与各阶段的价格波动均值以及各阶段需求的边缘概率分布有关，与价格和需求的相关关系无关。

3.4　本章小结

本章深入探讨了价格随机波动销售环境下的零售商订购模型，涵盖了单阶段与两阶段价格波动销售的情景。通过对易逝品市场的细致分析，本研究揭示了价格波动对零售商订购策略的影响，以及在这种不确定性环境中最大化期望利润的策略。

首先，本章针对单阶段价格波动销售情景构建了模型，并通过数学推导得出了零售商的最优订购量表达式。这一部分的关键发现是，在单一价格波动阶段中，零售商的订购决策受价格波动幅度和需求不确定性的共同影响。这种情形下，最优订购量的确定需要考虑价格的期望值和需求的不确定性，以及二者之间的关联性。随后，本章进一步扩展到更为复杂的两阶段价格波动销售模型，这一模型更贴近实际市场中的销售情况，如快时尚行业中常见的初始销售和季末折扣两阶段销售模式。在这一模型中，零售商面临的挑战更大，需要在初始阶段和折扣阶段之间做出平衡，合理分配库存以应对不同阶段的需求变化。通过建立数学模型和推导出的最优订购策略，本研究为零售商提供了一种量化的决策工具，以便在两阶段价格波动销售环境中实现利润最大化。

在对两种模型进行深入分析后，本章还讨论了几个重要的推论，这些推论进一步扩展了模型的应用范围。特别是，本研究考察了价格与需求相互独立情况下的订购策略，发现在这种情形下，零售商的最优订购量仅受价格波动均值和需求分布的影响，与价格和需求之间的关联性无关。这一发现为那些能够独立控制价格和需求预测的零售商提供了重要的策略指导。

总结来说，本章通过对价格随机波动销售下的零售商订购模型的分析，不仅提供了理论上的见解，还为实践中的决策提供了有力的支持。本研究揭示了在不确定性环境下，如何通过数学模型来指导实际的订购决策，以期实现收益

最大化。这些模型和方法可以广泛应用于易逝品市场，特别是对于那些面临价格波动和需求不确定性挑战的零售商。未来的研究可以进一步探索更多变量和情境下的订购策略，以更全面地应对市场的复杂性和动态变化。然而，由于价格和需求的联合概率分布较难获取，如何具体通过模型求解出最优订购量，将在后续章节提出相应的计算方法。

第4章 价格随机波动下的零售商最优订购策略

上一章构建了价格随机波动销售下零售商的订购模型，求得了单阶段和两阶段价格随机波动销售下的最优订购量的表达式。由于价格和需求的联合概率密度函数很难从实际数据中统计得到，却容易通过历史订单数据统计得到价格和需求的边缘分布。Copula 函数能有效地将价格和需求的边缘概率分布建立连接，从而获取价格和需求的联合概率分布函数，因此，我们引入 Copula 函数来刻画价格和需求的相关关系。实际中，由于价格和需求波动是以有限离散点出现的，因此，本研究将构建离散模型进行求解。

本章将在前一章的基础上，通过建立离散化模型讨论零售商最优订购策略的求解算法并进行相关的数值实验。首先，运用 Copula 函数刻画价格和需求的相关关系，构建 Copula 函数刻画下的订购模型。其次，通过对模型进行离散化处理，给出了零售商近似最优订购策略的求解算法，并证明了算法的收敛性。再次，根据调研某服装企业的销售环境数据，获取价格和需求的 Copula 相关关系，并着重针对两阶段订购模型进行了数值实验。最后，通过数值实验，将两阶段价格波动销售下的最优订购策略分别与确定价格订购策略以及单阶段的订购策略进行对比。本章通过离散化模型的建立和求解算法的提出，为零售商在阶段性价格波动销售下订购策略的制定提供了一种解决方法，通过 Copula 函数刻画价格和需求的关系克服了传统函数关系带来的局限。

4.1 Copula 测度下价格随机波动的单周期订购模型构建

如何刻画价格波动与需求波动之间的关系成为研究随机波动价格销售下订购策略需重点考虑的问题。关于零售价与需求的相关性研究中，大多数讨论价格如何影响需求分布，如 Dada（1999）、Yao 等（2006）总结了需求价格影响的两种主要模式：乘型模式和加型模式。Tapiero 等（2009）基于以上两种模式讨论了均衡市场价下的订购问题。然而这种价格与需求的相关性设定一般假设价格是确定的量，通过某带有随机项的函数关系影响需求，并不适用于零售价随机波动且需求不确定的情形。

由于波动价格可以近似看成一个随机变量，它与不确定的需求构成了一组二维随机变量，其相关性通常以联合分布的方式给出，但在实际中，统计价格和需求的联合分布获得较为困难，却容易得到价格和需求的边缘概率分布。Copula 函数为我们提供了一个通过边缘分布获取联合分布的途径。Copula 函数又称连接函数，最早由 Sklar 在 1959 年提出，可以很好地将多维随机变量的边缘分布和联合分布之间建立连接，从而简化建模过程（Sklar，1959）。Copula 函数在金融领域运用非常广泛，是风险分析和投资组合的重要工具（Bruneau et al.，2020；Hu，2006）。然而很少有研究将 Copula 函数运用到订购问题，仅发现 Aydin 等（2012）以及许民利等（2014）成功地将 Copula 函数运用到了库存管理的研究中，这体现了 Copula 函数在订购模型运用的可行性。其中许民利等（2014）运用 Copula 函数刻画不确定价格和需求之间的相关关系，从而考虑订购决策问题，该研究表明了利用 Copula 函数可以有效地将价格和需求联系起来，最大优点是通过对历史数据的调研模拟得到足够多价格和需求的数据，从而进行订购策略的分析研究，克服价格与需求同时变动带来的计算上的困难。然而该研究并没有考虑零售商阶段性大幅降价策略。

因此，本节引入 Copula 函数，在第 3 章基础上构建 Copula 测度下的价格波动订购模型。由于第 3 章的研究表明，单阶段价格波动订购模型是两阶段订购模型的一种特殊情况，因此，本节首先讨论两阶段价格随机波动销售下的 Copula 测度下的订购模型，接着给出退化到单阶段的订购模型。

建模之前，首先在第 3 章的基础上增加本章的主要符号说明（$t=1, 2$），如表 4－1 所示。

表 4－1　本章主要符号说明

符号	说　明
μ_{ξ_t}	t 阶段模拟生成的需求均值
σ_{ξ_t}	t 阶段模拟生成的需求标准差
μ_{η_t}	t 阶段模拟生成的价格均值
σ_{η_t}	t 阶段模拟生成的价格标准差
$P_{ti_tj_t}$	t 阶段价格 η_{tj_t} 和需求 ξ_{tj_t} 同时发生的概率
P_{tj_t}	t 阶段需求 ξ_{tj_t} 发生的边缘概率
$\overline{G}_{re}$	离散情形下零售商获得的总期望利润
$\overline{G}_{re_1}$	离散情形下零售商第一阶段期望利润

（续）

符号	说　明
$\overline{G}_{re_2}$	离散情形下零售商第二阶段期望利润
W	离散批发价集合
$\overline{Q}^*$	近似最优订购量

注：由于计算过程涉及的上下标较多，为了避免因上下标引起的误解，两阶段和单阶段均采用 $\overline{Q}^*$ 代表近似最优订购量。特别地，单阶段价格波动时价格和需求相关参数无下标 t。

由于价格和需求是一对随机变量，它们的联合概率密度函数 $h_t(\eta_t, \xi_t)$，$t=1, 2$ 很难从实际数据中统计得到，却容易通过历史数据模拟得到价格和需求的边缘分布（即价格波动规律和需求波动规律）。Copula 函数能有效地将价格和需求的边缘概率分布建立连接，从而获取价格和需求的联合概率分布函数。因此，我们引入 Copula 函数来刻画价格和需求的相关关系，从而方便建模计算。

由 Sklar 定理可知，当二维随机变量 x_1、x_2 的边缘概率分布分别为 $P_1(\cdot)$、$P_2(\cdot)$，且均为连续函数时，存在唯一一个 Copula 函数 $C(\cdot)$ 使得其联合概率分布函数 $P(x_1, x_2)$ 可以表示为

$$P(x_1, x_2)=C(P_1(x_1), P_2(x_2))$$

因此，在假设需求的边缘分布函数 $F_t(\cdot)$，$t=1, 2$ 和价格的边缘分布函数 $G_t(\cdot)$，$t=1, 2$ 为连续函数的情形下，若能获取两者的 Copula 相关性（具体如何选择 Copula 函数并进行检验见求解算法部分），则 ξ_t、η_t 的联合概率分布函数 $H_t(\eta_t, \xi_t)$，$t=1, 2$ 可唯一确定。其中，当 $\xi_t<0$ 时，$F_t(\xi_t)=0$，$F_t(+\infty)=1$，价格波动区间为 $[\eta_t^l, \eta_t^h]$，$t=1, 2$。

令第 t 阶段，价格和需求之间的 Copula 函数为 $C_t(G_t(\eta_t), F_t(\xi_t))$，Copula 密度函数为 $c_t(G_t(\eta_t), F_t(\xi_t))$，则由 Copula 密度函数的定义，当 Copula 函数可微，则可以得到 Copula 密度函数

$$c(u_1, u_2)=\frac{\partial^2 C(u_1, u_2)}{\partial u_1 \partial u_2}$$

其中 $u_1=G_t(\eta_t)$，$u_2=F_t(\xi_t)$，因此，可通过 Copula 密度函数计算价格和需求的联合概率密度函数

$$h_t(\eta_t, \xi_t)=c_t(G_t(\eta_t), F_t(\xi_t))g_t(\eta_t)f_t(\xi_t), \quad t=1, 2$$

为求得最优订购量 Q^*，模型（P3 - 2）可转化为 Copula 函数相关性测度下的两阶段价格随机波动销售的订购模型（P4 - 1），即

$$\begin{cases} \max E_{Copula}[\pi_{re}(Q)] \\ \text{s. t.} \quad Q \geqslant 0 \end{cases}$$

其中，$E_{Copula}(\cdot)$ 表示 Copula 测度下的期望利润。

定理 4-1：当 Copula 函数以及价格和需求的边缘分布均连续时，模型（P4-1）存在唯一最优解 Q^*，满足

$$\left[E(\eta_1)-\int_{\eta_1^l}^{\eta_1^h}\eta_1 S_1(\eta_1,\ Q^*)g_1(\eta_1)\mathrm{d}\eta_1\right]+\left[E(\eta_2)F_1(Q^*)-\int_0^{Q^*}f_1(\xi_1)\int_{\eta_2^l}^{\eta_2^h}(\eta_2+c_h)S_2(\eta_2,\ Q^*-\xi_1)g_2(\eta_2)\mathrm{d}\eta_2\mathrm{d}\xi_1\right]=w \tag{4-1}$$

其中 $E(\eta_1)$、$E(\eta_2)$ 分别指的是第一阶段及第二阶段价格波动的期望值，$S_1(\cdot)$、$S_2(\cdot)$ 分别为

$$S_1(\eta_1,\ Q^*)=\int_0^{Q^*}c_1(G_1(\eta_1),\ F_1(\xi_1))f_1(\xi_1)\mathrm{d}\xi_1$$

$$S_2(\eta_2,\ Q^*-\xi_1)=\int_0^{Q^*-\xi_1}c_2(G_2(\eta_2),\ F_2(\xi_2))f_2(\xi_2)\mathrm{d}\xi_2$$

公式（4-1）中，第一项表示第一阶段的波动均价减去第一阶段在最优订购策略下价格波动因子；第二项表示第二阶段价格波动均值发生的可能性减去第二阶段价格在最优订购策略下价格波动因子；当两者相加等于订购成本时，得到的订购量为最优订购量。

当价格波动不影响需求，即价格和需求相互独立时，Copula 函数可表示为相应边缘分布的乘积，即 $C_t(G_t(\eta_t),\ F_t(\xi_t))=G_t(\eta_t)\times F_t(\xi_t)$，则相应的 Copula 密度函数为一常量 $c_t(G_t(\eta_t),\ F_t(\xi_t))=1$，得到推论 4-1。

推论 4-1：若价格波动不影响需求，即价格和需求相互独立时，最优订购量满足

$$E(\eta_1)-E(\eta_1)F_1(Q^*)+E(\eta_2)F_1(Q^*)-[E(\eta_2)+c_h]\int_0^{Q^*}F_2(Q^*-\xi_1)f_1(\xi_1)\mathrm{d}\xi_1=w$$

当价格和需求相互独立时，推论 4-1 和推论 3-2 一致。最优订购量仅受到价格波动均值和需求的边缘分布的影响，与两者的相关关系无关。

若零售商并没有明显的降价策略，仅在一个价格水平销售，此时，第二阶段相当于处理阶段，且第二阶段需求不存在，则此时，可以得到单阶段波动价格销售下的订购策略，见推论 4-2。

推论 4-2：当 $\eta_2=-c_h$，ξ_2 不存在时，Copula 测度下两阶段波动价格销售的最优订购问题可退化为单阶段波动价格销售的最优订购问题，此时最优订购量满足

$$E(\eta_1) - \int_{\eta_1^l}^{\eta_1^h} (c_h + \eta_1) S_1(\eta_1, Q^*) g_1(\eta_1) \mathrm{d}\eta_1 = w$$

其中，$S_1(\eta_1, Q_1^*) = \int_0^{Q^*} c_1(G_1(\eta_1), F_1(\xi_1)) f_1(\xi_1) \mathrm{d}\xi_1$，证明过程略。

至此，本节分别建立了 Copula 测度下两阶段和单阶段价格波动的零售商订购模型，接下来将对模型进行离散化处理，并给出近似最优订购策略的求解算法。

4.2 两阶段和单阶段价格随机波动的近似最优订购策略求解算法

4.2.1 两阶段价格随机波动的近似最优订购策略求解算法

实际中，由于价格和需求均以离散的数据出现，在讨论求解算法之前，首先给出离散数据情况下的订购模型。由于单阶段价格波动销售下的求解算法可以从两阶段求解算法中导出，所以，本研究首先讨论两阶段价格随机波动销售下的离散模型和算法设计。

假设两阶段价格波动销售时，价格和需求均以离散的数对出现，且价格和需求是满足一定 Copula 相关关系的。令第一阶段和第二阶段价格和需求的所有可能取值分别为

$$(\eta_{1i_1}, \xi_{1j_1}) \quad i_1=1, 2, \cdots, r_1; \ j_1=1, 2, \cdots, m_1$$

$$(\eta_{2i_2}, \xi_{2j_2}) \quad i_2=1, 2, \cdots, r_2; \ j_2=1, 2, \cdots, m_2$$

记各阶段价格和需求同时发生的概率为

$$P(\eta_1=\eta_{1i_1}, \xi_1=\xi_{1j_1})=P_{1i_1j_1}, \ P(\eta_2=\eta_{2i_2}, \xi_2=\xi_{2j_2})=P_{2i_2j_2}$$

设 P_{1j_1} 表示第一阶段需求的边缘分布，并且记离散化情形下，零售商的总期望利润为 $\bar{G}_{re}(Q)$，第一阶段的期望利润为 $\bar{G}_{re_1}(Q)$，第二阶段的期望利润为 $\bar{G}_{re_2}(Q)$。模型（P4－1）可转化为离散的两阶段 Copula 决策模型（P4－2）

$$\begin{cases} \max \bar{G}_{re}(Q)=\bar{G}_{re_1}(Q)+\bar{G}_{re_2}(Q)-wQ \\ \text{s. t.} \quad Q\geqslant 0 \end{cases}$$

此时，第一阶段的期望利润可离散表示为

$$\bar{G}_{re_1}(Q) = \sum_{i_1=1}^{r_1}\sum_{j_1=1}^{\overline{j_1}} \eta_{1i_1}\xi_{1j_1}P_{1i_1j_1} + \sum_{i_1=1}^{r_2}\sum_{j=\overline{j_1}}^{m_1} \eta_{1i_1}QP_{1i_1j_1}$$

第二阶段的期望利润离散表示为

$$\bar{G}_{re_2}(Q) = \sum_{j_1=1}^{\overline{j_1}}\sum_{i_2=1}^{r_2}\sum_{j_2=\overline{j_2}}^{m_2} \eta_{2i_2}(Q-\xi_{1j_1})P_{2i_2j_2}P_{1j_1} +$$

$$\sum_{j=1}^{\overline{j_1}}\sum_{i_2=1}^{r_2}\sum_{j_2=1}^{\overline{j_2}}[\eta_{2i_2}\xi_{2j_2}-c_h(Q-\xi_{1j_1}-\xi_{2j_2})]P_{2i_2j_2}P_{1j_1}$$

其中，$\overline{j_1}$表示将离散化后需求的取值按从小到大排列后，满足 $\xi_{1\overline{j_1}}\leqslant Q$ 且 $\xi_{1(\overline{j_1}+1)}>Q$；$\overline{j_2}$表示第一阶段销售过后的剩余库存是否能满足第二阶段的需求阈值，即将第二阶段离散需求从小到大排列，$\overline{j_2}$满足 $\xi_{2\overline{j_2}}\leqslant Q-\xi_{1j_1}$ 且 $\xi_{2\overline{j_2}}>Q-\xi_{1j_1}$。

离散化模型为解决离散数据情形下的近似最优订购量的求解提供了模型基础。定理 4-1 中式（4-1）可以离散表示为

$$\sum_{i_1=1}^{r_1}\sum_{j_1=1}^{m_1}\eta_{1i_1}P_{1i_1j_1}-\sum_{i_1=1}^{r_1}\sum_{j_1=1}^{\overline{j_1}}\eta_{1i_1}P_{1i_1j_1}+\sum_{j_1=1}^{\overline{j_1}}\sum_{i_2=1}^{r_2}\sum_{j_2=1}^{m_2}\eta_{2i_2}P_{2i_2j_2}P_{1j_1}-\sum_{j=1}^{\overline{j_1}}\sum_{i_2=1}^{r_2}\sum_{j_2=1}^{\overline{j_2}}(\eta_{2i_2}+c_h)P_{2i_2j_2}P_{1j_1}-w=0 \tag{4-2}$$

令上面等式左边式子为 $Y(Q)$，即

$$Y(Q)=\sum_{i_1=1}^{r_1}\sum_{j_1=1}^{m_1}\eta_{1i_1}P_{1i_1j_1}-\sum_{i_1=1}^{r_1}\sum_{j_1=1}^{\overline{j_1}}\eta_{1i_1}P_{1i_1j_1}+\sum_{j_1=1}^{\overline{j_1}}\sum_{i_2=1}^{r_2}\sum_{j_2=1}^{m_2}\eta_{2i_2}P_{2i_2j_2}P_{1j_1}-\sum_{j=1}^{\overline{j_1}}\sum_{i_2=1}^{r_2}\sum_{j_2=1}^{\overline{j_2}}(\eta_{2i_2}+c_h)P_{2i_2j_2}P_{1j_1}-w$$

在实际应用中，我们可以通过对历史数据的调查，获取环境数据，并通过模拟产生满足调查条件的价格和需求的边缘分布，然后通过 Copula 模拟生成足够多的价格和需求随机数进行最优订购策略的求解分析。

下面给出模拟生成两阶段价格和需求随机数对，并近似计算最优订购量的算法步骤，称为算法 4-1。

算法 4-1：

Step 1：通过调研获取环境数据，并通过模拟各个销售阶段价格和需求的边缘分布，估计出分布的相关参数。设第一阶段和第二阶段价格和需求的边缘分布分别为 $G_1(\eta_1)$、$F_1(\xi_1)$、$G_2(\eta_2)$、$F_2(\xi_2)$。

Step 2：根据价格和需求波动的特点选取能较好描述两者相关性特征的 Copula 函数，首先根据经验选择，再进行拟合优度检验，检验通过便可，具体 Copula 选择方法可参考相关文献（Joe，2017；Li，2000）。

Step 3：生成两组边缘分布为在［0，1］上的均匀分布的随机变量的取值 (u_{11},u_{12})、(u_{21},u_{22})，其相关性满足选定的 Copula 函数。

Step 4：通过逆变换，获取价格和需求的随机数对，即

$$\eta_1=G_1^{-1}(u_{11}),\ \xi_1=F_1^{-1}(u_{12}),\ \eta_2=G_2^{-1}(u_{21}),\ \xi_2=F_2^{-1}(u_{22})$$

重复 Step 3 至 Step 4，可以获得足够多的两阶段价格和需求的伪随机序列，该序列满足给定的边缘分布和 Copula 相关关系。

Step 5：初始化参数 w，c_h，$k=1$，$N_k>1$，$b>1$，$\varepsilon>1$，$\bar{G}_{re}=0$；统计两个阶段的需求区间，第一阶段需求区间为 $[\min\_Q_1,\ \max\_Q_1]$，第二阶段需求区间为 $[\min\_Q_2,\ \max\_Q_2]$，确定最优订购量区间，记为 $[\min\_Q,\ \max\_Q]$，其中 $\min\_Q=\{\min\_Q_1,\ \min\_Q_2\}$，$\max\_Q=\max\_Q_1+\max\_Q_2$。根据生成的价格需求离散序列，计算两个阶段价格和需求的联合概率分布，记为 P_t $(t=1,\ 2)$，并统计需求的边缘分布 P_{ξ_t} $(t=1,\ 2)$。

Step 6：在 Q 的取值区间内以 ΔQ_k 为步长，取 N_k 个点，$\Delta Q_k=[\max\_Q-\min\_Q]/(N_k+1)$。设 $Q_{ik}=\min\_Q+i\Delta Q_k$，$i=0,\ 1,\ 2,\ \cdots,\ N_k$。

Step 7：$Q_{ik}=\min\_Q+i\Delta Q_k$，$i\in I_k$ 逐个计算。计算 Q_{ik} 下的 $Y(Q_{ik})$，获得集合 $\{Y(Q_{ik}),\ i\in I_k\}$，计算使得 $Y(Q_{ik})$ 最小的订购量 $\bar{Q}_k^*=\arg\min\limits_{Q_{ik}}\{Y(\bar{Q}_{k-1}^*),\ Y(Q_{ik}),\ i\in I_k\}$，以及此时的零售商期望利润 $\bar{G}_{re}(\bar{Q}_k^*)$。

Step 8：判断若 $|Y(\bar{Q}_{k-1}^*)-Y(\bar{Q}_k^*)|<\varepsilon$，则终止，得近似最优订购量为 $\bar{Q}_k^*$，对应的零售商最大期望利润为 $\bar{G}_{re}(\bar{Q}_k^*)$。否则，令 $N_{k+1}=bN_k$，$k=k+1$，转 Step 6。

定理 4-2： 算法 4-1 得到序列 $|Y(\bar{Q}_{k-1}^*)-Y(\bar{Q}_k^*)|<\varepsilon$ 收敛，算法有限步终止。

证明： 根据第 7 步，得到序列 $\{Y(Q_{ik}),\ i\in I_k\}$ 显然是随着 k 单调递减，因为 Q_{ik} 有界，所以序列 $\{Y(Q_{ik}),\ i\in I_k\}$ 收敛到一个有限值，因此，$|Y(\bar{Q}_{k-1}^*)-Y(\bar{Q}_k^*)|<\varepsilon$ 在有限步收敛。

根据定理 4-1 和定理 4-2，当 N_k 取足够大，算法 4-1 可以得到使得两阶段价格随机波动下零售商期望利润最大的近似最优订购量。

4.2.2　单阶段价格随机波动的近似最优订购策略求解算法

接下来本研究给出退化到单阶段下近似最优订购策略的求解算法。由推论 4-2 可知，若零售商仅采用单阶段价格随机波动销售，两阶段价格随机波动的销售模型可以退化为单阶段的模型，Copula 测度下零售商的最优订购模型 (P4-3) 如下

$$\begin{cases}\max E_{Copula}[\pi_{re}(Q)]\\ \text{s.t.}\quad Q\geqslant 0\end{cases}$$

其中，单阶段价格波动销售时，Copula 测度下的零售商期望利润 $E_{Copula}[\pi_{re}(Q)]$表达式如下

$$E_{Copula}[\pi_{re}(Q)]=\int_{\eta^l}^{\eta^h}\int_0^Q[\eta\xi-c_h(Q-\xi)]c(\eta,\xi)f(\xi)g(\eta)\mathrm{d}\xi\mathrm{d}\eta+$$

$$\int_{\eta^l}^{\eta^h}\int_Q^{+\infty}\eta Qc(\eta,\xi)f(\xi)g(\eta)\mathrm{d}\xi\mathrm{d}\eta-wQ$$

其中，$c(\eta,\xi)$ 表示的是单阶段价格和需求的 Copula 密度函数。对模型离散化，假设单阶段价格随机波动销售下价格 η 和需求 ξ 可能的取值分别为

$$\eta_i,\ i=1,\ 2,\ \cdots,\ r;\ \xi_j,\ j=1,\ 2,\ \cdots,\ m$$

记价格和需求同时发生的概率为

$$P(\eta=\eta_i,\ \xi=\xi_j)=P_{ij}$$

离散化情形下单阶段销售零售商的总期望利润 $\bar{G}_{re}(Q)$ 可表示如下

$$\bar{G}_{re}(Q)=\sum_{i=1}^{r}\sum_{j=1}^{\bar{j}}[\eta_i\xi_j-c_h(Q-\xi)]P_{ij}+\sum_{i=1}^{r}\sum_{j=\bar{j}}^{m}\eta_iQP_{ij}-wQ$$

其中，$\bar{j}$表示将离散化后需求的取值按从小到大排列后，满足 $\xi_{\bar{j}}\leqslant Q$ 且 $\xi_{\bar{j}+1}>Q$。

接下来给出单阶段最优订购策略的求解算法。由定理 3-1，最优订购量满足式（3-1），则将式（3-1）移项，并离散化处理，设为 $X(Q)$，满足

$$X(Q)=\sum_{i=1}^{r}\sum_{j=1}^{m}\eta_iP_{ij}-\sum_{i=1}^{r}\sum_{j=1}^{\bar{j}}(\eta_i+c_h)P_{ij}-w \qquad (4-3)$$

可以得到求解单阶段价格随机波动销售下的近似最优订购策略的算法 4-2。

算法 4-2：

Step 1：通过调研获取环境数据，并模拟单阶段价格和需求的边缘分布，分别记为 $G(\eta)$、$F(\xi)$。

Step 2：根据价格和需求波动的特点选取能较好描述两者相关性特征的 Copula 函数，首先根据经验选择，再进行拟合优度检验，检验通过便可。

Step 3：生成边缘分布为在［0，1］上的均匀分布的随机变量的取值（u_1，u_2），其相关性满足选定的 Copula 函数。

Step 4：通过逆变换，获取价格和需求的随机数对，即

$$\eta=G^{-1}(u_1),\ \xi=F^{-1}(u_2)$$

重复 Step 3 至 Step 4，可以获得足够多的两阶段价格和需求的伪随机序列，该序列满足给定的边缘分布和 Copula 相关关系。

Step 5：初始化参数 w，c_h，$k=1$，$N_k>1$，$b>1$，$\varepsilon>1$，$\bar{G}_{re}=0$；统计需求区间，记为［min _ Q，max _ Q］。根据生成的价格需求离散序列，计算价

格和需求的联合概率分布，记为 P_{ij}（$i=1$，2，…，r；$j=1$，2，…，m）。

Step 6：在 Q 的取值区间内以 ΔQ_k 为步长，取 N_k 个点，$\Delta Q_k=[\max\_Q-\min\_Q]/(N_k+1)$。设 $Q_{ik}=\min\_Q+i\Delta Q_k$，$i\in I_k$，$I_k=\{0, 1, 2, \cdots, N_k\}$。

Step 7：$Q_{ik}=\min\_Q+i\Delta Q_k$，$i\in I_k$ 逐个计算。计算 Q_{ik} 下的 $X(Q_{ik})$，获得集合 $\{X(Q_{ik}), i\in I_k\}$，计算使得 $X(Q_{ik})$ 最小的订购量 $\overline{Q}_k^*=\underset{Q_{ik}}{\operatorname{argmin}}\{X(\overline{Q}_{k-1}^*), X(Q_{ik}), i\in I_k\}$，以及此时的零售商期望利润 $\overline{G}_{re}(\overline{Q}_k^*)$。

Step 8：判断若 $|X(\overline{Q}_{k-1}^*)-X(\overline{Q}_k^*)|<\varepsilon$，则终止，得近似最优订购量为 $\overline{Q}_k^*$，对应的零售商最大期望利润为 $\overline{G}_{re}(\overline{Q}_k^*)$。否则，令 $N_{k+1}=bN_k$，$k=k+1$，转 Step 6。

定理 4－3：算法 4－2 得到序列 $|X(\overline{Q}_{k-1}^*)-X(\overline{Q}_k^*)|<\varepsilon$ 收敛，算法有限步终止。

算法收敛性证明类似定理 4－2。

4.3　价格随机波动的零售商订购策略数值实验

本节首先利用算法 4－1 和算法 4－2 求解两阶段和单阶段价格随机波动下零售商的近似最优订购策略，讨论不同的参数对订购策略的影响，并分别将两阶段价格波动下的订购模型与两阶段确定价格订购模型，以及两阶段和单阶段订购模型进行对比。本节的实验目标如下：①运用所提的两阶段和单阶段价格随机波动的订购模型求解算法 4－1 和算法 4－2，分别求解出使得零售商期望利润最大的近似最优订购策略；②分析价格波动性对最优订购策略的影响；③分析需求不确定性以及需求在各阶段的分配比例对最优订购策略的影响；④讨论在不同的 Copula 相关性下，相关性强度对最优订购策略的影响；⑤分析单位处理费用对最优订购策略以及剩余库存的影响，并计算不同订购决策下的剩余库存情况；⑥将两阶段价格随机波动的订购模型与确定价格订购模型进行对比分析；⑦将两阶段价格随机波动的订购策略与单阶段订购策略进行对比分析。

两阶段价格随机波动销售的实验数据获取以及相应参数的设置如下所述：

通过调研某服装市场中的大型零售商销售男士棉质短袖衬衫中品的情况，模拟价格和需求数对进行建模求解。调查获取该服装零售商销售某中品类男士棉质短袖衬衫的订单成交情况（以件为单位，包含线上线下的订单），发现实际成交零售价是波动的。该零售商在销售季开始之初采用原价波动销售，当销售持续到一定阶段，采用 50％的大幅折扣策略进行折价波动销售。

通过拟合优度检验，发现价格与需求满足高斯 Copula 相关性，由于高斯 Copula 用线性相关系数 ρ 来衡量两个随机变量之间的相关性，当 $\rho=0$ 表示两个随机变量是独立的，当 $\rho=1$ 表示两者共线性正相关，相反 $\rho=-1$ 表示两者共线性负相关（Hunter，2004），这里根据历史数据计算得到 $\rho=-0.6$。

通过对每天销量的分析，可预测得到一个销售周期内各价格阶段需求的分布，各阶段需求近似满足正态分布。统计得到第一阶段零售价在区间［82，99］（元/件）内波动，第二阶段零售价在区间［41，49］（元/件）内波动，且在各个价格阶段，零售价均近似服从正态分布。通过前面提出的算法 4-1，本研究使用 Matlab 模拟 5 000 次，获得足够多的价格和需求随机数进行分析。通过调查设单位处理费用为 5 元/件，单位批发价为 25 元/件，且各阶段的零售价和销量均近似服从正态分布。计算得到模拟生成的价格边缘分布参数为 $\mu_{\eta_1}=89.7$、$\sigma_{\eta_1}=9.2$、$\mu_{\eta_2}=45.2$、$\sigma_{\eta_2}=4.5$，需求的边缘分布参数为 $\mu_{\xi_1}=1\,996$、$\sigma_{\xi_1}=394$、$\mu_{\xi_2}=3\,002$、$\sigma_{\xi_2}=602$。

由于单阶段价格波动销售是两阶段的一种特殊情况，因此除了 4.5 节的对比实验外，其余实验均着重讨论两阶段价格随机波动销售下的订购策略。本章的实验结果均由 Matlab 软件编程实现。

4.3.1　近似最优订购策略求解

（1）两阶段价格随机波动销售下的近似最优订购策略求解

本部分首先计算两阶段价格随机波动销售下零售商的近似最优订购策略，订购量变化下各阶段零售商期望利润的变化以及近似最优订购策略的求解过程见图 4-1。

图 4-1 分别给出了不同订购量下零售商总期望利润、第一阶段期望利润和第二阶段期望利润的变化情况。图 4-1（a）证实了定理 3-2 的结论，即零售商在采取两阶段零售价随机波动销售时，期望利润是关于订购量的凹函数。计算得到近似最优订购量为 4 840 件，相应的零售商最大期望利润为 1.76×10^5 元。图 4-1（b）和图 4-1（c）表明在两阶段波动价格销售下，随着订购量的增加，第一阶段需求逐步得到满足，因而随着订购量的增加，第一阶段利润先增加后不变；之后零售商采取大幅降价策略吸引另一类愿意等待打折的顾客，销售进入折价波动阶段，第二阶段期望利润随之增加，当折价阶段的需求得到满足后，过多的订购量会增加库存损失。因此，随着订购量的增加，第一阶段期望利润不断增加直至饱和，第二阶段的期望利润先增加后减小。由图 4-1（c）可知，当取最优订购量时，第二阶段的期望利润并没有达到最大，

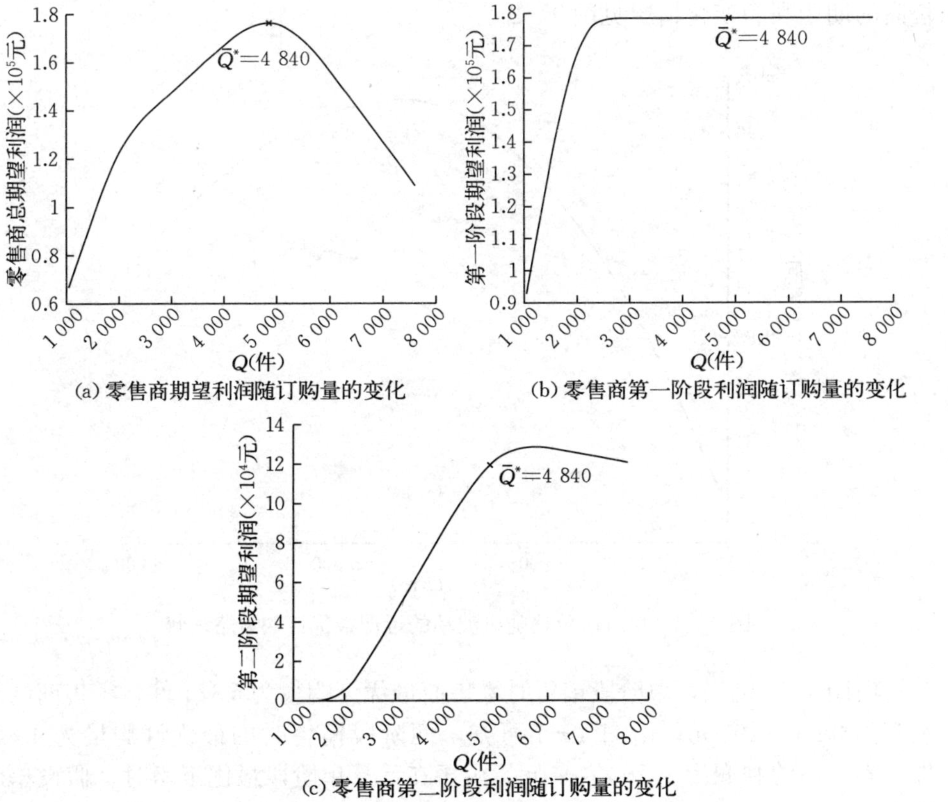

(a) 零售商期望利润随订购量的变化　　(b) 零售商第一阶段利润随订购量的变化

(c) 零售商第二阶段利润随订购量的变化

图 4-1　两阶段价格随机波动的近似最优订购策略求解

这是进货成本对利润的限制因素导致的，若不存在进货成本的限制，即进货成本为零，零售商选择的最优订购量需满足第二阶段达到期望利润最大时的订购量，这容易从定理 3-2 得到。

(2) 单阶段价格随机波动销售下的近似最优订购策略求解

接下来本研究运用算法 4-2，计算单阶段的近似最优订购策略。为了与两阶段订购策略进行对比，假设单阶段销售情形下市场需求容量与两阶段一致，即设单阶段需求均值等于两阶段需求均值之和，令需求标准差偏离均值的程度与两阶段销售中第一阶段相同，并且以第一阶段的价格波动情形进行销售。即需求的边缘分布均值和标准差分别为 $\mu_\xi=\mu_{\xi_1}+\mu_{\xi_2}=4\ 998$，$\sigma_\xi=\mu_\xi\times\frac{\sigma_{\xi_1}}{\mu_{\xi_1}}=986.6$，价格的边缘分布均值和标准差分别为 $\mu_\eta=\mu_{\eta_1}=89.7$，$\sigma_\eta=\sigma_{\eta_1}=9.2$。同时，设价格和需求同样满足高斯 Copula 相关关系，线性相关系数 $\rho=-0.6$，设单位处理费用为 5 元/件，单位批发价为 25 元/件。订购量变化下零售商的期望利润变化情况见图 4－2。

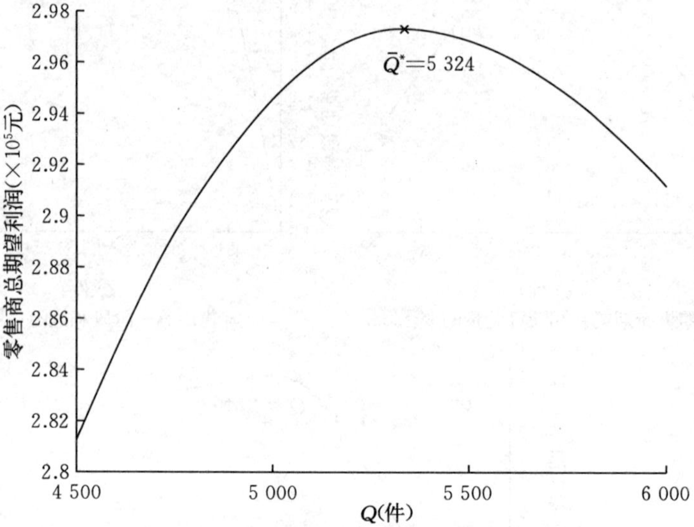

图 4－2　单阶段价格随机波动的近似最优订购策略求解

由图 4－2 可知，单阶段销售时零售商最优订购量为 5 324 件，零售商的总利润为 2.97×10^5 元；由图 4－1 可知，两阶段销售时的最优订购量为 4 840 件，零售商的利润为 1.76×10^5 元。由于在计算单阶段最优策略时，假设单阶段销售时总的市场容量与两阶段一致，即意味着两阶段销售的折价售卖并没有带来额外的需求增长，显然在这种假设前提下整个销售过程都以原价销售的单阶段最优订购量更大，且零售商能获得的利润更高。

但是现实中，往往折价销售会引起需求的拉动效应，折价带来需求拉动下单阶段和两阶段的订购策略对比实验见 4.5 节。

由于理论上本研究证明了单阶段价格随机波动的订购模型是两阶段的一种特殊情形，因此，接下来将着重针对两阶段价格随机波动的订购模型进行数值分析。

4.3.2　价格波动性对最优订购策略的影响

零售价随机波动增加了零售商的订购风险，本小节分两方面讨论价格的波动性对最优订购策略的影响。

零售价的波动性在统计方面主要体现在两个方面：价格波动均值的偏离和价格波动幅度的增减。价格波动均值的偏离在参数方面体现在各阶段统计得到的价格均值的变化，实际中指的是价格在一段时间内平均水平相对于其历史平均水平的变化。如果价格波动均值上升，意味着价格平均水平比过去高；如果价格波动均值下降，意味着价格平均水平比过去低。价格波动均值的偏离可以反映市场价格的整体趋势，如由季节性因素、供需变化或其他市场动态导致的价格上涨或下降。价格波动幅度的变化在参数方面体现在价格标准差的变化，指的是价格波动幅度的大小，或者说价格上下波动的剧烈程度。价格波动幅度的增加意味着价格在一段时间内变化更加剧烈，这增加了市场的不确定性；而价格波动幅度的减小则意味着价格变化较为温和，市场相对更加稳定。价格波动幅度的变化可以由多种因素引起，包括市场情绪、政策变化、供应链中断等。

首先讨论价格波动均值偏离对订购策略的影响。假设两阶段价格均值同比例出现偏离，且假设价格波动标准差也同比例变化，这种同比例偏离假设可以简化模型分析，使其更易于理解和实施，并且在某些市场条件下，这种假设可以较好地模拟实际情况。例如，如果某个行业受到广泛的宏观经济因素影响，如通货膨胀率上升或原材料成本增加，这些因素可能会导致整个行业的价格均值和波动幅度同比例变化。此外，同比例假设也便于从理论上分析价格变化对最优订购策略的影响，帮助管理者和决策者更好地理解在不同价格波动情境下的行为指导原则（实际市场情况可能比这种简化假设更为复杂，价格均值的偏离和波动幅度的变化可能不会完全同比例，且可能受到多种独立或相互作用的因素影响。因此，虽然这种假设为分析提供了一个清晰的框架，但在应用这些模型时，需要结合具体市场和实际情况进行调整和验证）。

在第 4.3.1 节 $\mu_{\eta_1}=89.7$、$\sigma_{\eta_1}=9.2$、$\mu_{\eta_2}=45.2$、$\sigma_{\eta_2}=4.5$ 的参数设置基础上，假设价格均值偏离百分比为 α，令各阶段价格波动参数分别为 $\mu_{\eta_1}=89.7(1+\alpha)$、$\sigma_{\eta_1}=9.2(1+\alpha)$、$\mu_{\eta_2}=45.2(1+\alpha)$、$\sigma_{\eta_2}=4.5(1+\alpha)$，讨论不同 α 取值下，最优订购量会出现怎样的变化，实验结果见图 4-3。

由图 4-3 可知，当价格波动均值上移，意味着预期销售价格将高于历史平均水平。在这种情况下，零售商可能预期能够以更高的价格销售商品，从而获得更高的利润。因此，为了最大化潜在利润，零售商倾向于增加订购量，尽管这也可能伴随着更高的库存风险。相反，如果价格波动均值下移，预期销售价格将低于历史平均水平。在这种预期下，零售商可能会减少订购量，以减少库存积压的风险，因为销售价格的下降可能会导致利润率降低。零售商应该采用动态的订购策略，根据市场价格趋势的变化来调整订购量，同时，在追求更高利润的同时，零售商还需要采取适当的风险管理措施，如多样化产品线、灵活的价格策略或使用衍生金融工具进行风险对冲。

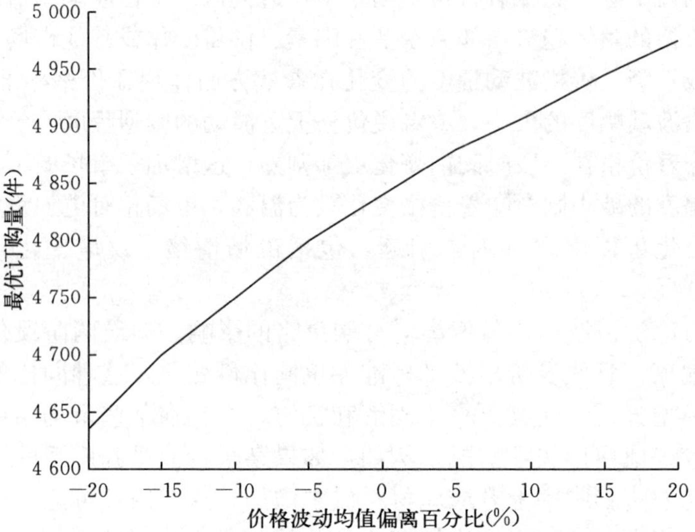

图 4-3　价格波动均值偏离对最优订购策略的影响

接下来讨论价格波动幅度对最优订购策略的影响。在两阶段价格波动销售中，假设各阶段价格均值不变的前提下，即在价格均值 $\mu_{\eta_1}=89.7$、$\mu_{\eta_2}=45.2$ 基础上，分别考察三种价格波动幅度变化情况对最优订购策略的影响（其中，价格波动幅度的变化用价格标准差偏离价格均值的百分比 β 来衡量）：第一，两阶段价格波动幅度均发生同比例变化。这一假设对应于市场环境或外部因素对整个销售周期内价格变动具有均一影响的情况。例如，原材料成本的普遍上升或通货膨胀率的增加可能会在整个销售周期内提高商品的价格波动幅度，以便于分析当整体市场条件变化时，如何调整订购策略以最大化利润或最小化风险。假设两阶段价格波动幅度是按相同比例变化的，即价格的边缘分布标准差满足 $\sigma_{\eta_1}=9.2(1+\beta)$、$\sigma_{\eta_2}=4.5(1+\beta)$。第二，仅第一阶段价格波动幅度变化。这一假设反映了市场初期的不确定性较高，如新产品推出或季节开始时，初期市场对价格的反应可能更加敏感或不可预测，导致价格波动幅度的变化。通过专门分析这一价格波动阶段，零售商可以更好地理解在市场初期如何通过调整订购量来应对价格不确定性。此时，假设两阶段的价格边缘分布的标准差满足 $\sigma_{\eta_1}=9.2(1+\beta)$、$\sigma_{\eta_2}=4.5$。第三，仅第二阶段价格波动幅度变化。这种假设则对应于市场后期的特定事件或条件变化，如促销活动、竞争对手行为的变化或季节末尾的清仓销售等因素导致市场后期价格波动变化。专注于这一阶段的分析有助于零售商在市场后期调整其订购策略，以适应或利用这些价格变动。此时，设两阶段价格边缘分布的标准差分别为 $\sigma_{\eta_1}=9.2$、$\sigma_{\eta_2}=4.5(1+\beta)$。图 4-4 显示了三种价格波动标准差变化情况对最优订购策略的影响。

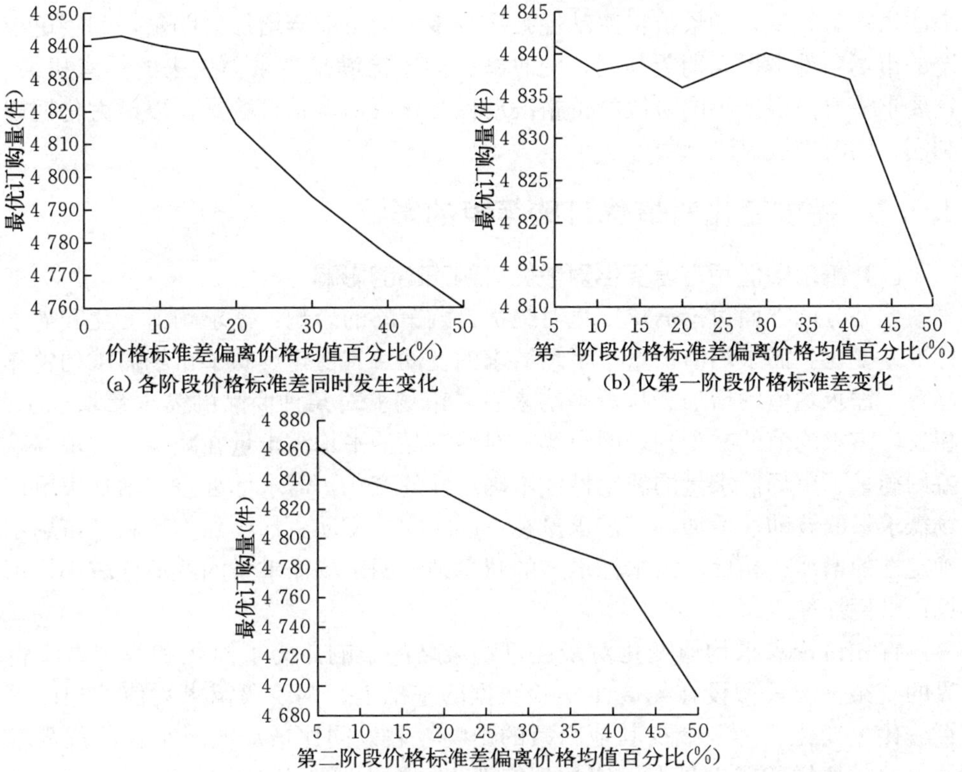

(a) 各阶段价格标准差同时发生变化　(b) 仅第一阶段价格标准差变化

(c) 仅第二阶段价格标准差变化

图 4-4　各阶段价格波动性变化对最优订购策略的影响

图 4-4 表明，无论哪个阶段价格波动幅度的增加，或是两阶段价格波动幅度同时增加，零售商的近似最优订购量均随着价格波动幅度的增加而减少。从图 4-4(a) 中，我们可以看出当两阶段的价格波动幅度均增加的情形下，若零售价在某一范围内波动（该实验中方差偏离均值的比例为 15%以内），零售商的最优订购策略不会有太大的变化，而当零售价波动幅度超过这一阈值时，零售商的最优订购量随着波动幅度的增加而明显下降。对比图 4-4(b) 和图 4-4(c)，可以看到相比于第二阶段的价格波动，第一阶段价格波动幅度在一定范围内变化不会对订购量产生太大的影响，而第二阶段的价格波动幅度的增加会使得最优订购量逐步减少。因而，当商品价格波动幅度不大时，零售商的订购策略较为稳定；当价格波动幅度较大时，零售商应适当减小订购量，

从而获取更高利润。

由上述结果可知，当价格波动性增加时，无论是在第一阶段、第二阶段还是同时在两个阶段，零售商可能倾向于减少订购量，以降低因价格不确定性带来的风险。相反，如果价格波动性减小，零售商可能会增加订购量，利用更稳定的市场条件来提高期望利润，同时减少因未能满足需求而失去的销售机会。这要求零售商根据不同阶段的价格波动性变化灵活调整订购量，以最大化期望利润，同时控制风险。

4.3.3 需求变化对最优订购策略的影响

（1）需求均值和方差变化对最优订购策略的影响

此处分两方面讨论需求变化对最优订购策略的影响：需求均值变化和需求标准差变化。需求均值衡量了平均需求的变动，其变化反映了市场需求的整体趋势。需求均值的增加意味着平均来看，市场上对某种商品的需求量增加了；相反，需求均值的减少则表明市场上对该商品的平均需求量在减少。需求标准差则衡量了市场需求量的波动性或不确定性的变化，需求标准差的增加表示市场需求量的波动性增加，即需求量在不同时间的变动更加剧烈，反映了市场不确定性的增加；相反，需求标准差的减少则表明市场需求量的波动性减小，市场需求更加稳定。

首先讨论需求均值变化对最优订购策略的影响。为了简化和模拟真实世界的复杂情况，假设在 4.3.1 实验数据的基础上，两阶段需求均值按相同的百分比 γ 变化。为了减少其他因素的影响，假设同比增加或减小各阶段需求的方差。这样的假设具有一定的现实意义。假设需求均值按相同百分比变化反映了市场对某些事件或季节变化的整体反应，如假日季节导致的需求增加。而在新产品发布或重大营销活动前后，需求量可能会增加，同时需求的波动性也可能增大，因为市场对这些活动的反应存在不确定性。基于以上假设，令各阶段需求边缘分布的均值和标准差满足 $\mu_{\xi_1}=1\,996(1+\gamma)$、$\sigma_{\xi_1}=394(1+\gamma)$、$\mu_{\xi_2}=3\,002(1+\gamma)$、$\sigma_{\xi_2}=602(1+\gamma)$，实验结果见图 4-5。

显然，由图 4-5 可见，当需求均值增加时，这意味着市场对该商品的平均需求量上升。在这种情况下，理论上，为了满足增加的市场需求并利用可能的销售机会来增加利润，零售商可能会增加其订购量，从而帮助零售商减少因库存不足而错失销售的风险，尤其是在高需求期间。相反，当需求均值减少时，表示市场对商品的平均需求量下降。在这种预期下，零售商可能会减少订购量，以避免过多的库存积压和随之增加的持有成本。

接下来讨论需求标准差变化对最优订购策略的影响，用标准差偏离均值的

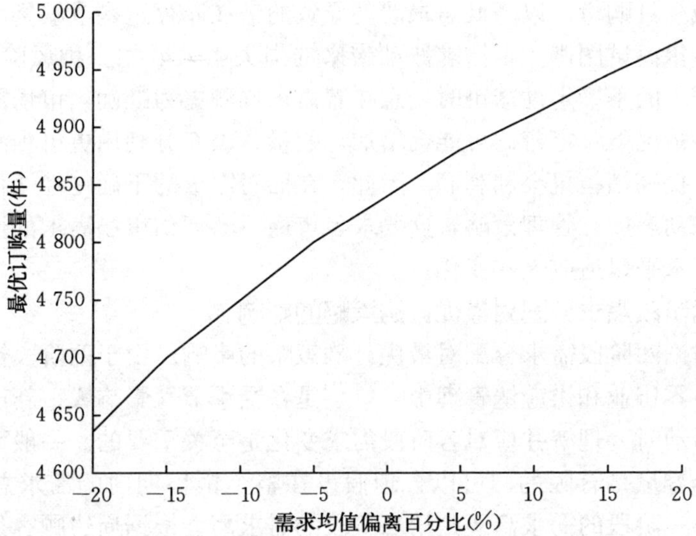

图 4 - 5　需求均值变化对最优订购策略的影响

百分比来衡量标准差的变化情况，假设两阶段需求均值不变，各阶段标准差同比例偏离需求均值，实验结果见图 4 - 6。

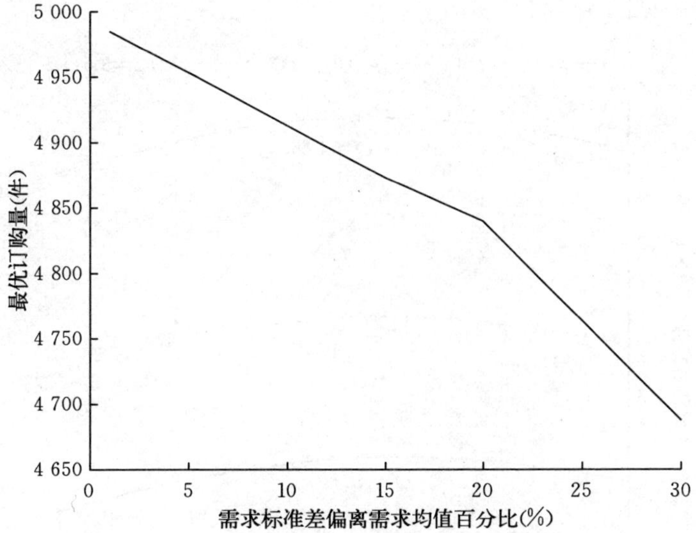

图 4 - 6　需求标准差变化对最优订购策略的影响

图 4 - 6 表示了需求标准差变化对最优订购策略的影响。由实验结果可见，当需求的不确定性增加时，零售商面临的风险也随之增加。这种情况下，零售

商倾向于减少订购量，以降低需求波动导致的潜在库存过剩或缺货风险。减少订购量是零售商试图避免因需求波动带来的损失而采取的一种风险规避策略。相反，当需求的不确定性减小时，意味着需求预测更为准确，市场需求波动较小。在这种情况下，零售商可能会增加订购量，以充分利用更可预测的市场环境，尽可能提高销售机会和利润。因此，在面对需求的不确定性变化时，零售商需要采取动态库存管理策略，这要求零售商不断评估市场需求的变化，并据此调整库存水平以适应这些变化。

(2) 两阶段需求分配对最优订购策略的影响

此处讨论两阶段需求分配对最优订购策略的影响。由于两阶段销售广泛存在于易逝品零售业和供应链管理中，特别是在受季节性影响大、新产品推出频繁或促销活动时，理解并应对各阶段需求变化是至关重要的。一般而言，同种商品的市场容量是有限的，可以合理假设在整个销售期内的需求总量是不变的，至于第一阶段的需求高还是第二阶段的需求高会根据周边顾客是否需要及时获取商品、是否愿意等待以及对商品的价格偏好等因素而不同。因此，假设两阶段的需求均值总和不变，不同需求分配对最优订购策略的影响，讨论当第一和第二阶段需求均值比例 $\mu_{\xi_1}:\mu_{\xi_2}$ 分别为 1∶4、2∶3、3.5∶1.5 三种情况下，最优订购策略的变化。为了便于对比，本研究同比增加或减小需求的标准差。求解结果见图 4-7。

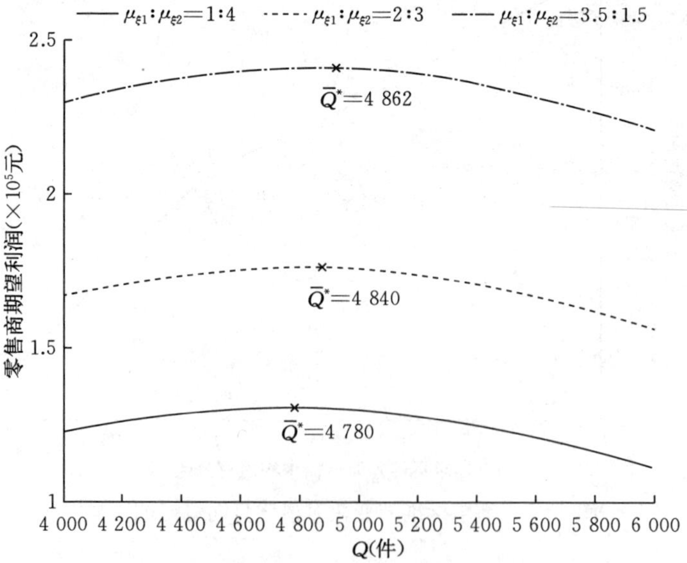

图 4-7 不同需求分配下的最优订购策略及期望利润比较

由图 4－7 的求解过程可知，当两阶段需求均值比例 μ_{ξ_1} ：μ_{ξ_2} ＝1：4 时，最优订购量为 4 780 件；当两阶段需求均值比例 μ_{ξ_1} ：μ_{ξ_2} ＝2：3 时，最优订购量为 4 840 件；当两阶段需求均值比例 μ_{ξ_1} ：μ_{ξ_2} ＝3.5：1.5 时，最优订购量为 4 862 件。显然，零售商须针对不同需求分配进行订购量的调整，从而减少因需求波动造成的潜在损失，同时增加销售机会，提高整体利润。对于初期需求高的情况，零售商可能会在初期增加订购量，以满足市场需求。相反，如果预期后期需求会增加，零售商可能会采取较为保守的初期订购策略，随后再根据市场反馈调整增加订购量。

4.3.4　Copula 相关性对最优订购策略的影响

本小节讨论两阶段价格随机波动时，价格和需求满足不同 Copula 相关性对订购策略产生怎样的影响。Copula 方法能够捕捉更复杂的依赖结构，如尾部依赖（即极端事件同时发生的概率）和非对称相关性。在零售和供应链管理的现实背景中，不同的 Copula 相关性对应于市场需求与价格波动之间的多种复杂关系。例如，高斯 Copula 通常用于描述需求与价格之间的标准线性相关性。在大多数常规市场条件下，这种相关性可以适用于基本的需求与价格变动之间的关系。例如，价格上涨可能导致需求相应地下降，反之亦然。t－Copula 用于捕捉需求与价格之间在极端市场条件下的依赖结构，特别是当市场面临较大的经济波动或金融危机时。这种依赖关系对于风险管理至关重要，因为它帮助零售商和供应链管理者理解并准备应对极端事件，如突发的需求激增或价格崩溃。Frank Copula 适用于描述需求与价格之间的非对称相关性。这在某些产品或服务的市场反应中非常常见，例如，价格的小幅下降可能不会显著增加需求，但大幅下降则可能导致需求急剧上升。同样，需求的变化对价格的影响也可能是非对称的。

因此本小节主要讨论价格和需求的负相关性对订购策略的影响。选取可以刻画负相关性特征的高斯 Copula、t－Copula 及阿基米德族 Frank Copula 来表示不同的价格和需求相关性市场，其中高斯 Copula 和 t－Copula 用线性相关系数来刻画价格和需求的相关性强度，而 Frank 函数用秩相关系数来刻画其相关性强度。

通过算法 4－1 模拟三种不同 Copula 市场下的价格和需求随机数对，计算不同 Copula 测度下相关性强度对最优订购策略的影响（一般而言，价格与需求成反比关系），实验结果见图 4－8。

由图 4－8 可知，两阶段价格随机波动下，不同的 Copula 函数刻画的价格和需求相关性对最优订购策略的影响不同。若价格和需求的相关关系满足高斯

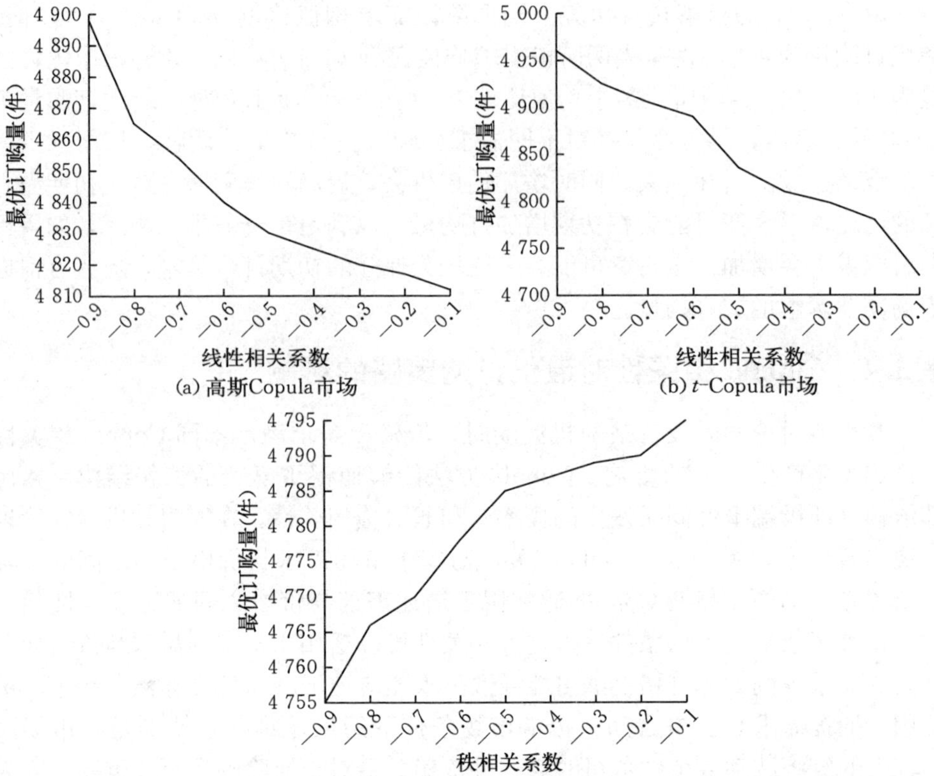

(a) 高斯Copula市场　　(b) t-Copula市场

(c) Frank市场

图 4-8　不同 Copula 测度下价格和需求的相关性对最优订购策略的影响

Copula，即在价格与需求呈现出较为常规的线性相关性时，零售商的订购策略可能较为稳定，侧重于传统的需求预测和成本分析。而当价格与需求之间满足 t-Copula 相关关系，即存在尾部依赖时，零售商可能需要采取更加保守的订购策略，以准备应对可能的极端市场变化，同时可能增加安全库存，减少潜在的风险。在这两种情况下，由实验结果可知，随着价格和需求的相关性强度增加，零售商均需减少其最优订购量。而若价格和需求的相关关系满足 Frank 相关性，那么当价格和需求的相关性强度增加，则订购量增加，这要求零售商在面对非对称的价格需求关系时，其订购策略需要更加灵活，可能需要更多地依赖实时数据和动态调整订购量，以响应市场的快速变化。

显然，不同价格和需求的相关性测度下，相关性强弱对订购策略的影响完全不同，并不像传统函数关系可以刻画。因此，零售商在进行订购决策时，需首先考虑波动价格和不确定需求之间的相关关系，再考虑相关性强度，从而进行订购决策，这对于零售商来说，是进行有效风险管理的关键。通过理解不同

Copula 相关性下的价格和需求相关关系，零售商可以更好地调整库存水平，减少过剩或缺货的风险，提高整体供应链效率。同时，不同的价格需求依赖关系也影响零售商的定价策略，零售商需要根据价格变动对需求的影响来调整价格，以吸引消费者、提高销量和利润。

4.3.5　单位处理费用对最优订购策略的影响

本小节讨论单位处理费用 c_h 对最优订购策略的影响。单位处理费用是零售商需要考虑的成本因素之一，单位处理费用包括诸如储存费用、运输费用、保险费用以及与持有库存相关的其他费用。这些费用对决定零售商的订购量和库存水平有重要影响，因为它们直接关系到企业的总成本和最终利润。

在建模过程中，c_h 为单位处理费用。之前许多关于报童模型的研究中，对于 c_h 的表述，当 $c_h>0$ 表明若在期末仍有卖不出去的商品，要额外的费用进行处理；若 $c_h<0$ 表示残值，即期末的剩余库存还可能带来一定的收益。本小节讨论 c_h 取不同的值对最优订购量以及期末库存的影响。假设 c_h 的取值区间为［－5，5］（实验中取整数，单位：元/件），最优订购量随 c_h 变化的实验结果见图 4－9。

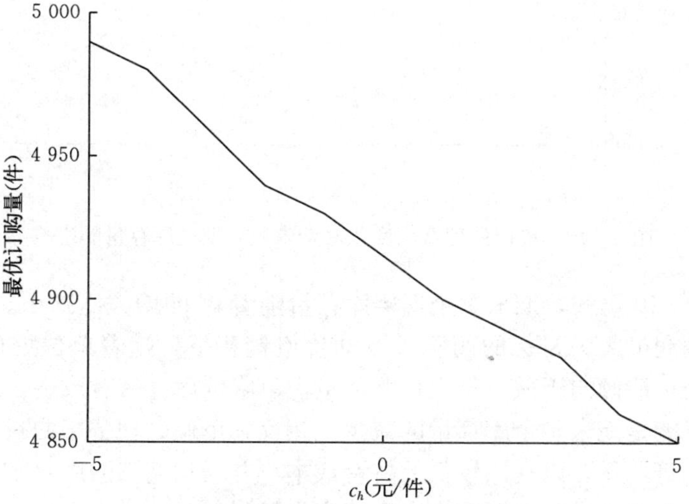

图 4－9　单位处理费用变化对最优订购策略的影响

由图 4－9 可知，当单位处理费用 c_h 增加时，持有库存的成本上升，零售商可能倾向于减少订购量以降低总成本。这种调整有助于减少过剩库存导致的损失，特别是对于那些易变质、过时或季节性强的易逝性产品。随着库存成本的降低，零售商有机会通过增加订购量来提高销售量和市场占有率，进而提升期望利润。然而，这一策略也需谨慎执行，以避免过度库存和资金占用。通过细致地管理和调整单位处理费用，零售商可以优化其订购和库存管理策略，从而在成本控制和市场需求满足之间找到最佳平衡点。

由于易逝品的特殊性，尽量在销售期结束时卖完是许多商家考虑的目标。因此，接下来考察期末库存量随 c_h 的变化情况以及当 c_h 不变时，零售商应如何进行订购决策，使得销售期末商品尽可能全部卖完。图 4－10 为期末剩余期望库存量随着 c_h 的变化情况，图 4－11 显示了取 c_h＝5 元/件时，期末剩余期望库存量随着订购量的变化情况。

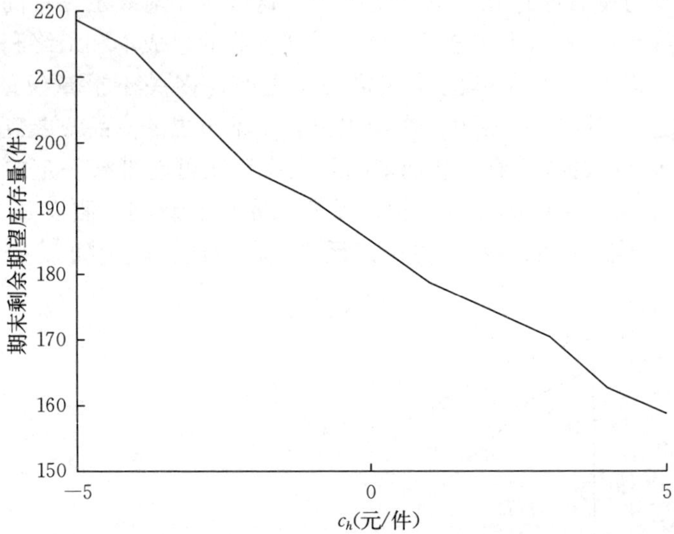

图 4－10　单位处理费用变化对期末剩余期望库存量的影响

由图 4－10 可知，期末剩余期望库存量随着 c_h 的增大而减小。这意味着，在以期望利润最大为目标的两阶段波动价格销售下，随着单位处理费用的增加，零售商可能倾向于减少每次订购的量，以降低库存持有成本，这种策略的直接结果可能是期末剩余库存量的减少。相反，单位处理费用的减少可能鼓励零售商增加订购量，以利用较低的持有成本，并增加期末的库存水平以满足潜在的市场需求增长，使得期末剩余期望库存量增加。

由图 4－11 可知，随着订购量的增加，期末剩余期望库存量也会增加。这反映了更大的库存缓冲，旨在应对需求的不确定性。然而，这种相关关系可能在某些点上受到市场需求弹性、供应链灵活性和库存成本考量的影响而发生变化。当 c_h＝5 元/件，期望利润最大的订购量为 4 840 件，计算得到此时的期末期望库存量为 159 件，此时期末剩余库存量与零售商的总成本达到平衡，在这

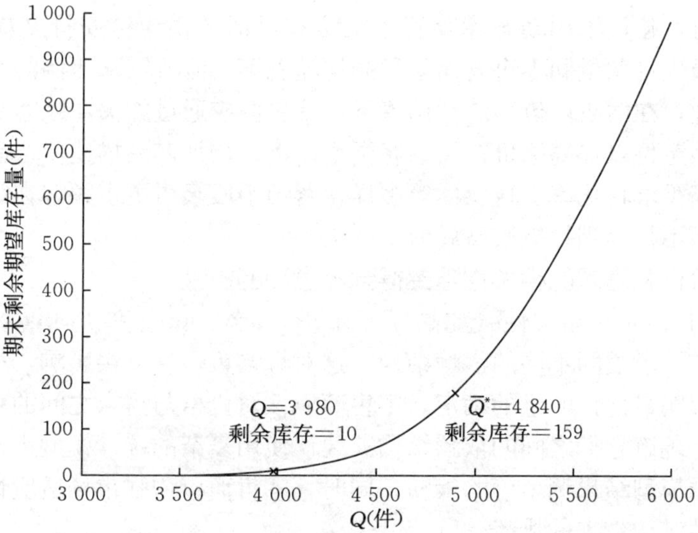

图 4-11 期末剩余期望库存量随订购量的变化情况

一点上，零售商能够最大化其利润，同时最小化库存过剩或缺货的风险。显然，准确的需求预测可以帮助零售商更好地调整订购量，以减少期末剩余库存，从而降低不必要的持有成本。

4.3.6 小结及管理建议

通过以上数值模拟实验发现，价格随机波动销售下，零售商在进行订购决策时需要充分考虑价格波动和需求变化带来的影响，具体的管理建议如下：

（1）价格波动性对零售商的订购策略有显著影响

价格波动性的增加导致零售商面临更高的市场不确定性，影响最优订购量的选择。价格上升预期可能促使增加订购量以锁定成本，而价格下降预期则可能导致减少订购以避免过剩库存。在价格波动性增加时，零售商面临更高的市场不确定性，这要求他们在订购量和库存管理上更为谨慎。当价格波动性增加超过某一阈值时，零售商应大幅减少订购量来抵御价格波动性带来的利润损失。零售商应采用灵活的价格监控和管理策略，对价格波动趋势进行及时分析，并相应调整订购量。同时，建议建立价格风险管理机制，如期货合约或价格保护策略，以减小价格波动带来的影响。

（2）需求的均值变化和标准差变化对最优订购策略有显著影响

需求均值增加时，零售商可能增加订购量以满足市场需求。需求不确定性的增加则可能促使零售商减少订购量以降低风险。零售商需要进行精准的需求预测，利用高级数据分析工具和市场研究来更好地预测需求变化。在面对需求不确定性时，建议采用动态库存管理策略和灵活的供应链安排来应对需求波动。由于最优订购量和零售商期望利润均随着第一阶段需求比例的增加而显著增大，因此，在两阶段价格波动销售下，零售商应通过如关注顾客细分和明确合适的商品定位以提高原价购买顾客类型比例、增加产品描述使产品艺术化差异化以提高需求转化率、自媒体等多样化营销手段吸引更多顾客在第一阶段购买产品，而不是等到打折策略后前来购买。

(3) 价格和需求的相关性需要得到零售商的重视

不同的 Copula 相关性（如高斯 Copula、t - Copula 和 Frank Copula）揭示了价格与需求之间不同的依赖结构，这对订购策略有直接影响，相关性的强弱和类型影响最优订购量的确定。零售商应该对价格与需求之间的相关性进行深入分析，理解它们之间的依赖结构。建议使用复杂的统计模型来捕捉这些关系，并根据模型结果调整订购策略。同时，零售商应增强市场适应性，以应对不同相关性结构带来的挑战。

(4) 单位处理费用的变化直接影响零售商的订购决策

处理费用增加时，零售商倾向于减少订购量以降低库存成本；处理费用减少时，零售商可能增加订购量以提高市场占有率和利润。因此，要求零售商通过两方面提早考虑库存过剩带来的损失：一方面尽可能减小单位处理费用，如通过建特卖场、折扣店等手段，变相减少单位产品的处理费用；另一方面则是通过减少订购量，从而减小期末库存带来的损失。

4.4 价格波动订购模型与价格确定订购模型的比较

以两阶段价格波动为例，将价格波动订购模型与价格确定订购模型进行对比分析，讨论当价格波动销售时，若仍然采用价格确定订购模型会带来怎样的影响。

4.4.1 价格波动与价格确定订购模型的订购策略比较

通过 4.3.1 节计算得到两阶段价格波动的最优订购量为 4 840 件，在相同的销售数据下，讨论若采用两阶段价格波动销售，零售商采用确定价格销售下的订购模型进行订购决策，确定价格偏离波动均价时，订购策略会有何不同，其中

订购偏差=(价格确定订购模型最优订购量－价格波动订购模型最优订购量)/价格波动订购模型最优订购量

实验结果见表 4-2。

表 4-2　价格波动和价格确定订购模型的订购策略比较

确定价格偏离波动均价比例（%）	价格确定订购模型最优订购量（件）	订购偏差（%）
−20	4 655	−3.8
−15	4 720	−2.5
−10	4 770	−1.4
−5	4 820	−0.4
0	4 860	0.4
5	4 900	1.2
10	4 930	1.9
15	4 965	2.6
20	4 995	3.2

表 4-2 实验结果表明，若零售商仍采用价格确定订购模型进行订购决策，会产生订购偏差。随着确定价格从低于波动均价到高于波动均价的变化，订购量从最初的低于价格波动模型的最优订购量逐渐增加，直到高于价格波动模型的最优订购量。这表明，随着确定价格偏离波动均价的程度加大，零售商的订购决策越来越偏离基于价格波动考虑的最优策略。当确定价格等于波动均价时，订购偏差最小，仅为 0.4%，这意味着在价格完全匹配市场波动均价的情况下，采用价格确定模型的订购量与基于价格波动模型的最优订购量最为接近。表中的订购偏差在确定价格低于波动均价时为负值，表示在这种情况下，价格确定模型倾向于订购量少于价格波动模型推荐的最优订购量。而当确定价格高于波动均价时，订购偏差为正，表明在此情况下，价格确定模型倾向于订购量多于价格波动模型的最优订购量。

这一发现对于面临价格波动的零售商来说非常重要，尤其是当他们考虑是否采用更简单的价格确定订购模型代替更复杂的价格波动订购模型时。结果强调了在价格波动显著的市场环境下，考虑采用价格波动的订购模型的重要性，以避免可能的订购量偏差，并最大化期望利润。这也意味着，尽管价格确定模型在操作上可能更简单，但它可能无法充分适应价格波动带来的市场不确定性，从而导致非最优的订购决策。

4.4.2　需求不确定性变化下价格波动与价格确定订购策略比较

本小节讨论当需求不确定性变化时，两个模型订购策略的对比。需求不确定性用需求的标准差偏离需求均值百分比来衡量，假设两阶段需求标准差按同比例偏离各自的均值。

设两阶段需求均值不变，分别讨论三种需求不确定的情形：需求不确定性较小（各阶段需求标准差为均值的5%），需求不确定性中等（各阶段需求标准差为均值的15%），需求不确定性较大（各阶段需求标准差为均值的25%）。首先运用价格波动订购模型计算得到三种情况下的近似最优订购量，分别为：4 955、4 840、4 690件。若采用价格确定订购模型进行订购决策的订购量以及订购偏差见表4-3。

表4-3 需求不确定性变化下价格波动和价格确定模型的订购策略比较

确定价格偏离波动均价的比例（%）	需求不确定性较小		需求不确定性中等		需求不确定性较大	
	订购量（件）	订购偏差（%）	订购量（件）	订购偏差（%）	订购量（件）	订购偏差（%）
−20	4 905	−1.01	4 655	−3.82	4 405	−6.08
−15	4 925	−0.61	4 720	−2.48	4 505	−3.94
−10	4 940	−0.30	4 770	−1.45	4 590	−2.13
−5	4 950	−0.10	4 820	−0.41	4 660	−0.64
0	4 960	0.10	4 860	0.41	4 730	0.85
5	4 970	0.30	4 900	1.24	4 785	2.03
10	4 980	0.50	4 930	1.86	4 840	3.20
15	4 990	0.71	4 965	2.58	4 890	4.26
20	4 995	0.81	4 995	3.20	4 935	5.22

表4-3的实验结果表明，若在两阶段价格波动销售下，零售商仍采用传统的价格确定订购模型进行订购决策，则会出现订购偏差。在需求不确定性较小（5%）、中等（15%）和较大（25%）的情况下，价格波动订购模型和价格确定订购模型所推荐的最优订购量存在显著差异。随着需求不确定性的增加，由价格确定模型导致的订购偏差也随之增加，表明在高需求不确定性下，使用价格确定模型可能会导致更大的决策偏差。在不同的需求不确定性水平下，确定价格与波动均价之间的偏离程度也会影响订购偏差的大小。在需求不确定性较小的情况下，偏离程度对订购偏差的影响相对较小；而在需求不确定性较大的情况下，即使是小幅的价格偏离也会导致较大的订购偏差。

以上分析强调了在需求不确定性显著的市场环境中，使用专门考虑价格波动的订购模型的重要性。在需求波动较大时，价格确定模型可能会导致零售商做出过多或过少的订购决策，从而影响其盈利能力和库存管理效率。在面对需求不确定性显著的情况时，零售商应考虑采用价格波动订购模型，以便更好地适应市场的不确定性，从而减小价格或需求波动导致的订购偏差。除此之外，零售商应投资于更准确的需求预测方法，尤其是在需求不确定性高的市场环境中，从而帮助减少需求波动带来的风险，调整订购量和库存水平。

4.4.3　小结及管理建议

本节通过比较价格波动订购模型与价格确定订购模型，在不同的市场需求不确定性情况下，对零售商的订购策略影响进行了分析。研究显示，在面对价格波动时，若零售商采用价格确定订购模型进行订购决策，将产生订购偏差。无论是在需求不确定性小、中等或大的情境下，随着确定价格与波动均价的偏离程度增加，订购量的偏差都相应增大。这一现象强调了在价格波动显著的市场环境中，采用价格波动的订购模型的重要性，以减小价格或需求波动导致的订购偏差，优化盈利能力和库存管理。

4.5　两阶段和单阶段价格随机波动的订购策略比较

在 4.3.1 节计算单阶段最优策略时，本研究假设单阶段销售时总的市场容量与两阶段一致，然而现实中，大幅降价销售往往会引起需求的变化（一般而言，价格的大幅下降会引起需求的增加）。因此，本节讨论当两阶段价格波动下的需求总量超过单阶段需求总量时，最优订购量会出现怎样的偏差。

设需求拉动系数为 a，a=(两阶段的总需求均值－单阶段的需求均值)/单阶段的需求均值，表示的是采用两阶段销售时比单阶段多的需求比例。一般而言，价格的大幅下降会导致需求的增加，因此两阶段销售时的需求总量一般会大于单阶段销售时的需求总量，那么合理假设 $a \geqslant 0$。为了便于计算，假设两阶段需求数据不变，仅通过减少单阶段需求来体现该需求拉动效应，为了减小需求不确定性的影响，假设需求标准差与需求均值按同比例变化。讨论 a 取值增加时零售商的订购偏差。不同需求拉动效应下两阶段和单阶段的订购偏差和利润偏差情况见表 4－4。其中，订购偏差=(两阶段订购量－单阶段订购量)/单阶段订购量；利润偏差=(两阶段零售商利润－单阶段零售商利润)/单阶段零售商利润。

表 4－4　需求拉动下两阶段和单阶段的零售商订购偏差和利润偏差

a	订购偏差（%）	利润偏差（%）
0	－9.09	－40.80
0.1	－1.98	－34.93

（续）

a	订购偏差（%）	利润偏差（%）
0.2	6.35	−29.66
0.3	18.19	−23.04
0.4	25.23	−17.64
0.5	33.44	−11.03
0.6	43.41	−5.34
0.7	50.97	0.22
0.8	60.53	6.46
0.9	68.76	12.21
1	78.14	18.37

表 4-4 展示了在需求拉动效应下，两阶段与单阶段价格波动销售模式对零售商订购量及利润的影响。需求拉动系数捕捉了因价格下降而增加的需求量对零售商决策的影响。显然随着两阶段销售带来的需求拉动效应的增加，两阶段的订购量相比于单阶段的订购偏差先缩小再增加。需求拉动系数从 0 增加到 1 时，两阶段与单阶段的订购偏差经历了从负偏差到正偏差的变化，这表明，随着两阶段销售带来的额外需求量的增加，零售商的订购量从最初低于单阶段模型的推荐量转变为超过单阶段推荐量。当需求拉动系数 a 取值为 0.12 时，两者的订购量趋于一致。利润偏差和订购偏差呈现出相似的变化趋势，即从负值开始，随着需求拉动系数的增加而逐渐增加，直至转为正值。特别是当需求拉动系数超过某个临界值时，两阶段销售的利润不仅弥补了与单阶段销售的差距，还实现了额外的增益。然而，由于大幅折扣策略下的两阶段价格波动销售时，零售商的利润会因为零售价的降低而出现削减，当需求拉动系数在 0.7 附近时，两阶段销售的利润开始超过单阶段销售的利润，表明这是零售商由亏转盈的临界点。在此之前，尽管两阶段销售可以增加订购量，但额外需求量并不足以补偿因价格下降而造成的利润损失。这意味着两阶段销售时，第二阶段带来的额外需求必须比单阶段情况下增加 69%，才能采取两阶段波动销售，否则单阶段销售获利更多。

这一分析对零售商在面对价格波动销售决策时具有重要指导意义。它揭示了在实施大幅折扣策略时，必须考虑需求拉动效应是否足以覆盖由此引起的潜在利润下降。若需求拉动效应不足以产生足够的额外需求，单阶段销售可能是更优策略。

本节对比分析了两阶段和单阶段价格随机波动下的订购策略，重点关注了需求拉动效应对零售商的订购偏差和利润偏差的影响。通过详细的数值实验，本研究揭示了在不同需求拉动系数下，两种订购模式（两阶段和单阶段价格波动模型）对零售商策略和盈利能力的影响。研究主要探讨了在两阶段价格波动下，若考虑需求拉动效应（即第二阶段的大幅折扣可能会带来额外的需求增长），两阶段销售模式与单阶段销售模式的订购量和期望利润会如何变化，定义了需求拉动系数用以衡量第二阶段销售对需求增长的贡献。实验结果显示，在不同的需求拉动系数下，两阶段销售模式与单阶段销售模式在订购量和期望利润上均表现出显著差异。具体来说，随着需求拉动系数的增加，两阶段销售模式的订购偏差和利润偏差均先减少后增加，反映出需求拉动效应对零售商的订购策略和盈利能力有着直接的影响。当需求拉动系数在某一特定范围内（例如实验中的 0.69）时，两阶段销售模式能够带来与单阶段销售模式相当或更高的期望利润。

综上，零售商应根据市场反应和需求拉动的可能性，灵活选择两阶段还是单阶段的销售策略。若第二阶段销售能显著增加需求，则两阶段销售模式可能更有益于提高总利润。同时，零售商在实施大幅折扣或促销活动前，应通过市场调研和历史数据分析，准确评估需求拉动效应的大小，以便制定更有效的库存和定价策略，并且进行定期的市场敏感度分析，以理解不同市场条件下，价格变动对需求的实际影响。

4.6　本章小结

本章在上一章价格随机波动的零售商单周期订购模型的基础上运用 Copula 函数刻画零售价和需求之间的相关性，给出了 Copula 测度下最优订购量的表达式。通过建立离散模型，给出了两阶段和单阶段近似最优订购策略的求解算法，并证明了算法的收敛性。通过数值实验验证了所提算法可以求解得到价格波动下零售商的近似最优订购策略。Copula 函数可以将价格和需求的边缘分布进行连接，获得联合分布，并模拟满足相应 Copula 相关关系的价格和需求随机数对，解决价格和需求联合概率分布获取困难的问题，突破传统关于假设价格和需求满足线性或乘型关系带来的局限。以两阶段价格波动为例，讨论了价格波动性、需求不确定性、不同需求分配、不同 Copula 市场以及单位处理费用对零售商最优订购策略的影响。另外，本章将价格随机波动的订购模型和价格确定订购模型进行了对比；将两阶段和单阶段价格波动订购模型进行了对比分析，得出了相应的结论。

本章的主要结论以及关于价格随机波动销售下零售商最优订购策略相应的管理建议如下：

第一，若易逝品以两阶段价格波动销售，零售商应采用价格波动订购模型进行订购决策，从而避免确定销售模型决策时因价格波动性和需求不确定性带来的订购偏差，尤其是在市场需求不确定性大的销售环境中，更需要采取价格波动订购模型进行订购决策，从而降低订购偏差、增加零售商的期望利润。

第二，两阶段价格随机波动销售下，价格的波动性和需求的不确定性会影响零售商的最优订购策略。当零售价波动幅度超过某一阈值时，零售商应大幅减少订购量来抵御价格波动性带来的损失。当需求不确定性增加时，零售商需要通过降低订购量来减少这种市场变化带来的利润损失。以上说明零售商需要尽可能建立稳定的价格和需求环境，然而若价格和需求受到市场冲击从而发生波动时，则应通过及时减少订购量来抵御市场不确定性带来的风险。

第三，在市场容量不变的情况下，订购量随着第一阶段需求量的增加而增大，相应的期望利润也增加。当易逝品以两阶段价格波动销售时，零售商应通过一系列措施（如关注顾客细分，明确合适的商品定位，提高原价购买顾客类型比例；增加产品描述使产品艺术化差异化，提高需求转化率；自媒体等营销手段）吸引顾客在第一阶段购买产品，而不是等到打折策略后前来购买。

第四，由于不同 Copula 市场上，价格和需求的相关性会对订购量产生不同的影响，价格和需求的相关性需要得到零售商的重视。因此，零售商需要通过历史销售情况尽可能准确测算价格与需求之间的相关性，从而减少相关性测算偏差导致的订购策略偏离。

第五，随着单位处理费用的增加，最优订购量和期末剩余期望库存量均减小。这表明零售商需要通过两方面提前考虑库存过剩带来的损失：一方面通过减少订购量，从而以牺牲一定的利润为前提减小期末库存带来的损失；另一方面通过建特卖场、折扣店等手段，变相减少单位产品的处理费用，从而提高利润。

第六，当零售商在决定使用单阶段还是两阶段价格波动销售某易逝品时，需要考虑第二阶段降价带来的需求拉动效应。若第二阶段并未带来任何需求拉动，则应采用单阶段价格波动销售模式；当第二阶段需求拉动效应达到一定程度，零售商则应该采用两阶段价格波动销售模式，从而获得比单阶段更高的利润。

由于易逝品价格波动销售不仅受到市场环境的影响，还受到零售商价格策略的制约，同时考虑零售商价格策略下的价格随机波动销售的订购问题并没有相关研究，因此，本章是对传统易逝品单周期订购模型的一个扩展，为易逝品价格波动销售下零售商的单周期订购决策问题提供了新的思路和方法。本章的实验结论为零售商在面对价格阶段性随机波动销售时提供了订购决策参考。

第 5 章 两种决策准则下价格随机波动的最优订购策略

第 3、4 章构建了价格随机波动销售下零售商单独决策的单周期订购模型，通过离散化处理，分别提出了两阶段和单阶段价格随机波动下近似最优订购策略的求解算法。由于零售商往往属于供应链的一员，其订购策略不仅受到市场环境及零售商销售策略的影响，还受到供应商的制约，因此，本章将在前述关于零售商订购模型的研究基础上，讨论供应链环境下面对价格随机波动销售的易逝品订购问题，分别讨论 Stackelberg 决策准则和集中决策准则下的最优订购策略。

首先，建立供应商为主导、零售商为从属的 Stackelberg 决策准则下的订购模型，分别讨论两阶段和单阶段价格波动销售的订购策略。其次，建立集中决策准则下两阶段和单阶段价格波动销售的订购模型，计算最优订购策略。再次，运用 Copula 函数刻画价格和需求的相关性，分别给出两种决策准则下 Copula 测度的订购模型；通过将模型离散化，给出两个决策准则下两阶段和单阶段价格波动销售的近似最优订购量的求解算法，并证明了算法的收敛性。接着，分别就两种决策准则，主要针对两阶段价格波动销售情形进行了灵敏度分析，讨论了价格波动性、需求不确定性、单位处理费用等对最优订购策略的影响。最后，对两阶段和单阶段价格波动销售的两种决策准则下的订购策略进行了比较，讨论了需求拉动效应在选择销售策略方面的影响。

5.1 Stackelberg 决策准则下价格随机波动的最优订购策略

5.1.1 问题描述及假设说明

随着互联网的发展，价格波动销售被越来越多零售商采用。然而零售商的订购决策不仅受到波动价格和不确定需求等市场环境的影响，还受到供应链其他成员的制约，如供应商会通过提高批发价来剥夺更高的利润。考虑零售价变化的供应链系统的订购问题已有相关研究。

本章考虑由一个零售商和一个供应商组成的两级供应链系统，零售商在价格随机波动且需求不确定的销售环境下进行订购决策。分别考虑供应商为主导、零售商为从属的 Stackelberg 决策准则和集中决策准则两种供应链决策准则下的单周期最优订购问题。

在第 3 章假设的基础上，对供应链环境以及相关参数作如下假设：

(1) 随机价格连续性假设

假设零售商销售某产品的单位零售价为在某一价格区间波动的连续随机变量。实际中仅有有限多个零售价格，然而竞争或主动变价或讨价还价机制的存在，导致成交零售价的不确定性，本研究中设零售价无限多，对零售价做一个连续的近似处理。

(2) 相关参数假设

假设缺货不会出现诸如信誉等的额外损失，即不考虑缺货损失费；假设销售周期结束，仍销售不出去的商品需进行处理，单位处理费用为一个确定的常量，且按该处理费用一定可以处理完所有商品；供应链环境下零售商的单位进货成本即为供应商提供的单位批发价，是可变的，且单位批发价小于波动零售价的最低价并大于生产成本。

(3) 订购决策假设

假设供应商能满足订购需求，即供应商没有生产能力约束，并且零售商有能力存储所有的商品，即没有存储空间约束；同样仅考虑在销售之前供应链有一次订购机会，且销售期中无补货环节；无论是 Stackelberg 决策准则还是集中决策准则下，供应链各成员是风险中性的，以自身利润最大作为决策目标，且市场相关信息对于零售商和供应商均是可知的。

(4) 价格与需求分布描述假设

假设波动价格和不确定需求为连续型随机变量以便于建模求解，同时假设价格和需求的边缘概率分布连续，且联合概率密度和联合概率分布函数也连续；假设第一阶段与第二阶段的需求相互独立；假设第一阶段和第二阶段的价格波动区间没有重叠，个别特殊订单可作为异常数据剔除。

由于第 3 章的基本模型表明，单阶段是两阶段的一种特殊情形，因此本研究首先讨论两阶段价格随机波动销售的情况，再给出模型退化到单阶段的情形。

建模之前，首先给出供应链环境下两阶段价格波动订购模型的主要符号说明（表 5-1）。其中 $t=1$，2 分别表示两阶段价格波动销售的第一阶段（原价波动阶段）和第二阶段（折价波动阶段）。特别地，单阶段价格波动时价格和需求相关参数无下标 t，其他符号及意义同两阶段的情况。

表 5-1　主要符号说明

符号	说　明
η_t，$\eta_t\in[\eta_t^l, \eta_t^h]$	t 阶段的波动零售单价，为不确定的随机变量
ξ_t，$\xi_t>0$	t 阶段的需求，为不确定的随机变量
$g_t(\eta_t)$	t 阶段价格的边缘概率密度函数
$G_t(\eta_t)$	t 阶段价格的边缘概率分布函数
$f_t(\xi_t)$	t 阶段需求的边缘概率密度函数
$F_t(\xi_t)$	t 阶段需求的边缘概率分布函数
$h_t(\eta_t, \xi_t)$	t 阶段价格和需求的联合概率密度函数
$H_t(\eta_t, \xi_t)$	t 阶段价格和需求的联合概率分布函数
$c_t(G_t(\eta_t), F_t(\xi_t))$	t 阶段价格和需求的 Copula 密度函数
$C_t(G_t(\eta_t), F_t(\xi_t))$	t 阶段价格和需求的 Copula 函数
π_{re}	零售商利润
π_{re_1}	零售商在第一阶段价格波动销售获得的利润
π_{re_2}	零售商在第二阶段价格波动销售获得的利润
π_s	供应商利润
π_{sc}	供应链总利润
$E(\pi_{re})$	零售商期望利润
$E(\pi_{re_1})$	零售商第一阶段期望利润
$E(\pi_{re_2})$	零售商第二阶段期望利润
c_h	销售期末未售出的产品需要的每单位产品的处理费用
c_0，$c_0>0$	供应商的单位生产成本
w，$c_0\leqslant w\leqslant\eta_2^l$	供应商提供的单位批发价，为决策变量
Q	订购量，为决策变量
Q_d^*	Stackelberg 决策最优订购量
Q_c^*	集中决策最优订购量
$\bar{G}_{re}$	离散情形下零售商的期望利润
$\bar{G}_s$	离散情形下供应商的期望利润
$\bar{G}_{sc}$	离散情形下供应链的总期望利润
$\bar{w}_d^*$	Stackelberg 决策近似最优批发价
$\bar{Q}_d^*$	Stackelberg 决策近似最优订购量
$\bar{Q}_c^*$	集中决策近似最优订购量

5.1.2 Stackelberg 决策准则下价格随机波动的订购模型构建

由于供应链的上下游企业之间往往地位是不均等的，企业的决策顺序有先后，本小节主要考虑供应商为主导、零售商为从属的 Stackelberg 决策准则下价格随机波动的单周期最优订购问题。

（1）两阶段价格波动的订购模型

考虑包含一个零售商和一个供应商两级供应链系统以两阶段价格随机波动销售某易逝品。供应商占主导地位，先行动，零售商占从属地位，后行动。行动在后的零售商可以观察到行动在先的供应商的选择，并据此做出相应的订购决策。两者均以自身期望利润最大作为决策目标，并且需求信息对于零售商和供应商均是已知的。

两阶段价格波动销售的 Stackelberg 决策过程可表述如下：先由供应商决定批发价 w；然后零售商预测各阶段价格和需求的边缘分布 $G_t(\eta_t)$ 和 $F_t(\xi_t)$，$t=1, 2$，当 $\xi_t<0$ 时，$F_t(\xi_t)=0$，$F_t(+\infty)=1$，并在已知批发价 w 下以自身期望利润最大作为决策目标进行订购决策。

首先，给出供应商的利润函数。供应商获得的单位商品利润即为其向零售商提供的单位批发价 w 减去单位生产成本 c_0。当零售商的订购量为 Q 时，供应商的利润函数可表示为

$$\pi_s(Q, w)=(w-c_0)Q$$

其中批发价 w 为供应商的决策变量，满足假设条件 $c_0\leqslant w\leqslant \eta_2^l$。

接下来，给出零售商的利润函数。零售商的行动在后，观察到供应商的批发价决策后决定其订购量 Q。参考第 3 章两阶段价格随机波动的订购基本模型，根据订购量是否能满足各阶段的需求，零售商可能面临以下三种销售情况：

情况一，当第一阶段需求大于订购量，则所有商品在第一阶段卖完，零售商获取的利润为 $\pi_{re}(Q, w)=(\eta_1-w)Q$。

情况二，当第一阶段需求小于订购量，且第二阶段需求大于第一阶段的剩余库存，此时零售商总利润可表示为 $\pi_{re}(Q, w)=\eta_1\xi_1+\eta_2(Q-\xi_1)-wQ$。

情况三，当第一阶段需求小于订购量，且第二阶段需求小于第一阶段的剩余库存，则此时零售商的总利润可表示为

$$\pi_{re}(Q, w)=\eta_1\xi_1+\eta_2\xi_2-c_h(Q-\xi_1-\xi_2)-wQ$$

综上所述，零售商总利润可表示为

$$\pi_{re}(Q, w)=\pi_{re_1}(Q)+\pi_{re_2}(Q)-wQ$$

其中，零售商第一阶段利润和第二阶段利润分别表示为

$$\begin{cases}\pi_{re_1}(Q)=\eta_1\times\min\{\xi_1,\ Q\}\\ \pi_{re_2}(Q)=\eta_2\times\min\{(Q-\xi_1)^+,\ \xi_2\}-c_h(Q-\xi_1-\xi_2)^+\end{cases}$$

式中 $(a)^+=\max\{a,\ 0\}$，若 $\xi_1<Q$，则不存在 $\pi_{re_2}(Q)$。

为了求解 Stackelberg 决策准则下零售商的订购问题，可以建立以下双层规划模型（P5-1）

$$\begin{cases}\max\ \pi_s(Q,\ w)=(w-c_0)Q\\ \text{s. t.}\quad c_0\leqslant w\leqslant\eta_2^l\end{cases}$$

其中，Q 为下层规划零售商的最优解

$$\begin{cases}\max\ E[\pi_{re}(Q,\ w)]=E[\pi_{re_1}(Q)]+E[\pi_{re_2}(Q)]-wQ\\ \text{s. t.}\quad Q\geqslant0\end{cases}$$

由于实际中容易通过历史数据获取价格和需求的边缘概率分布，却难以统计价格和需求的联合概率分布。由第 4 章内容可知，Copula 函数可以很好地将多维随机变量的边缘分布连接成联合分布，从而方便建模计算。因此，参考第 4 章中的 Copula 理论，运用 Copula 函数将价格和需求的边缘分布连接成联合概率分布，从而刻画价格和需求的相关关系。假设第 t 阶段，价格和需求的 Copula 函数为 $C_t(G_t(\eta_t),\ F_t(\xi_t))$，Copula 密度函数为 $c_t(G_t(\eta_t),\ F_t(\xi_t))$，建立 Copula 函数相关性测度下 Stackelberg 准则下的决策模型（P5-2）

$$\begin{cases}\max\ \pi_s(Q,\ w)=(w-c_0)Q\\ \text{s. t.}\quad c_0\leqslant w\leqslant\eta_2^l\end{cases}$$

其中，Q 为下层规划零售商的最优解

$$\begin{cases}\max\ E_{Copula}[\pi_{re}(Q,\ w)]\\ \text{s. t.}\quad Q\geqslant0\end{cases}$$

其中 $E_{Copula}[\pi_{re}(Q,\ w)]$ 表示 Copula 测度下零售商的期望利润，具体表达式为

$$\begin{aligned}E_{Copula}[\pi_{re}(Q,\ w)]&=E_{Copula}(\pi_{re_1})+E_{Copula}(\pi_{re_2})-wQ\\&=\int_{\eta_1^l}^{\eta_1^h}\int_Q^{+\infty}\eta_1Q\,c_1(G_1(\eta_1),\ F_1(\xi_1))g_1(\eta_1)f_1(\xi_1)\mathrm{d}\xi_1\mathrm{d}\eta_1+\\&\int_{\eta_1^l}^{\eta_1^h}\int_0^Q\eta_1\xi_1c_1(G_1(\eta_1),\ F_1(\xi_1))g_1(\eta_1)f_1(\xi_1)\mathrm{d}\xi_1\mathrm{d}\eta_1+\\&\int_0^Qf_1(\xi_1)\Big[\int_{\eta_2^l}^{\eta_2^h}\int_{Q-\xi_1}^{+\infty}\eta_2(Q-\xi_1)c_2(G_2(\eta_2),F_2(\xi_2))g_2(\eta_2)\\&f_2(\xi_2)\mathrm{d}\xi_2\mathrm{d}\eta_2\Big]\mathrm{d}\xi_1+\int_0^Qf_1(\xi_1)\int_{\eta_2^l}^{\eta_2^h}\int_0^{Q-\xi_1}\eta_2\xi_2c_2(G_2(\eta_2),\\&F_2(\xi_2))g_2(\eta_2)f_2(\xi_2)\mathrm{d}\xi_2\mathrm{d}\eta_2\mathrm{d}\xi_1-\int_0^Qf_1(\xi_1)\int_{\eta_2^l}^{\eta_2^h}\int_0^{Q-\xi_1}c_h(Q-\end{aligned}$$

$$\xi_1-\xi_2)c_2(G_2(\eta_2),\ F_2(\xi_2))g_2(\eta_2)f_2(\xi_2)\mathrm{d}\xi_2\mathrm{d}\eta_2\mathrm{d}\xi_1-wQ \tag{5-1}$$

为了求解模型（P5-2），首先求解下层规划中给定批发价 w 下零售商的最优订购策略，即在给定批发价 w 下求解式（5-1）最大订购量。根据定理 4-1 的证明过程，得到给定批发价下零售商的最优订购策略，见定理 5-1。

定理 5-1： 在模型（P5-2）的下层规划中，当 Copula 密度函数以及价格和需求的边缘分布均连续时，在给定批发价 w 下零售商存在一个最优订购量 Q 满足

$$E(\eta_1)-\int_{\eta_1^l}^{\eta_1^h}\eta_1 S_1(\eta_1,\ Q)g_1(\eta_1)\mathrm{d}\eta_1+E(\eta_2)F_1(Q)-$$
$$\int_0^Q f_1(\xi_1)\int_{\eta_2^l}^{\eta_2^h}(\eta_2+c_h)S_2(\eta_2,\ Q-\xi_1)g_2(\eta_2)\mathrm{d}\eta_2\mathrm{d}\xi_1=w \tag{5-2}$$

其中 $E(\eta_1)$、$E(\eta_2)$ 分别是第一阶段及第二阶段波动价格的期望值，$S_1(\cdot)$、$S_2(\cdot)$ 分别表示为

$$S_1(\eta_1,\ Q)=\int_0^Q c_1(G_1(\eta_1),\ F_1(\xi_1))f_1(\xi_1)\mathrm{d}\xi_1$$

$$S_2(\eta_2,\ Q-\xi_1)=\int_0^{Q-\xi_1}c_2(G_2(\eta_2),\ F_2(\xi_2))f_2(\xi_2)\mathrm{d}\xi_2$$

可知，当供应商给定批发价的情况下，零售商可以参考供应商的批发价 w 给出使自身利润最大的决策反应，订购量关于批发价的关系满足式（5-2），将其代入模型（P5-2）中，可将求解双层规划模型（P5-2）转化为求解单层规划模型（P5-3）

$$\begin{cases}\max \pi_s(Q,\ w)=(w-c_0)Q \\ \text{s. t.}\quad c_0\leqslant w\leqslant \eta_2^l \\ E(\eta_1)-\int_{\eta_1^l}^{\eta_1^h}\eta_1 S_1(\eta_1,\ Q)g_1(\eta_1)\mathrm{d}\eta_1+E(\eta_2)F_1(Q)- \\ \int_0^Q f_1(\xi_1)\int_{\eta_2^l}^{\eta_2^h}(\eta_2+c_h)S_2(\eta_2,\ Q-\xi_1)g_2(\eta_2)\mathrm{d}\eta_2\mathrm{d}\xi_1=w\end{cases}$$

实际中，批发价往往是有限的，则在批发价的可行区间内通过模型（P5-3）求解使供应商利润最大的批发价和对应的零售商最优订购量。

接下来考察批发价变化对零售商订购量的影响。

推论 5-1： 在两阶段波动价格销售下，下层零售商的最优订购量随着供应商提供的批发价 w 的增大而减小。

证明： 将订购量 Q 视为批发价 w 的隐函数，即 $Q(w)$。运用隐函数的求导法则，将式（5-2）左右对 w 求导可得

$$
\begin{aligned}
&-\frac{\mathrm{d}Q(w)}{\mathrm{d}w}\int_{\eta_1^l}^{\eta_1^h}\eta_1 c_1(G_1(\eta_1),\ F_1(Q))g_1(\eta_1)f_1(Q)\mathrm{d}\eta_1\\
&-\frac{\mathrm{d}Q(w)}{\mathrm{d}w}\int_0^Q\int_{\eta_2^l}^{\eta_2^h}\eta_2 c_2(G_2(\eta_2),F_2(Q-\xi_1))f_2(Q-\xi_1)g_2(\eta_2)f_1(\xi_1)\mathrm{d}\eta_2\mathrm{d}\xi_1\\
&-\frac{\mathrm{d}Q(w)}{\mathrm{d}w}\int_0^Q\int_{\eta_2^l}^{\eta_2^h}c_h c_2(G_2(\eta_2),F_2(Q-\xi_1))f_2(Q-\xi_1)g_2(\eta_2)f_1(\xi_1)\mathrm{d}\eta_2\mathrm{d}\xi_1-1=0
\end{aligned}
$$

化简得

$$
\begin{aligned}
\frac{\mathrm{d}Q(w)}{\mathrm{d}w}=-1/\Big[&\int_{\eta_1^l}^{\eta_1^h}\eta_1 c_1(G_1(\eta_1),\ F_1(Q))g_1(\eta_1)f_1(Q)\mathrm{d}\eta_1+\\
&\int_0^Q\int_{\eta_2^l}^{\eta_2^h}\eta_2 c_2(G_2(\eta_2),\ F_2(Q-\xi_1))f_2(Q-\xi_1)g_2(\eta_2)f_1(\xi_1)\mathrm{d}\eta_2\mathrm{d}\xi_1+\\
&\int_0^Q\int_{\eta_2^l}^{\eta_2^h}c_h c_2(G_2(\eta_2),\ F_2(Q-\xi_1))f_2(Q-\xi_1)g_2(\eta_2)f_1(\xi_1)\mathrm{d}\eta_2\mathrm{d}\xi_1\Big]
\end{aligned}
$$

可知当 $Q>0$ 时，$\frac{\mathrm{d}Q(w)}{\mathrm{d}w}<0$，因此零售商所决定的最优订购量随着批发价的增加而减小。

证毕。

因此，若测算出价格和需求的边缘概率分布以及各阶段的 Copula 函数，并给定批发价范围，那么通过将双层规划模型（P5－2）转化为单层规划模型（P5－3）即可求得 Stackelberg 决策准则下的零售商最优订购量以及对应的供应商批发价。

（2）单阶段价格波动的订购模型

接下来讨论退化到单阶段的情形。若仅以单阶段价格波动来销售易逝品，意味着第二阶段不存在，并且在销售周期内仍然销售不出去的商品会遭受库存损失。参考第 4 章推论 4－2 的结论，两阶段价格波动销售的 Stackelberg 决策准则下的订购模型（P5－3）可转化为单阶段的订购模型（P5－4）

$$
\begin{cases}
\max \pi_s(Q,\ w)=(w-c_0)Q\\
\text{s.t.}\quad E(\eta)-\int_{\eta_1^l}^{\eta_1^h}(c_h+\eta)S(\eta,\ Q)g(\eta)\mathrm{d}\eta=w\\
\qquad\qquad c_0\leqslant w\leqslant \eta_2^l
\end{cases}
$$

其中，$S(\eta,\ Q)=\int_0^Q c(G(\eta),\ F(\xi))f(\xi)\mathrm{d}\xi$，$\eta$、$\xi$ 表示单阶段的波动价格和不确定需求，$c(G(\eta),\ F(\xi))$ 是单阶段价格和需求的 Copula 密度函数。证明过程与定理 3－1 相似，不赘述。

单阶段 Stackelberg 决策的下层规划中，订购量与批发价的函数关系是两阶段的一种特殊情况。因此，Stackelberg 决策准则下单阶段价格波动的订购模型是两阶段的一种特殊情况，可通过求解模型（P5－4）的单层规划模型来得到零售商的最优订购量以及相应的供应商批发价。

5.1.3　近似最优订购策略的求解算法

实际中，由于价格和需求波动是以有限离散点出现的，且供应商往往提供有限多的批发价。本小节将讨论离散情形下的 Stackelberg 决策准则的订购模型以及相应的求解算法。

(1) 两阶段价格波动的求解算法

设供应商批发价决策集为 W，为离散的集合。零售商以有限多波动价格进行销售，假设第一阶段和第二阶段所有可能的价格和需求取值分别为

$$(\eta_{1i_1},\ \xi_{1j_1})\quad i_1=1,\ 2,\ \cdots,\ r_1;\ j_1=1,\ 2,\ \cdots,\ m_1$$

$$(\eta_{2i_2},\ \xi_{2j_2})\quad i_2=1,\ 2,\ \cdots,\ r_2;\ j_2=1,\ 2,\ \cdots,\ m_2$$

记第一、第二阶段价格和需求同时发生的概率分别为 $P(\eta_1=\eta_{1i_1},\ \xi_1=\xi_{1j_1})=P_{1i_1j_1}$，$P(\eta_2=\eta_{2i_2},\ \xi_2=\xi_{2j_2})=P_{2i_2j_2}$，并且令 P_{1j_1} 表示第一阶段需求的边缘概率分布。令离散数据情况下供应商的利润为 $\overline{G}_s(Q,\ w)$，因此，可将模型（P5－3）转换为离散数据下的决策模型（P5－5）进行求解。模型（P5－5）如下

$$\begin{cases}\max \overline{G}_s(Q,\ w(Q))=[w(Q)-c_0]Q\\ \text{s. t.}\quad w(Q)\in W\end{cases}$$

其中，$w(Q)$ 满足下层规划的最优解

$$w(Q)=\sum_{i_1=1}^{r_1}\sum_{j_1=1}^{m_1}\eta_{1i_1}P_{1i_1j_1}-\sum_{i_1=1}^{r_1}\sum_{j_1=1}^{\overline{j_1}}\eta_{1i_1}P_{1i_1j_1}+\sum_{j_1=1}^{\overline{j_1}}\sum_{i_2=1}^{r_2}\sum_{j_1=1}^{m_2}\eta_{2i_2}P_{2i_2j_2}P_{1j_1}-\sum_{j=1}^{\overline{j_1}}\sum_{i_2=1}^{r_2}\sum_{j_2=1}^{\overline{j_2}}(\eta_{2i_2}+c_h)P_{2i_2j_2}P_{1j_1}$$

其中，$\overline{j_1}$ 表示订购量是否能满足第一阶段需求的阈值，即将离散化后需求取值按从小到大排列后，满足 $\xi_{i\overline{j_1}}\leqslant Q$ 且 $\xi_{1(\overline{j_1}+1)}>Q$。$\overline{j_2}$ 表示第一阶段销售过后的剩余库存是否能满足第二阶段的需求阈值，即将第二阶段离散需求从小到大排列，$\overline{j_2}$ 满足 $\xi_{2\overline{j_2}}\leqslant Q-\xi_{1j_1}$ 且 $\xi_{2(\overline{j_2}+1)}>Q-\xi_{1j_1}$。

由推论 5－1 可知 w 和零售商的最优订购量成反比。当 $Q=0$ 时，$w(Q)=\sum_{i_1=1}^{r_1}\sum_{j_1=1}^{m_1}\eta_{1j_1}P_{1i_1j_1}>c_0$，随着 Q 的增加 w 减小，通过对 Q 递增搜索可以求得 $w(Q)$ 使得 $w(Q)\in W$，并代入目标函数求解最优策略。通过求解模型（P5－5）可

以得到离散价格和需求下 Stackelberg 决策准则下的近似最优订购策略。下面具体讨论如何通过历史数据获得价格和需求的 Copula 相关关系，并预测价格和需求数据，计算最优订购的近似求解算法。

在实际应用中，我们可以通过对历史数据的调查，获取环境数据，并通过蒙特卡罗模拟产生满足调查条件的若干价格和需求随机数对，然后进行模型（P5－5）的最优订购策略求解。下面给出模拟生成两阶段价格和需求随机数对，并近似计算 Stackelberg 决策准则下最优订购量的算法步骤（称为算法 5－1）。

算法 5－1：

Step 1：根据历史订单数据统计各个销售阶段价格和需求的边缘分布类型，并估计出分布的相关参数。第一阶段和第二阶段价格和需求的边缘分布分别为：$G_1(\eta_1)$、$F_1(\xi_1)$、$G_2(\eta_2)$、$F_2(\xi_2)$。

Step 2：根据价格和需求波动的特点选取能较好描述两者相关性特征的 Copula 函数，首先根据经验选择，再进行拟合优度检验，检验通过便可。具体 Copula 选择方法可参考相关文献（Joe，2017；Li，2000）。通过价格和需求的历史订单数据确定选定 Copula 函数的相应参数。

Step 3：在选定的 Copula 函数的基础上，生成两组边缘分布为在［0，1］上的均匀分布的随机变量的取值（u_{11}，u_{12}）、（u_{21}，u_{22}），其相关性满足选定的 Copula 函数。

Step 4：通过逆变换，获取价格和需求的随机值，即

$$\eta_1=G_1^{-1}(u_{11}),\ \xi_1=F_1^{-1}(u_{12}),\ \eta_2=G_2^{-1}(u_{21}),\ \xi_2=F_2^{-1}(u_{22})$$

重复 Step 3 至 Step 4，可以获得足够多的两阶段价格和需求的伪随机序列，该序列满足给定的边缘分布和 Copula 相关关系。

Step 5：初始化参数 c_0，c_h，$k=1$，$N_k>1$，$b>1$，$\varepsilon>0$，$\overline{G_s}(\overline{Q_0^*}, w(\overline{Q_0^*}))=0$ 以及批发价集合 W；统计两个阶段的需求区间，第一阶段需求区间为［min _ Q_1，max _ Q_1］，第二阶段需求区间为［min _ Q_2，max _ Q_2］，确定最优订购量区间，记为［min _ Q，max _ Q］，其中 min _ Q=｛min _ Q_1，min _ Q_2｝，max _ Q=max _ Q_1＋max _ Q_2。根据生成的价格需求离散序列，计算两个阶段价格和需求的联合概率分布，记为 $P_t(t=1, 2)$，并统计需求的边缘分布 $P_{\xi_t}(t=1, 2)$。

Step 6：在 Q 的取值区间内以 ΔQ_k 为步长，取 N_k 个点，ΔQ_k=［max _ Q－min _ Q］/(N_k+1)。设 Q_{ik}=min _ $Q+i\Delta Q_k$，$i=0, 1, 2, \cdots, N_k$。

Step 7：Q_{ik}=min _ $Q+i\Delta Q_k$，$i=0, 1, 2, \cdots, N_k$ 逐个计算，取按照离散模型（P5－5）计算 Q_{ik} 对应的 $w(Q_{ik})$，即

$$w(Q_{ik})=\sum_{i_1=1}^{r_1}\sum_{j_1=1}^{m_1}\eta_{1i_1}P_{1i_1j_1}-\sum_{i_1=1}^{r_1}\sum_{j_1=1}^{\overline{j_1}}\eta_{1i_1}P_{1i_1j_1}+\sum_{j_1=1}^{\overline{j_1}}\sum_{i_2=1}^{r_2}\sum_{j_1=1}^{m_2}\eta_{2i_2}P_{2i_2j_2}P_{1j_1}-$$

$$\sum_{j=1}^{\overline{j_1}}\sum_{i_2=1}^{r_2}\sum_{j_2=1}^{\overline{j_2}}(\eta_{2i_2}+c_h)P_{2i_2j_2}P_{1j_1}$$

取指标集合：$I_k=\{i\mid w(Q_{ik})\in W,\ i=0,1,2,\cdots,N_k\}$。

Step 8：获得满足指标集 I_k 的供应商的利润集 $\{\overline{G}_s(Q_{ik},w(Q_{ik})),i\in I_k\}$。求出使得供应商利润最大的近似最优订购量$\overline{Q_k^*}=\arg\max\limits_{Q_{ik}}\{\overline{G}_s(\overline{Q_{k-1}^*},w(\overline{Q_{k-1}^*})),\overline{G}_s(Q_{ik},w(Q_{ik})),i\in I_k\}$，以及此时的最大利润 $\overline{G}_s(\overline{Q_k^*},w(\overline{Q_k^*}))$。

Step 9：判断若$|\overline{G}_s(\overline{Q_{k-1}^*},w(\overline{Q_{k-1}^*}))-\overline{G}_s(\overline{Q_k^*},w(\overline{Q_k^*}))|<\varepsilon$，则终止，得近似最优订购量为$\overline{Q_k^*}$，批发价为 $w(\overline{Q_k^*})$，对应的供应商期望利润为 $\overline{G}_s(\overline{Q_k^*},w(\overline{Q_k^*}))$。否则，令 $N_{k+1}=bN_k$，$k=k+1$，转 Step 6。

定理 5－2：算法得到供应商利润序列 $\{\overline{G}_s(\overline{Q_k^*},w(\overline{Q_k^*}))\}$ 收敛，算法有限步终止，且 $\{\overline{Q_k^*}\}$ 是收敛的。

证明：根据 Step 8，得到的供应商利润序列 $\overline{G}_s(\overline{Q_k^*},w(\overline{Q_k^*}))$ 显然是随着 k 单调递增，因为 Q_{ik} 有界，所以序列 $\overline{G}_s(\overline{Q_k^*},w(\overline{Q_k^*}))$ 收敛到一个有限值，因此，$|\overline{G}_s(\overline{Q_{k-1}^*},w(\overline{Q_{k-1}^*}))-\overline{G}_s(\overline{Q_k^*},w(\overline{Q_k^*}))|<\varepsilon$ 在有限步收敛。

根据定理 5－1 和定理 5－2，当 N_k 取足够大，算法 5－1 可以得到 Stackelberg 决策准则下两阶段价格随机波动销售的近似最优订购量。

(2) 单阶段价格波动的求解算法

接下来给出退化到单阶段情形的求解算法。设单阶段价格随机波动销售下价格 η 和需求 ξ 可能的取值分别为

$$(\eta_i,\xi_j)\quad i=1,2,\cdots,r;\ j=1,2,\cdots,m$$

记价格和需求同时发生的概率为

$$P(\eta=\eta_i,\xi=\xi_j)=P_{ij}$$

令离散数据情况下供应商的利润为 $\overline{G}_s(Q,w)$，在模型（P5－4）的基础上，根据推论 4－2 得到的零售商最优订购策略的结论，可将单阶段的订购模型（P5－4）转换为离散数据下的订购模型（P5－6），模型（P5－6）如下

$$\begin{cases}\max\overline{G}_s(Q,w(Q))=[w(Q)-c_0]Q\\ \text{s.t.}\quad w(Q)\in W\end{cases}$$

其中，$w(Q)$ 满足下层规划的最优解

$$w(Q)=\sum_{i=1}^{r}\sum_{j=1}^{m}\eta_iP_{ij}-\sum_{i=1}^{r}\sum_{j=1}^{\bar{j}}(\eta_i+c_h)P_{ij}$$

其中，$\bar{j}$表示将离散化后需求的取值按从小到大排列后，满足 $\xi_j\leqslant Q$ 且

$\xi_{j+1}>Q$。参考算法 5－1，下面给出单阶段近似最优订购策略的求解算法。

算法 5－2：

Step 1：根据历史订单数据统计各个销售阶段价格和需求的边缘分布类型，并估计出分布的相关参数，记为 $G(\eta)$、$F(\xi)$。

Step 2：根据价格和需求波动的特点选取能较好描述两者相关性特征的 Copula 函数，首先根据经验选择，再进行拟合优度检验，检验通过便可，并通过价格和需求的历史订单数据确定选定 Copula 函数的相应参数。

Step 3：选定的 Copula 函数的基础上，生成边缘分布为在［0，1］上的均匀分布的随机变量的取值（u_1，u_2）。

Step 4：通过逆变换，获取价格和需求的随机数对，即

$$\eta=G^{-1}(u_1),\ \xi=F^{-1}(u_2)$$

重复 Step 3 至 Step 4，可以获得足够多的两阶段价格和需求的伪随机序列，该序列满足给定的边缘分布和 Copula 相关关系。

Step 5：初始化参数 c_0，c_h，$k=1$，$N_k>1$，$b>1$，$\varepsilon>0$，$\bar{G}_s(\overline{Q_0^*},\ w(\overline{Q_0^*}))=0$ 以及给定批发价集合 W；统计需求区间，记为［min _ Q，max _ Q］。根据生成的价格需求离散序列，计算价格和需求的联合概率分布，记为 P_{ij}（$i=1$，2，…，r；$j=1$，2，…，m）。

Step 6：在 Q 的取值区间内以 ΔQ_k 为步长，取 N_k 个点，$\Delta Q_k=$［max _ $Q-$ min _ Q］/(N_k+1)。设 $Q_{ik}=$ min _ $Q+i\Delta Q_k$，$i=0$，1，2，…，N_k。

Step 7：$Q_{ik}=$ min _ $Q+i\Delta Q_k$，$i=0$，1，2，…，N_k 逐个计算，取按照离散模型（P5－6）计算 Q_{ik} 对应的 $w(Q_{ik})$，即

$$w(Q_{ik})=\sum_{i=1}^{r}\sum_{j=1}^{m}\eta_i P_{ij}-\sum_{i=1}^{r}\sum_{j=1}^{j}(\eta_i+c_h)P_{ij}$$

取指标集合：$I_k=\{i\,|\,w(Q_{ik})\in W,\ i=0,\ 1,\ 2,\ \cdots,\ N_k\}$。

Step 8：获得满足指标集 I_k 的供应商的利润集 $\{\bar{G}_s(Q_{ik},\ w(Q_{ik})),\ i\in I_k\}$。求出使得供应商利润最大的近似最优订购量 $\overline{Q_k^*}=\arg\max\limits_{Q_{ik}}\{\bar{G}_s(\overline{Q_{k-1}^*},\ w(\overline{Q_{k-1}^*})),\ \bar{G}_s(Q_{ik},\ w(Q_{ik})),\ i\in I_k\}$，以及此时的最大利润 $\bar{G}_s(\overline{Q_k^*},\ w(\overline{Q_k^*}))$。

Step 9：判断若 $|\bar{G}_s(\overline{Q_{k-1}^*},\ w(\overline{Q_{k-1}^*}))-\bar{G}_s(\overline{Q_k^*},\ w(\overline{Q_k^*}))|<\varepsilon$，则终止，得近似最优订购量为 $\overline{Q_k^*}$，批发价为 $w(\overline{Q_k^*})$，对应的供应商期望利润为 $\bar{G}_s(\overline{Q_k^*},\ w(\overline{Q_k^*}))$。否则，令 $N_{k+1}=bN_k$，$k=k+1$，转 Step 6。

算法收敛性证明参考定理 5－2。

至此，本研究给出了 Stackelberg 决策准则下两阶段价格波动的离散化模型以及近似最优订购策略的求解算法，并讨论了退化到单阶段的情况。接下来

讨论集中决策准则的情形。

5.2　集中决策准则下价格随机波动的最优订购策略

5.2.1　问题描述及假设说明

由于在 Stackelberg 决策下供应链成员以自身利益最大化作为目标进行决策，无法实现供应链整体利润最大化。而集中决策下，可将各供应链各成员视为统一的经济体，供应链类似于垂直一体化管理模式，即供应商和零售商均属于同一个公司管理，追求将供应链整体利润最大化作为决策目标，此时零售商做出的订购决策是全局最优的。供应链集中决策下的订购量和利润是研究供应链决策效率的一个标准，本节给出两阶段和单阶段价格随机波动销售下供应链集中决策的订购策略。

由于集中决策下零售商和批发商视为同一个公司，因此批发价为内生的，在供应链整体利润最大的情形不需考虑批发价的变化。其他的假设同第 5.1 节所示。

5.2.2　集中决策准则下价格随机波动的订购模型构建

集中决策准则的供应链模型是指在供应链管理中，所有的决策都由一个中心权威体进行制定和执行的一种模型。

(1) 集中决策供应链模型

集中决策供应链模型的主要特征是供应链中的决策权高度集中，供应链的各个环节都根据中心权威体的指令行动。集中决策模型相对于分散决策模型，在协调和控制上更加高效，因为所有的决策都旨在最大化整个供应链的总体利润，而不是单个参与者的利润。

① **统一的决策机构。**整个供应链的策略由单一的中心机构制定，该机构负责制定价格、产量、库存控制等关键决策。

② **整体优化。**所有决策都是为了整个供应链的最大利益，而不是单独环节的最优化，通过整合供应链上下游信息实现总体成本的最小化。

③ **减少冲突。**由于所有成员遵循同一个决策机构的指令，因此减少了成员之间的潜在冲突和效率损失。

④ **高效的信息流。**信息从各个环节汇集到中心决策机构，由它来分析、处理并指导各环节如何行动，提高了信息处理的效率。

集中决策供应链模型的挑战包括：

第一，信息集成难度。要求决策中心必须能够高效地收集和处理来自整个供应链的大量信息。

第二，反应灵活性。高度集中的决策可能在面对快速变化的市场时反应不够灵活。

第三，责任和风险集中。错误的决策可能导致整个供应链受损，风险和责任高度集中。

第四，过度依赖中心机构。其他供应链环节可能过度依赖中心机构的指令，从而减弱自主创新和响应能力。

在实践中，集中决策模型被广泛应用于那些需要高度协调和标准化操作的行业。例如，大型零售商可能会使用集中决策模型来管理其供应链，以确保库存水平与市场需求保持一致，同时优化物流和配送。在集中决策模型的供应链中，所有关键决策都由一个中心节点控制，通常是主导企业，如大型零售商、制造商或品牌所有者。这种模式的一个经典案例是全球知名的零售商沃尔玛（Walmart）。

沃尔玛利用其庞大的规模和影响力，在供应链中执行集中决策模型，以保持低成本并提高效率。以下是沃尔玛如何应用这一模型的四个关键方面：

集中采购。沃尔玛有一个中央采购系统，负责与供应商谈判价格和供应条件，以此保证商品成本的最低化。

集中物流。公司拥有高度集中的物流系统，通过中央控制的配送中心有效地管理商品的运输和分配。

库存管理。沃尔玛运用先进的库存管理系统，如 Vendor Managed Inventory(VMI) 系统，供应商根据沃尔玛提供的销售数据来管理产品的库存和补货。

价格决策。零售价格由总部统一设定，以保持全国范围内的价格一致性。

这种集中决策供应链模型让沃尔玛能够实现规模经济和协同效应，优化整个供应链的性能。它可以根据市场数据和内部分析快速做出决策，迅速调整其供应链策略以响应市场变化。集中决策模型供应链通过一个强有力的中心实体来进行决策，这使得供应链能够快速响应市场变化，优化成本效率，并保持一致性。案例如沃尔玛表明，即使在全球化和多变的市场环境下，集中决策也可以有效地支持供应链的运营和管理。然而，这种模型需要强大的中心决策能力和高效的信息流系统来确保成功。

（2）两阶段价格波动的订购模型

考虑两阶段价格随机波动销售下，Copula 相关性测度下两级供应链系统在订购量为 Q 时的供应链的总期望利润 $E_{Copula}[\pi_{sc}(Q)]$，即为零售商和供应商的利润总和，表示为

$$
\begin{aligned}
E_{Copula}[\pi_{sc}(Q)] &= E_{Copula}[\pi_{re}(Q)] + E_{Copula}[\pi_s(Q)] \\
&= \int_{\eta_1^l}^{\eta_1^h}\int_Q^{+\infty} \eta_1 Q c_1(G_1(\eta_1), F_1(\xi_1)) g_1(\eta_1) f_1(\xi_1) \mathrm{d}\xi_1 \mathrm{d}\eta_1 + \\
&\quad \int_{\eta_1^l}^{\eta_1^h}\int_0^Q \eta_1 \xi_1 c_1(G_1(\eta_1), F_1(\xi_1)) g_1(\eta_1) f_1(\xi_1) \mathrm{d}\xi_1 \mathrm{d}\eta_1 + \\
&\quad \int_0^Q\int_{\eta_2^l}^{\eta_2^h}\int_{Q-\xi_1}^{+\infty} \eta_2 (Q-\xi_1) c_2(G_2(\eta_2), F_2(\xi_2)) g_2(\eta_2) \\
&\quad f_2(\xi_2) f_1(\xi_1) \mathrm{d}\xi_2 \mathrm{d}\eta_2 \mathrm{d}\xi_1 + \int_0^Q\int_{\eta_2^l}^{\eta_2^h}\int_0^{Q-\xi_1} \eta_2 \xi_2 c_2(G_2(\eta_2), F_2(\xi_2)) \\
&\quad g_2(\eta_2) f_2(\xi_2) f_1(\xi_1) \mathrm{d}\xi_2 \mathrm{d}\eta_2 \mathrm{d}\xi_1 - \int_0^Q\int_{\eta_2^l}^{\eta_2^h}\int_0^{Q-\xi_1} c_h(Q-\xi_1-\xi_2) \\
&\quad c_2(G_2(\eta_2), F_2(\xi_2)) g_2(\eta_2) f_2(\xi_2) f_1(\xi_1) \mathrm{d}\xi_2 \mathrm{d}\eta_2 \mathrm{d}\xi_1 - c_0 Q
\end{aligned}
$$

此时，集中决策供应链系统面临的决策问题类似模型（P3－1）的问题。因此，利用莱布尼茨求导法则求解期望利润对 Q 的导数，得到集中决策下的最优订购量满足定理 5－3。

定理 5－3：若各阶段 Copula 函数以及价格和需求的边缘分布函数均连续，则集中决策下，有且仅有唯一的订购量，记为 Q_c^*，使得供应链系统的总期望利润最大，满足以下式子

$$
\begin{aligned}
& E(\eta_1) - \int_{\eta_1^l}^{\eta_1^h}\int_0^{Q_c^*} \eta_1 h_1(\eta_1, \xi_1) \mathrm{d}\xi_1 \mathrm{d}\eta_1 + E(\eta_2) F_1(Q_c^*) - \\
& \int_0^{Q_c^*} f_1(\xi_1) \int_{\eta_2^l}^{\eta_2^h}\int_0^{Q_c^*-\xi_1} (\eta_2 + c_h) h_2(\eta_2, \xi_2) \mathrm{d}\xi_2 \mathrm{d}\eta_2 \mathrm{d}\xi_1 = c_0
\end{aligned}
$$

其中 $E(\eta_1)$、$E(\eta_2)$ 分别是第一阶段及第二阶段波动价格的期望值。第一、二项表示第一阶段的波动均价减去第一阶段在最优订购策略下价格波动因子；第三、四项表示第二阶段价格波动均值发生的可能性减去第二阶段价格在最优订购策略下价格波动因子；当两者相减等于生产成本时，得到的订购量为最优订购量。

证明过程参考定理 3－2。

接下来我们分析两阶段价格波动销售时集中决策最优订购量 Q_c^* 以及 Stackelberg 决策准则的最优订购量，记为 Q_d^*（满足定理 5－2）之间的关系。

推论 5－2：两阶段价格波动销售下的 Stackelberg 决策准则订购量小于等于集中决策订购量，即 $Q_d^* \leqslant Q_c^*$，当且仅当 $w=c_0$ 时，两者订购策略一致。

证明：由推论 5－1 可知，Stackelberg 决策准则下的最优订购量 Q_d^* 随着批发价 w 的增大而减小，而由假设知道 $w \geqslant c_0$，则在 Stackelberg 决策准则下，当 $w=c_0$ 时，Q_d^* 可以取到最大值，由定理 5－1 和定理 5－2 可知，当 $w=c_0$

时，集中决策和 Stackelberg 决策准则下的订购量一致。

证毕。

推论 5-2 说明了 Stackelberg 决策准则下，两阶段价格波动的订购量不可能优于集中决策的订购量，这与传统的价格确定情形下两者的关系一致。

(3) 单阶段价格波动的订购模型

集中决策下两阶段价格波动的订购问题同样可以退化为单阶段价格波动的订购问题，即第二阶段需求 ξ_2 不存在，且销售周期结束的剩余库存将进行处理。此时集中决策时单阶段价格波动的最优订购量满足定理 5-4。

定理 5-4： 若 Copula 函数以及价格和需求的边缘分布函数均连续，则集中决策准则下，单阶段价格波动时有且仅有唯一的订购量 Q_c^*，使得供应链系统的期望利润最大，满足以下式子

$$E(\eta)-\int_{\eta^l}^{\eta^h}\int_0^{Q_c^*}(c_h+\eta)c(G(\eta),F(\xi))f(\xi)g(\eta)\mathrm{d}\xi\mathrm{d}\eta=c_0$$

证明过程可参考定理 3-1 的证明。

在集中决策下，当且仅当零售商的订购量和供应商的生产量相等，为 Q_c^* 时，供应链系统达到期望利润最大化。由于单阶段价格波动销售是两阶段的一种特殊情况，因此，单阶段价格波动销售时 Stackelberg 决策准则下零售商最优订购量也必然小于集中决策下的最优订购量。

5.2.3 近似最优订购策略的求解算法

(1) 两阶段价格波动的求解算法

首先给出两阶段价格随机波动销售下集中决策的最优订购策略求解算法，相关参数意义与 5.1.3 节一致。

将定理 5-3 中的等式进行离散化处理，得到

$$\sum_{i_1=1}^{r_1}\sum_{j_1=1}^{m_1}\eta_{1i_1}P_{1i_1j_1}-\sum_{i_1=1}^{r_1}\sum_{j_1=1}^{\overline{j_1}}\eta_{1i_1}P_{1i_1j_1}+\sum_{j_1=1}^{\overline{j_1}}\sum_{i_2=1}^{r_2}\sum_{j_2=1}^{m_2}\eta_{2i_2}P_{2i_2j_2}P_{1j_1}-$$
$$\sum_{j=1}^{\overline{j_1}}\sum_{i_2=1}^{r_2}\sum_{j_2=1}^{\overline{j_2}}(\eta_{2i_2}+c_h)P_{2i_2j_2}P_{1j_1}-c_0=0$$

令上面等式左边式子为 $Y(Q)$，即

$$Y(Q)=\sum_{i_1=1}^{r_1}\sum_{j_1=1}^{m_1}\eta_{1i_1}P_{1i_1j_1}-\sum_{i_1=1}^{r_1}\sum_{j_1=1}^{\overline{j_1}}\eta_{1i_1}P_{1i_1j_1}+\sum_{j_1=1}^{\overline{j_1}}\sum_{i_2=1}^{r_2}\sum_{j_2=1}^{m_2}\eta_{2i_2}P_{2i_2j_2}P_{1j_1}-$$
$$\sum_{j=1}^{\overline{j_1}}\sum_{i_2=1}^{r_2}\sum_{j_2=1}^{\overline{j_2}}(\eta_{2i_2}+c_h)P_{2i_2j_2}P_{1j_1}-c_0$$

在 5.1.3 节获取两阶段价格和需求随机序列的基础上，求解集中决策准则下两阶段价格波动的近似最优订购量的算法步骤如下（算法 5-3）。

算法 5-3：

Step 1：初始化参数 c_0，c_h，$k=1$，$N_k>1$，$b>1$，$\varepsilon>0$，$\bar{G}_{sc}=0$；统计两个阶段的需求区间，第一阶段需求区间为 [min _ Q_1，max _ Q_1]，第二阶段需求区间为 [min _ Q_2，max _ Q_2]，确定最优订购量区间，记为 [min _ Q，max _ Q]，其中 min _ Q= {min _ Q_1，min _ Q_2}，max _ Q=max _ Q_1 +max _ Q_2。根据生成的价格需求离散序列，计算两个阶段价格和需求的联合概率分布，记为 P_t（$t=1$，2），并统计需求的边缘分布 P_{ξ_t}（$t=1$，2）。

Step 2：在 Q 的取值区间内以 ΔQ_k 为步长，取 N_k 个点，ΔQ_k=[max _ Q−min _ Q]/(N_k+1)。设 Q_{ik}=min _ $Q+i\Delta Q_k$，$i\in I_k$，$I_k=\{0, 1, 2, \cdots, N_k\}$。

Step 3：Q_{ik}=min _ $Q+i\Delta Q_k$，$i\in I_k$ 逐个计算。计算 Q_{ik} 下的 $Y(Q_{ik})$，获得集合 $\{Y(Q_{ik})$，$i\in I_k\}$，计算使得 $Y(Q_{ik})$ 最小的订购量 $\overline{Q_k^*}=\arg\min\limits_{Q_{ik}}\{Y(\overline{Q_{k-1}^*})$，$Y(Q_{ik})$，$i\in I_k\}$，以及此时的供应链总的期望利润 $\bar{G}_{sc}(\bar{Q}_k^*)$。

Step 4：判断若 $|Y(\overline{Q_{k-1}^*})-Y(\overline{Q_k^*})|<\varepsilon$，则终止，得近似最优订购量为 $\overline{Q_k^*}$，对应的供应链最大期望利润为 $\bar{G}_{re}(\bar{Q}_k^*)$。否则，令 $N_{k+1}=bN_k$，$k=k+1$，转 Step 2。

算法收敛性证明类似定理 4-1。

(2) 单阶段价格波动的求解算法

接下来给出退化到单阶段的集中决策近似最优订购策略的求解算法。相关参数意义与 5.1.3 一致。将定理 5-4 中等式进行离散化处理，并移项，设为 $X(Q)$，即

$$X(Q)=\sum_{i=1}^{r}\sum_{j=1}^{m}\eta_i P_{ij}-\sum_{i=1}^{r}\sum_{j=1}^{j}(\eta_i+c_h)P_{ij}-c_0$$

同样运用 5.1.3 节所得到的单阶段价格和需求随机序列，求解集中决策准则下单阶段价格波动的近似最优订购量的算法步骤如下（算法 5-4）。

算法 5-4：

Step 1：初始化参数 c_0，c_h，$k=1$，$N_k>1$，$b>1$，$\varepsilon>0$，$\bar{G}_{sc}=0$；统计需求区间，记为 [min _ Q，max _ Q]。根据生成的价格需求离散序列，计算价格和需求的联合概率分布，记为 P_{ij}（$i=1, 2, \cdots, r$；$j=1, 2, \cdots, m$）。

Step 2：在 Q 的取值区间内以 ΔQ_k 为步长，取 N_k 个点，ΔQ_k=[max _ Q−min _ Q]/(N_k+1)。设 Q_{ik}=min _ $Q+i\Delta Q_k$，$i\in I_k$，$I_k=\{0, 1, 2, \cdots, N_k\}$。

Step 3：Q_{ik}=min _ $Q+i\Delta Q_k$，$i\in I_k$ 逐个计算。计算 Q_{ik} 下的 $X(Q_{ik})$，获得

集合 $\{X(Q_{ik}), i\in I_k\}$，计算使得 $X(Q_{ik})$ 最小的订购量 $\overline{Q_k^*}=\arg\min\limits_{Q_{ik}}\{X(\overline{Q_{k-1}^*}), X(Q_{ik}), i\in I_k\}$，以及此时的供应链总期望利润 $\bar{G}_{sc}(\bar{Q}_k^*)$。

Step 4：判断若 $|X(\overline{Q_{k-1}^*})-X(\overline{Q_k^*})|<\varepsilon$，则终止，得近似最优订购量为 $\overline{Q_k^*}$，对应的供应链最大期望利润为 $\bar{G}_{sc}(\bar{Q}_k^*)$。否则，令 $N_{k+1}=bN_k$，$k=k+1$，转 Step 2。

算法收敛性证明类似定理 4－2，省略。

以上我们通过离散化处理，分别给出了两种决策准则下近似最优订购策略的求解算法。通过求解算法可以近似求得最优订购策略，为供应链环境下零售商面对不同决策准则的订购问题提供了解决方法。

5.3 Stackelberg 及集中决策准则下的订购策略数值实验

本节将对 Stackelberg 决策准则以及集中决策准则下的零售商订购策略进行数值分析。运用所提的算法，分别求解出近似最优订购策略，讨论不同参数对两种决策准则下最优订购策略的影响，并进行对比分析。同时比较两阶段和单阶段价格波动销售在两种决策准则下的订购策略及供应链利润情况。本节的实验目的如下：

第一，运用所提算法 5－1、算法 5－2、算法 5－3、算法 5－4 分别求解 Stackelberg 决策准则和集中决策准则下的两阶段和单阶段价格波动销售的近似最优订购策略。

第二，由于单阶段是两阶段价格波动的一种特殊情形，因此以两阶段价格波动为例，针对两种决策准则进行灵敏度分析，分别讨论价格波动性、需求不确定性、不同需求分配、单位处理费用对订购策略的影响，同时对比两种决策准则下的订购策略以及供应链利润。

第三，对比两阶段和单阶段价格波动销售下的 Stackelberg 决策准则和集中决策准则下最优订购策略及利润，考虑需求拉动效应对订购策略及供应链利润的影响以及如何进行价格波动模式的选择。

实验数据的获取以及参数设置如下所述：

本节采用第 4 章实验中模拟产生的价格和需求数据进行计算，即通过调研某服装市场中的大型零售商销售男士棉质短袖衬衫中品的情况，获得环境数据，模拟价格和需求数对进行建模求解。通过数据模拟得到两阶段价格和需求均满足高斯 Copula 相关关系，可以用线性相关系数 ρ 来衡量价格和需求之间的相关性，模拟产生的价格和需求数据获取两阶段的相关系数均为－0.6。通过调研设单位处理费用 $c_h=5$ 元/件，供应商的单位生产成本 $c_0=10$ 元/件，供应商的批发价集合 $W=\{w, w\in[10, 40]\}$ 元/件（取离散的整数）。第一阶段价格的边缘分布满足均值为 89.7、标准差为 9.21 的正态分布，第二阶段价格的边缘分布满足均值为 45.2、标准差为 4.47 的正态分布；第一阶段需求满足均值为 1 996、标准差为 197.5 的正态分布，第二阶段需求满足均值为 3 002、标准差为 299.5 的正态分布。

单阶段价格波动销售的价格和需求数据与 4.3.1 节中一致。

由于单阶段价格波动销售是两阶段的一种特殊情况，因此除了 5.3.1 节的近似最优订购策略计算以及 5.4 节的对比实验外，其余实验均着重分析两阶段价格随机波动的情形。本章的实验结果均由 Matlab 软件编程实现。

5.3.1　两种决策准则下的近似最优订购策略求解

（1）Stackelberg 决策准则下的近似最优订购策略求解

① **两阶段近似最优订购策略求解。**通过提出的算法 5-1，首先求解两阶段价格波动销售时供应商为主导、零售商为从属的 Stackelberg 决策准则下的近似最优订购量。该种决策准则通常指的是供应链中供应商拥有较大议价权和控制力的情形，即供应商在制定价格和供应策略时起主导作用，而零售商基于供应商设定的条件进行响应。针对这种供应链结构，零售商需要采取策略应对供应商的主导地位，即在供应商给定的价格区间内进行订购决策，从而在供应商主导的 Stackelberg 决策环境中尽可能保持竞争力和盈利能力。本部分以两阶段价格波动销售为例，假设给定批发价集合，按所提算法求解最优订购量。求解过程见图 5-1。

图 5-1 展示了在供应商为主导、零售商为从属的 Stackelberg 决策准则下，两阶段价格波动销售情况下的近似最优订购策略求解结果，包括供应商利润随订购量的变化、零售商利润随订购量的变化，以及供应链总利润随订购量的变化。结果显示，当以两阶段价格随机波动销售时，供应商为主导、零售商为从属的 Stackelberg 决策准则下零售商的近似最优订购量为 4 155 件，此时零售商的期望利润为 109 117 元，供应商可以获得的最大利润为 116 340 元，供应链总期望利润为 225 457 元，对应供应商的近似最优批发价取值为 38 元/件。

由于在 Stackelberg 决策准则下，供应商首先设定一个批发价格，零售商基于这个价格做出订购决策。通常情况下，供应商会通过策略性定价优化自己的利润，也就是供应商利润会随着零售商订购量的增加而增加，但这种增加存在一个最优点，超过这个点后，由于市场饱和、成本增加等因素，利润增加的幅度可能会减缓甚至下降。而零售商则存在一个最优订购量，可以使零售商的利润

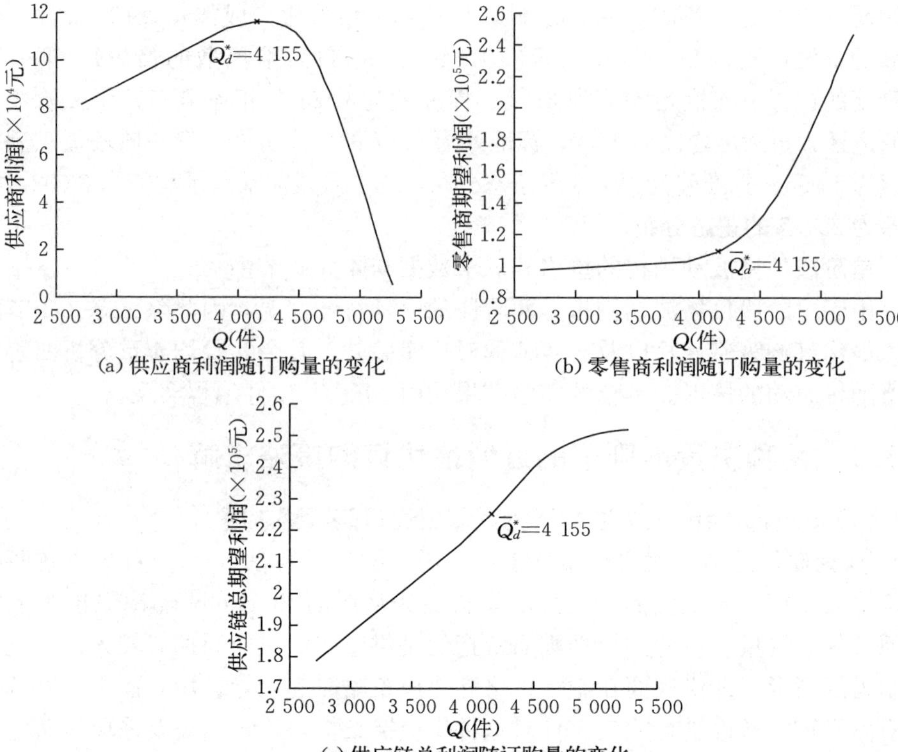

(a) 供应商利润随订购量的变化　(b) 零售商利润随订购量的变化

(c) 供应链总利润随订购量的变化

图 5-1　Stackelberg 决策下两阶段价格波动的近似最优订购策略求解

最大化。这个最优点取决于多种因素，包括批发价格、市场需求、价格波动等。如果订购量低于最优点，零售商可能会因为缺货而失去销售机会；如果订购量超过最优点，零售商可能会面临库存积压和降价销售的风险，导致利润减少。

显然，在 Stackelberg 决策准则下，供应链总利润并非最优，因为供应商在设定批发价格时主要考虑自身利润最大化，而不是整个供应链的利润最大化。因此，虽然供应商和零售商都可能达到自己的利润最大化，但供应链总利润并不能达到最大可能值。该决策准则下的订购策略是一种非合作状态下的订购策略，理想情况下，供应链总利润的最大化需要供应商和零售商之间的协调和合作。

为了便于了解在供应商不同批发价下零售商订购决策的动态变化，本研究给出不同批发价取值下的零售商订购量变化情况，见图 5-2。

图 5-2 证实了推论 5-1 的结论，即在两阶段价格波动销售下，Stackelberg 决策准则下零售商的最优订购量随着批发价 w 的增加而减小。当供应商降低批发价格时，零售商面临的采购成本降低，因此有更大的意愿增加订购量，以期望通过销售更多的商品来增加利润。这也可能是供应商为了激励零售

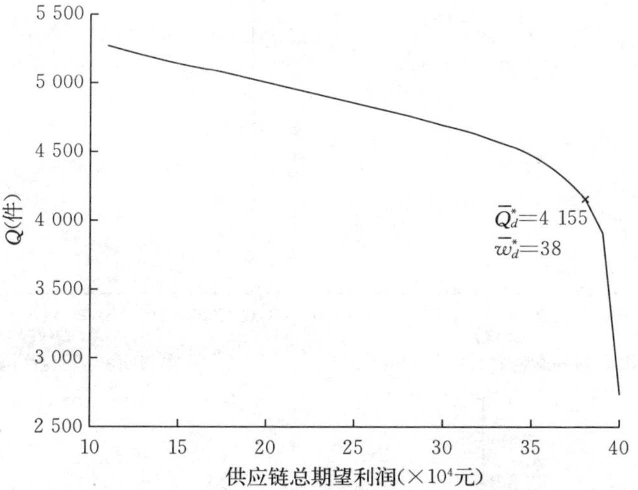

图 5-2　不同批发价下的订购量变化

商订购更多的商品而采取的策略，特别是在供应商希望通过量的增加来弥补利润的情况下。相反，如果供应商提高批发价格，零售商的采购成本增加，导致零售商减少订购量以避免过高的库存成本和潜在的库存积压风险，这种情况下，零售商会更加慎重地进行订购决策，以保护自己的利润率。这一关系反映了经典的供需原则，即成本（批发价）增加会导致购买意愿（订购量）下降。在 Stackelberg 模型中，供应商首先设定批发价格，然后零售商根据这个价格做出最优订购决策。批发价格的设置直接影响零售商的采购成本，进而影响其库存决策和利润最大化策略。

虽然供应商通过调整批发价格，可以在一定程度上控制零售商的订购行为，影响供应链的整体库存水平和响应市场需求的能力，但供应商需要在最大化自己利润和激励零售商订购之间找到平衡点。图 5-2 也凸显了在 Stackelberg 框架下，供应商与零售商之间可能存在的冲突和非合作状态。为了提高整个供应链的效率和利润，双方可以考虑采用合作协调机制，如收益共享、价格折扣策略等，以实现供应链成员间的互惠和共赢。

② **单阶段近似最优订购策略求解。**接下来，本研究运用算法 5-2，计算 Stackelberg 决策准则下单阶段价格波动的最优订购策略。假设批发价区间为 $W=\{w, w\in[10, 80]\}$ 元/件，此处为了便于分析，假设单阶段市场需求量与两阶段一致，即设单阶段需求均值等于两阶段需求均值之和（关于降价带来更多需求的数值实验将在 5.4 节给出）。求解过程、最优订购量以及各成员利润变化情况见图 5-3。

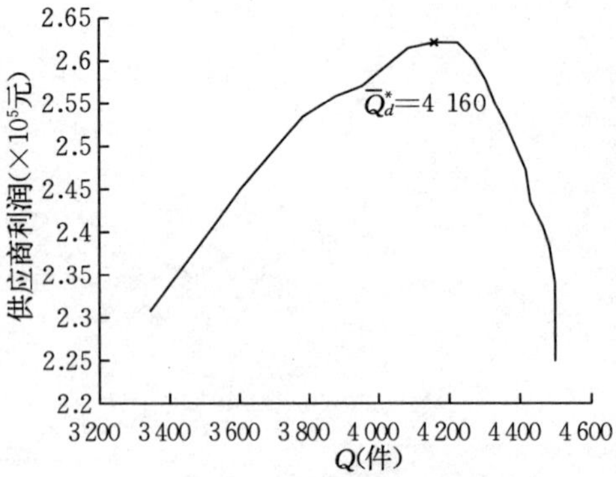

(a) 供应商利润随着订购量的变化

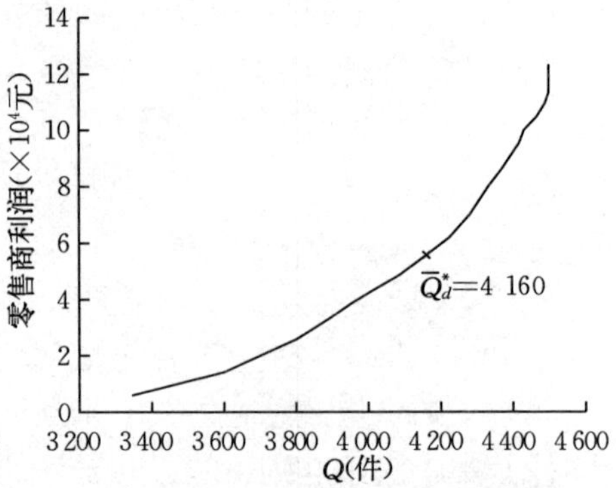

(b) 零售商利润随着订购量的变化

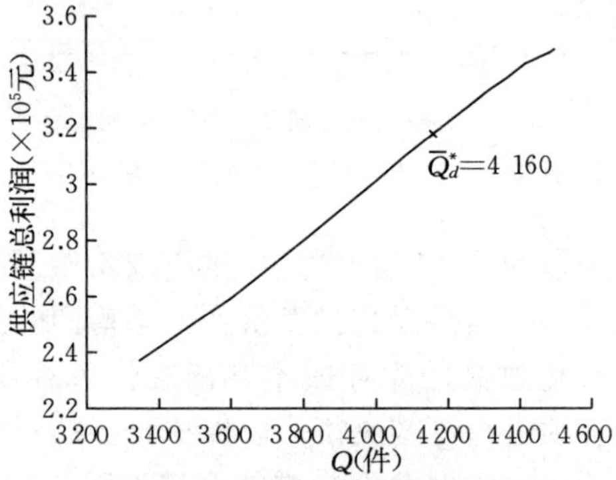

(c) 供应链总利润随着订购量的变化

图 5 - 3　Stackelberg 决策下单阶段价格波动的近似最优订购策略求解

由图 5 - 3 可知，与两阶段价格波动销售的最优订购量求解过程类似，供应商利润随订购量先增加后减少，存在一个最优订购量使得供应商可以获得最大利润，供应商的目标是通过设定批发价格吸引零售商订购到这一最优量。零售商则希望在成本和收益之间找到最佳平衡点，实现利润最大化，从而在理解供应商设定的批发价格下，调整订购策略以应对市场价格波动。由计算结果可知，当批发价区间为 $W=\{w, w\in[10, 80]\}$ 元/件时，Stackelberg 决策准则下单阶段价格波动的零售商调整的最优订购量为 4 160 件，对应的批发价为 73 元/件，此时零售商利润为 55 883 元，供应商则达到其最大利润 262 080 元，供应链总利润为 317 963 元。

在供应商为主导、零售商为从属的 Stackelberg 决策准则下，为了尽可能获得更高额的利润，供应商会在零售商承受范围内提高批发价，批发价的提高对零售商而言会导致订购成本的增加，从而零售商会通过减小订购量来减少损失。相比于零售商单独决策的情形，Stackelberg 决策准则下批发价对零售商的订购决策造成了一定的限制，即便单阶段销售时的市场容量与两阶段一致，由于批发商知道零售商的单阶段销售策略，因而会尽可能通过提高批发价来剥夺高额的利润，因此，单阶段和两阶段的订购量几乎一致，单阶段销售时零售商利润被供应商剥夺，导致相比于两阶段销售的情形零售商的利润更低，供应商的利润更高。其他关于两阶段和单阶段订购策略的对比实验将在 5.4 节给出。

显然，在 Stackelberg 决策模型下，由于供应商和零售商可能追求自己的利润最大化，供应链总利润的最大化并非双方的主要考虑因素。因此，这种非合作状态下的供应链总利润并不是最优的。

(2) 集中决策准则下的近似最优订购策略求解

集中决策准则在供应链管理中体现了一种合作与协同的战略，其中供应链的各个成员共同做出决策，以优化整个供应链的性能和利润。在集中决策准则下，供应商和零售商之间可能建立了长期的合作伙伴关系，并基于相互信任和共同目标，允许他们通过共享信息、资源和风险来共同做出决策，从而实现供应链的协同优化。接下来讨论两阶段和单阶段价格波动销售下集中决策准则下的最优订购策略求解。

① **两阶段近似最优订购策略求解。** 首先，运用算法 5-3 计算以供应链期望利润最大化为目标的集中决策准则下的最优订购策略。假设零售商以两阶段价格波动销售易逝品，销售环境数据以及参数设置与 Stackelberg 决策准则下相同，近似最优订购量以及相应的供应链总利润的计算过程见图 5-4。

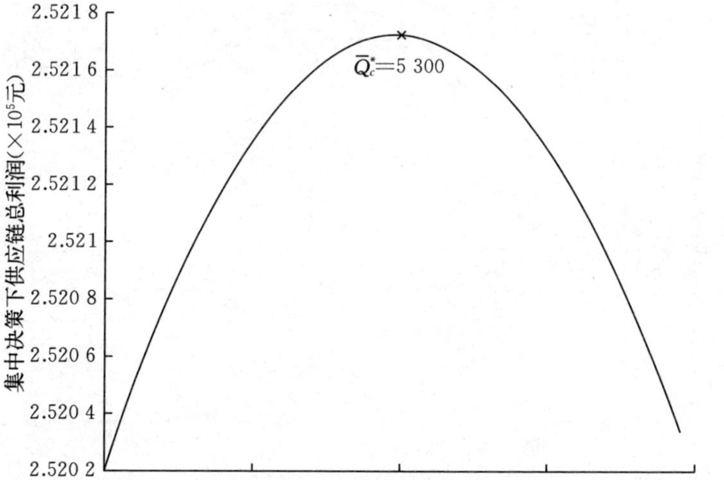

图 5-4　集中决策准则下两阶段价格波动的近似最优订购策略求解

图 5-4 描述了集中决策准则下的两阶段价格波动的近似最优订购策略求解过程，展示了在集中决策环境下，如何通过合作和协调来优化供应链中的订购策略，以应对价格波动并最大化整个供应链的利润。由求解过程得到集中决策准则下两阶段价格波动销售的最优订购策略为 5 300 件，此时供应链总利润为 252 172 元。

这种决策准则与 Stackelberg 模型形成对比，后者是基于供应商和零售商之间的领导者-追随者关系，集中决策模型强调的是供应链各环节之间的合作，目标是寻求整个供应链利润的最大化。图中显示的最优订购量是基于整个供应链利润最大化计算得出的。显然，通过合作和集中决策，供应链可以实现更高的总利润，这是因为集中决策准则下的最优订购策略考虑了整个供应链的成本和收益，而非单个环节的最大化。显然，集中决策准则可以更有效地应对价格波动，通过供应链内部的协调，各环节可以共同制定价格策略和订购策略，以减小价格波动对供应链的影响。

② **单阶段近似最优订购策略求解。** 接下来，运用算法 5-4，计算集中决策准则下单阶段价格波动的最优订购策略。假设零售商以单阶段价格波动销售易逝品，销售环境数据以及参数设置与 Stackelberg 决策准则下相同，近似最优订购量以及相应的供应链总利润的计算过程见图 5-5。

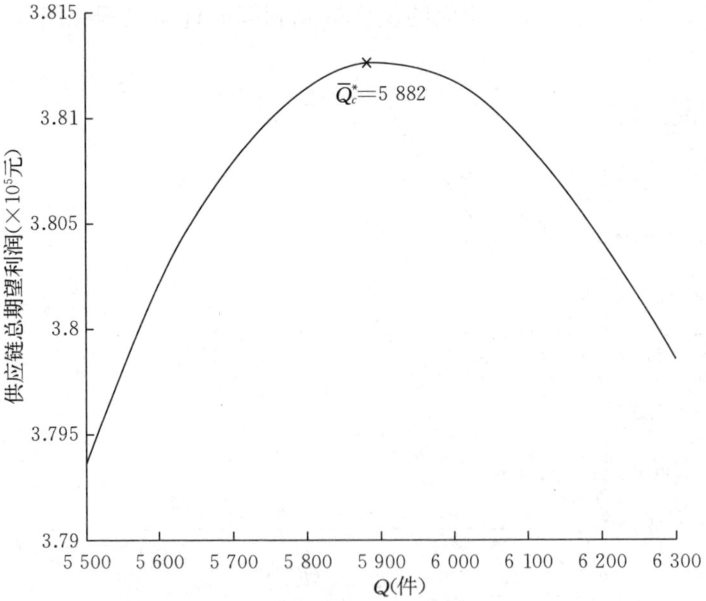

图 5-5 集中决策准则下单阶段价格波动的近似最优订购策略求解

由图 5－5 可知，与两阶段价格波动销售的求解过程类似，在集中决策准则下，供应链的所有成员作为一个整体共同决策，目标是最大化整个供应链的总利润，而不是单个成员的利润。集中决策准则下单阶段价格波动的近似最优订购策略为 5 882 件，此时供应链总利润最大，达到 381 263 元。

关于两阶段和单阶段两种决策准则下的订购策略对比将在 5.4 节中给出。

由于单阶段价格随机波动的订购模型是两阶段的一种特殊情形，接下来仅讨论两阶段情况下各个参数对订购策略的影响，并对两种决策准则进行对比。

5.3.2　价格波动性对两种决策准则下最优订购策略的影响

价格波动是供应链中常见的风险之一，尤其是在易逝品、时尚产品等快速变化的市场中更为显著。了解价格波动性如何影响订购策略可以帮助企业更好地应对价格变动带来的风险，通过适当的订购决策减少损失。通过研究价格波动性对不同决策准则下订购策略的影响，可以帮助供应链中的企业更好地管理库存、优化订购量，降低成本，提高供应链的整体效率和利润。因此，本小节讨论价格波动性变化下的 Stackelberg 决策准则和集中决策准则的最优订购策略变化情况，并将两者进行对比。

以两阶段价格波动为例，假设两阶段价格波动时各阶段价格均值不变，通过控制价格均值不变，将研究重点放在价格波动性（标准差）的影响上，这样可以简化模型，使得分析更为清晰，更加专注于价格波动性对订购策略的影响，而非价格水平的变化。其中价格波动性用价格标准差偏离价格均值的百分比来衡量，为不同的价格水平提供了一个统一的波动性衡量标准，便于对比分析。仅讨论当两阶段价格波动幅度同向变化的情况，即第一阶段价格波动幅度增加那么第二阶段价格波动幅度同比增加，即设两阶段价格标准差以同比例偏离各阶段的价格均值。这样的假设是基于市场因素（如原材料成本变化、季节性需求变化等）通常会同时影响整个销售周期内的价格，也反映了市场价格变动之间的相关性，在实际市场中，前期的价格变动往往会对后期的价格产生影响，这种相关性通过两阶段价格波动幅度的同向变化这一假设体现，具有现实合理性。

计算得到 Stackelberg 决策准则和集中决策准则下的最优订购量以及相应的供应链利润，同时计算订购偏差和利润偏差。其中，订购偏差＝(Stackelberg 订购量－集中决策订购量)/集中决策订购量，利润偏差＝(Stackelberg 供应链利润－集中决策供应链利润)/集中决策供应链利润。偏差的绝对值越大，表明偏差越大；符号为负表示存在负偏差，符号为正则表示正偏差。实验结果见表 5-2。

表 5-2　价格波动性变化下 Stackelberg 订购模型和集中决策订购模型比较

价格标准差偏离均值百分比（%）	Stackelberg 订购模型		集中决策订购模型		订购偏差（%）	利润偏差（%）
	订购量（件）	供应链利润（元）	订购量（件）	供应链利润（元）		
1	4 200	236 890	5 320	256 082	−21.05	−5.48
5	4 198	231 982	5 295	253 646	−20.72	−11.44
10	4 190	228 331	5 275	253 113	−20.57	−14.67
20	4 130	218 372	5 245	249 695	−21.26	−16.94
30	4 121	215 537	5 220	249 312	−21.05	−20.27
40	4 070	214 764	5 180	253 222	−21.43	−27.32

表 5-2 表明，随着价格波动性（即价格标准差相对于均值的百分比）的增加，无论是在 Stackelberg 模型还是集中决策模型下，订购量都有所减少。这一现象表明，价格的不确定性增加使得供应链成员更为谨慎，倾向于减少订购量以降低风险。同时，供应链利润也随着价格波动性的增加而减少，这说明价格波动性不仅增加了订购决策的不确定性，也对整个供应链的经济效益产生了负面影响。

从表 5-2 中数据可以看出，随着价格波动性的增加，订购偏差和利润偏差均有所增大。订购偏差和利润偏差是衡量 Stackelberg 模型与集中决策模型之间差异的重要指标。订购偏差反映了两种决策准则下订购量差异的相对大小，而利润偏差则反映了供应链利润差异的相对大小。这表明在价格波动性较大的情况下，Stackelberg 模型与集中决策模型之间的差异变得更加显著。具体来说，Stackelberg 决策准则下的订购量和供应链利润与集中决策准则相比，差距越来越大，这可能是因为 Stackelberg 模型中的领导者-追随者动态使得供应链成员在面对价格波动时采取更为保守的策略。

对于实际供应链管理而言，该实验结果强调了在面对市场价格波动时，不同决策模式下供应链成员需要采取不同的策略。特别是在 Stackelberg 模型中，供应商作为领导者需要更加关注零售商的反应以及市场价格波动对整个供应链利润的影响，而零售商作为追随者则需要更加小心地考虑其订购策略，以减少由于价格波动带来的不确定性风险。此外，这一分析也暗示了通过加强供应链中的信息共享和协调合作，可能有助于缓解价格波动带来的负面影响，特别是在集中决策模式下，供应链成员通过共同优化订购策略来实现整体利润最大化是应对价格波动的有效策略之一。

接下来给出在 Stackelberg 决策准则下，价格波动性对供应链各成员的利润的影响，结果见图 5-6。

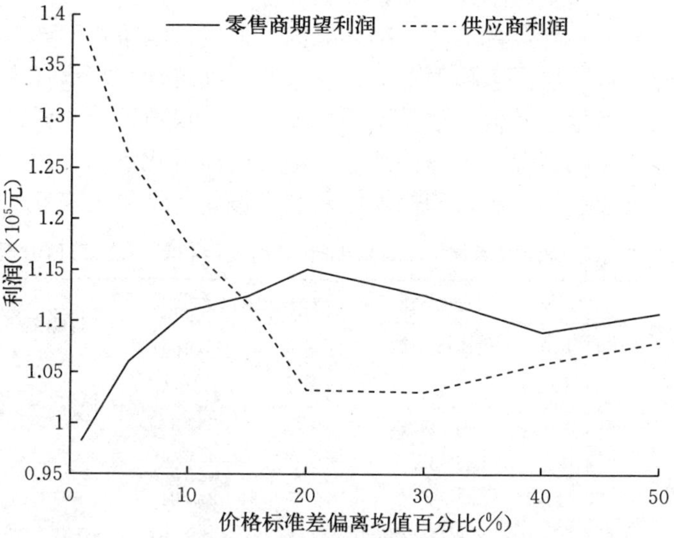

图 5-6　价格波动性对 Stackelberg 各成员利润的影响

图 5-6 展示了在 Stackelberg 决策准则下，随着价格波动性（价格标准差与均值的百分比）的增加，供应商利润和零售商利润如何变化。这种变化反映了价格波动性增加对供应链中不同角色经济效益的具体影响。当零售价波动幅度在某一范围内时（该实验显示在 20%），零售商的利润下降，供应商利润上升，说明当波动幅度在一定范围内时，价格波动性越小，可以为零售商带来更多的利润，波动幅度增加会给供应商带来更多利润；而当价格波动幅度超过阈值时，对零售商和供应商的影响差别不大。

5.3.3　需求变化对两种决策准则下最优订购策略的影响

需求变化主要体现在两个方面：需求不确定性变化，参数方面体现在需求标准差的变化；另一方面是需求的偏离，参数方面体现在需求均值的偏离。这种划分反映了需求波动性的两个基本维度：波动的幅度和波动的方向。这两个方面对于理解和应对市场变化至关重要。因此，本小节讨论这两方面需求变化对最优订购策略的影响。

（1）需求不确定性对最优订购策略的影响

需求不确定性是影响供应链订购决策的重要因素。需求不确定性变化直接影响到供应链中各方的风险管理。更高的需求不确定性意味着更大的风险，因为需求实际值可能会与预期值差异较大。同时，需求不确定性的增加会导致企业在制定订购策略时面临更大的挑战，企业需要维持更高的安全库存以应对需求波动，这直接增加了成本并可能影响利润。

首先讨论需求不确定性对两种决策准则下最优订购策略的影响。假设两阶段价格波动时，各阶段需求均值不变，需求的不确定性用需求标准差偏离需求均值的百分比来衡量，其他参数设置同5.3.1节。仅讨论两阶段需求不确定性同时同向发生变化的情况。求解得到需求不确定性变化下两个决策准则下的最优订购策略、供应链利润和订购偏差以及利润偏差，结果见表5-3。

表5-3　需求不确定性变化下Stackelberg订购模型和集中决策订购模型比较

需求标准差偏离均值百分比（%）	Stackelberg订购模型		集中决策订购模型		订购偏差（%）	利润偏差（%）
	订购量（件）	供应链利润（元）	订购量（件）	供应链利润（元）		
1	4 740	245 144.2	5 015	262 825	−5.48	−6.73
5	4 490	235 032.7	5 070	261 567	−11.44	−10.14
10	4 390	231 233.3	5 145	257 217	−14.67	−10.10
20	4 210	226 444.6	5 280	252 161	−20.27	−10.20
30	3 910	211 770.7	5 380	243 700	−27.32	−13.10
40	3 840	204 107.1	5 625	244 154	−31.73	−16.40
50	3 470	192 897.1	5 755	236 135	−39.70	−18.31

根据表5-3，在需求不确定性变化下，我们可以观察到Stackelberg订购模型和集中决策订购模型之间的最优订购策略和供应链利润的不同表现。随着需求不确定性的增加（即需求标准差偏离均值的百分比增加），无论是Stackelberg模型还是集中决策模型，最优订购量都有所下降，这是因为随着需求的不确定性增加，供应链成员倾向于采取更为保守的策略，通过减少订购量来降低因需求波动可能引起的风险。需求不确定性的增加对供应链总利润产生负面影响，即使在集中决策模型中，也观察到了类似的趋势。这说明需求不确定性增加了供应链运营的难度，从而降低了整体的经济效益。同时，随着需求不确定性的增加，Stackelberg决策准则与集中决策准则下的订购偏差（即两种决策准则下订购量差异的相对大小）和利润偏差（即两种决策准则下供应链利润差异的相对大小）都有所增加。这表明，需求不确定性的增加加剧了两种决策模式在最优订购策略上的差异，同时也放大了在实现供应链总利润最大化方面的分歧。

这些发现强调了在面对需求不确定性时，不同决策模式下供应链成员需要采取不同的策略。特别是在需求不确定性较高的情况下，通过加强供应链中的信息共享和协调合作，可能有助于缓解需求不确定性带来的负面影响。供应链成员还需要重视风险管理措施，如合理设置安全库存、采用灵活的供应链契约等，来减少需求不确定性对供应链运营的负面影响。

接下来给出在Stackelberg决策准则下，需求不确定性变化下供应链各成员的利润变化情况。结果见图5-7。

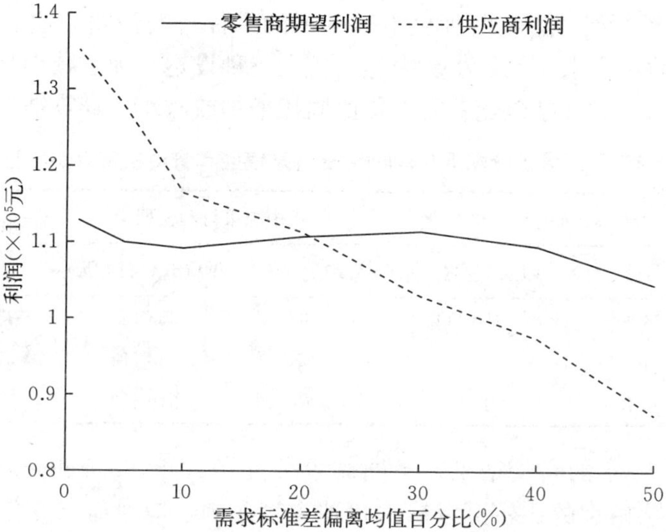

图5-7 需求不确定性对Stackelberg各成员利润的影响

图5-7显示了需求不确定性对Stackelberg决策准则下供应商和零售商利润的影响。在Stackelberg模型中，供应商通常设定价格，而零售商根据这个价格决定其订购量。当需求不确定性增加时，市场的不确定性使得零售商采取更加保守的订购策略，减少订购量，从而影响供应商的销售量和利润，导致供应商利润显著下降，而需求的不确定性增加了零售商面临的风险，导致其在制定订购决策时更加谨慎，可能需要维持更高的安全库存或者采取其他风险管理措施，这些都会增加成本，从而减少利润。

(2) 需求分配对最优订购策略的影响

对于大多数商品而言，考虑到消费者的购买能力、偏好以及市场饱和度等因素，市场容量在一定时间内是有限的，这意味着市场对于某种商品的总需求量存在上限。然而商品的销售周期通常可以分为多个阶段，每个阶段的市场环境、消费者行为和购买力可能存在显著差异，导致不同阶段的需求配比发生变化。本部分讨论两阶段价格波动销售下，不同的需求分配对订购策略的影响。可以合理假设某易逝品在整个销售周期内的需求总量是不变的，即两阶段的需求均值总和不变，至于第一阶段的需求高还是第二阶段的需求高会根据周边顾客对商品品质及购买时间的偏好、商家的营销手段等有所不同。

假设两阶段的需求均值总和不变，仅改变两阶段需求均值的比例，设第一和第二阶段需求均值比例分别为 $\mu_{\xi_1}:\mu_{\xi_2}=1:4$、$\mu_{\xi_1}:\mu_{\xi_2}=2:3$、$\mu_{\xi_1}:\mu_{\xi_2}=3.5:1.5$ 三种情况，讨论两种决策准则下的最优订购策略。这三种情况分别代表了第一阶段需求比例较小、中等、较大三种设定。为了减小其他因素带来的影响，设需求的标准差随着需求均值同比增加或减小。计算结果见表 5-4。

表 5-4　不同需求分配下 Stackelberg 订购模型和集中决策订购模型比较

$\mu_{\xi_1}:\mu_{\xi_2}$	Stackelberg 订购模型		集中决策订购模型		订购偏差（%）	利润偏差（%）
	订购量（件）	供应链利润（元）	订购量（件）	供应链利润（元）		
1:4	4 060	197 111	5 320	206 162	−23.7	−4.390
2:3	4 155	225 457	5 275	253 113	−21.2	−10.926
3.5:1.5	4 185	311 846	5 295	319 473	−21.0	−2.387

根据表 5-4 的实验结果，不同需求分配条件下 Stackelberg 订购模型和集中决策订购模型的比较可以揭示两种决策准则在应对需求变化时的策略和结果差异。显然，在不同需求分配条件下，Stackelberg 准则和集中决策准则下的订购量变化可以反映供应链成员对于不确定需求的适应策略。通常，早期阶段的需求预期相对更高时，供应链成员可能倾向于增加订购量，以应对较大的市场需求。此时，若供应链能够准确预测并满足这一需求，总利润可能会更高。同时，随着第一阶段需求比例增高，Stackelberg 下的最优订购量偏离集中决策订购量的程度越小，且两种决策情形下的供应链总利润均增加。因此，第一阶段需求比例的提高一方面可以起到稳定因相互竞争造成的订购偏差，另一方面也可以提升供应链总利润的作用，需得到供应链各成员的重视。

以上结论强调了对市场需求变化的敏感性和预测准确性在供应链管理中的重要性。通过理解需求分配的变化，供应链成员可以更有效地计划生产、库存和物流，以提高满足市场需求的能力和整体利润。对于供应商和零售商而言，理解在不同需求分配条件下各自的最优策略和集体最优策略，有助于他们在实际运营中制定更加有效的合作机制和价格策略，以实现双方甚至整个供应链的利益最大化。

接下来给出不同需求分配下，Stackelberg 决策准则下各成员的利润比较，结果见表 5－5。

表 5－5　不同需求分配下 Stackelberg 各成员利润比较

$\mu_{\xi_1}:\mu_{\xi_2}$	零售商期望利润	供应商利润	供应链总利润
1：4	83 431	113 680	197 111
2：3	109 117	116 340	225 457
3.5：1.5	186 296	125 550	311 846

表 5－5 显示了不同利润分配下 Stackelberg 决策准则下供应商和零售商利润的比较。可见，当需求主要集中在销售周期的早期阶段（如 3.5：1.5 的情况），供应链能够获得更高的利润，此时通过满足早期的高需求来提高销售收入。随着需求从后期转移到前期，零售商和供应商的利润都有所增加，但零售商的利润增加更为显著，这表明零售商可能更直接受益于需求前置，因为他们能够更快地转换库存为销售，从而减少持有成本并利用较早的高需求获取更高的利润。需求集中在销售周期的早期阶段不仅有利于单个供应链成员的利润最大化，也促进了整个供应链利润的最大化，这强调了对市场需求变化的敏感性和预测准确性在供应链策略制定中的重要性。

综上，供应链管理者需要对市场进行细致的分析，以准确预测不同阶段的需求分布。通过理解顾客的购买行为和偏好，供应链可以更有效地应对需求变化，优化订购策略。同时，供应链成员应考虑调整营销策略，以激发和满足早期阶段的需求，特别是在预测需求会集中在销售周期初期时，通过推出新产品的预售活动、早期购买优惠等策略来提升第一阶段的销量。

5.3.4　单位处理费用对两种决策准则下最优订购策略的影响

对于那些有着固定销售窗口或易于过时的易逝品，如农产品、时尚服饰等，单位处理费用尤为关键。这些商品如果未能及时销售，其价值迅速降低，给企业带来额外的处理成本。除此之外，现代企业越来越注重环境责任和可持续性发展，对于未能销售的商品，如何环保地处理成为企业考虑的重要因素，单位处理费用也体现了企业为减少环境影响所做出的投入。因此，本小节讨论单位处理费用对 Stackelberg 决策准则和集中决策准则两种准则下订购策略的影响。

假设在销售周期末，未能出售的商品需要额外的单位处理费用 c_h 进行处理。从关于报童模型的诸多研究中可知，c_h 也可以取负值，当 $c_h<0$ 意味着剩余商品可以获得一定收入，此时的 c_h 称为单位残值。本研究分别取 $c_h=-10$，

−5，0，5，10，计算得到 Stackelberg 和集中决策准则下的最优订购量以及相应的供应链利润，并计算订购偏差和利润偏差，结果见表 5 - 6。

表 5 - 6　单位处理费用变化下 Stackelberg 订购模型和集中决策订购模型比较

c_h	Stackelberg 订购模型		集中决策订购模型		订购偏差（%）	利润偏差（%）
	订购量（件）	供应链利润（元）	订购量（件）	供应链利润（元）		
−10	4 270	229 039	7 580	261 820	−43.67	−12.52
−5	4 230	227 781	5 650	257 238	−25.13	−11.45
0	4 190	226 540	5 430	254 382	−22.84	−10.94
5	4 155	225 456	5 300	252 172	−21.60	−10.59
10	4 125	224 523	5 200	250 351	−20.67	−10.32

表 5 - 6 表明了单位处理费用 c_h 变化下 Stackelberg 决策准则和集中决策准则下订购模型的最优订购量、供应链利润以及订购偏差和利润偏差的对比。处理费用 c_h 从负值到正值，反映了从获得额外收入到承担额外成本的不同情景。随着单位处理费用的增加，无论是在 Stackelberg 模型还是集中决策模型中，最优订购量都表现出下降的趋势。这是由于较高的单位处理费用增加了库存剩余的成本，促使企业采取更为保守的订购策略以减少潜在的损失。而两种模型下的供应链总利润都有所下降，这表明增加的处理费用直接影响了供应链的成本效益，减少了总利润。单位处理费用的变化对两种决策模型下订购量的影响虽然均向减少的方向变动，但 Stackelberg 和集中决策准则之间的订购偏差和利润偏差表明，不同的决策机制对处理费用敏感度的差异。特别是在处理费用较高时，集中决策模型可能更能有效地降低整体成本，因为它促进了供应链成员之间的合作，共同最小化了库存剩余的可能性和成本。

这一结论强调了在制定订购决策时考虑单位处理费用的重要性。了解不同处理费用对订购策略的影响，可以帮助企业更有效地控制库存成本，避免过多的剩余库存。显然，实验结果表明，集中决策模型在处理费用较高的情况下可能显示出更好的利润保护，这表明在面对潜在的高额成本时，供应链各方通过合作来共同优化订购策略和库存管理显得非常重要。企业需要进行详细的成本效益分析，考虑单位处理费用在内的所有成本因素，以制定最优的库存和订购策略，从而最大化利润。

接下来给出在 Stackelberg 决策准则下，c_h 变化时供应链各成员的利润变化情况，结果见图 5 - 8。

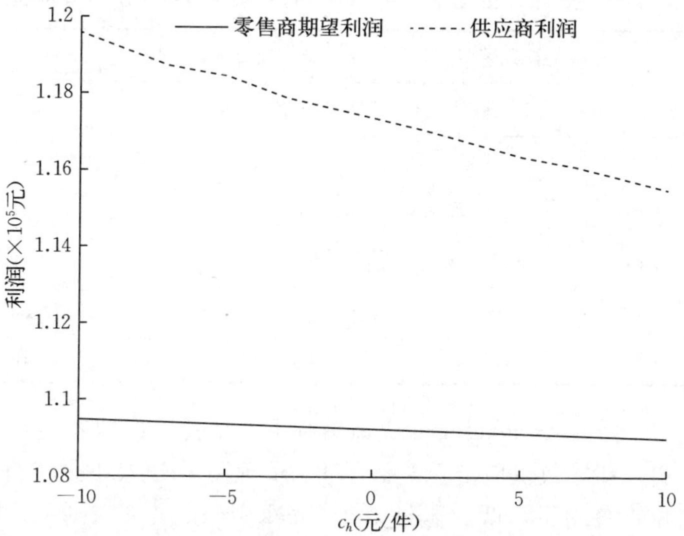

图 5－8　Stackelberg 决策准则下单位处理费用对各主体利润的影响

由图 5－8 可知，随着 c_h 的增加，供应商和零售商的利润均下降。供应商利润的减少一方面是由于零售商会减少订购量以降低剩余风险，导致供应商的销售量减少；另一方面，由于供应商提供的是易逝品或季节性商品，他们面临着自身处理费用的增加。而对零售商而言，面对高单位处理费用，零售商会变得更加谨慎，通过减少订购量以避免高额的剩余处理成本，因为即使销售策略得当，零售商也可能因为高处理费用而面临利润压缩的风险，尤其是当市场需求预测不准确时。

对图 5－8 的分析突出了成本管理和风险规避在供应链管理中的重要性。通过精细化的库存控制和优化的订购策略，可以减小单位处理费用对利润的负面影响。供应商可能需要采取更灵活的定价机制，考虑单位处理费用的变化，以激励零售商增加订购量，同时降低整个供应链的剩余风险。

5.3.5　单位生产成本对两种决策准则下最优订购策略的影响

了解单位生产成本如何影响最优订购策略，可以帮助企业更有效地调整库存水平和生产计划，减少过剩库存和缺货的风险，同时确保生产成本和库存成本的最佳平衡。因此，本小节讨论单位生产成本对 Stackelberg 和集中决策两种决策准则下订购策略的影响。单位生产成本变化下 Stackelberg 决策准则和集中决策准则的最优订购量和供应链利润，以及订购偏差和利润偏差结果见表 5－7。

表 5-7 单位生产成本变化下 Stackelberg 订购模型和集中决策订购模型比较

c_0	Stackelberg 订购模型		集中决策订购模型		订购偏差（%）	利润偏差（%）
	订购量（件）	供应链利润（元）	订购量（件）	供应链利润（元）		
1	4 155	262 851	5 670	301 370	−26.72	−12.78
5	4 155	246 231	5 480	279 098	−24.18	−11.78
10	4 155	225 456	5 300	252 172	−21.60	−10.59
15	4 155	204 681	5 145	226 072	−19.24	−9.46
20	4 155	183 906	5 000	200 715	−16.90	−8.37

由表 5-7 可知，Stackelberg 决策准则下，单位生产成本变化不会对订购策略造成影响，却导致供应链总利润的下降；而集中决策下最优订购量则随着单位生产成本的增加而降低。这是由于 Stackelberg 决策准则下，零售商以自身利润最大作为决策准则，单位生产成本的变化并没有直接作用于零售商，因此，单位生产成本变化不会对零售商的订购策略造成影响。然而在集中决策的情形下，零售商和供应商以供应链整体利润最大为决策目标，因此在集中决策准则下，零售商的订购策略需要兼顾供应链总利润，因而通过降低订购量来抵御因生产成本增加造成的成本损失。随着单位生产成本的增加，两种决策准则下的供应链总利润均有所下降。这一结果在预期之中，因为生产成本的提高直接增加了供应链的运营成本，进而降低了总利润。然而，Stackelberg 模型下的利润降幅与集中决策模型相比更为明显，因为在 Stackelberg 模型下，供应商通过提高批发价来转移成本增加的负担给零售商，而集中决策模型通过协调合作来更有效地管理成本增加的影响。除此之外，随着单位生产成本的增加，订购偏差（Stackelberg 订购量与集中决策订购量之间的差异）逐渐减小，而利润偏差（两种模型下供应链利润之差）则表现出一定的增加趋势。这表明了在面对成本上升的情况下，集中决策模型在订购量上表现出更高的灵活性，而 Stackelberg 模型在保护利润方面表现得更加积极。显然，降低生产成本，如改进生产工艺、优化供应链设计等，可以提高供应链的整体竞争力和盈利能力。

接下来给出在 Stackelberg 决策准则下，单位生产成本 c_0 变化下供应链各成员的利润变化情况，结果见图 5-9。

由图 5-9 可见，随着单位生产成本的增加，供应商利润下降。这是由于单位生产成本直接影响供应商的成本结构。面对生产成本提高，为了维持

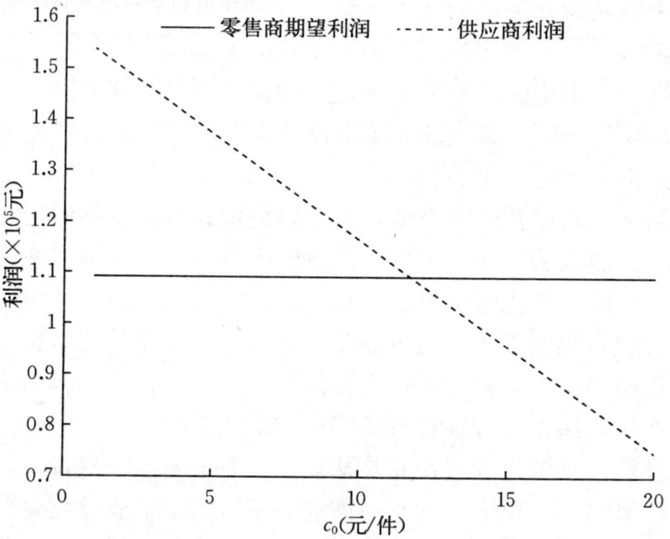

图 5-9　Stackelberg 决策准则下单位生产成本对各主体利润的影响

市场竞争力，供应商无法完全通过提高批发价格来转嫁成本，特别是在零售商具有一定议价能力的情况下。因此，供应商的利润率会下降。对于零售商而言，在 Stackelberg 模型中，零售商作为追随者，其订购策略和利润受到供应商批发价格决策的影响。如果供应商选择吸收部分或全部生产成本增加的影响，而不是将这些成本完全转嫁给零售商，那么零售商的利润则保持相对稳定。

5.3.6　小结及管理建议

本节主要针对 Stackelberg 决策准则和集中决策下零售商的订购策略进行了数值分析，对比了不同参数变化下两种决策准则的最优订购策略以及相应的供应链利润。由于集中决策准则类似于零售商单独决策的情形，具体管理建议已在第 4 章中给出，接下来以数值实验为基础，分别就 Stackelberg 决策准则，以及两种决策准则的对比分析给出相应的管理建议。

首先给出供应商为主导、零售商为从属的 Stackelberg 决策准则下价格随机波动销售的零售商订购决策的相关建议。具体管理建议如下：

第一，随着价格波动加剧，零售商应适当减少订购量。当两阶段价格波动较小时，Stackelberg 决策下零售商比供应商可能获得更多的利润，但是随着价格波动的增加，供应商的利润比例会明显增加，这需要供应链成员的重视，设法通过一些机制（如利润分配机制、批发价数量折扣机制等）来平衡由于价格波动性带来的利润分配不均问题。

第二，随着需求不确定性的增加，Stackelberg 决策准则下，零售商应减小订购量。同时，由于随着需求不确定供应商和零售商的利润均减少，因此，为了获得更高额的利润，供应商和零售商都应提供高质量的产品和服务，来保证客源的稳定性，降低需求的波动性。

第三，与零售商单独决策类似，由于订购量和各成员利润均随着第一阶段需求比例的增加而显著增大，因此，供应链成员应尽最大努力在第一阶段销售更多的产品，通过多样化营销手段（如关注顾客细分、明确合适的商品定位，提高原价购买顾客类型比例；注重商品描述，重视商品的艺术化差异性，吸引顾客下单，从而提高需求转化率；自媒体、第三方平台等）吸引更多顾客在第一阶段购买产品，而不是等到打折策略后前来购买。

第四，显然，单位处理费用直接影响了两阶段价格波动 Stackelberg 供应链的最优订购策略。当单位处理费用增加，零售商需减少订购量。这个结论与零售商单独决策时是一致的。因此，无论是零售商还是供应商，都需要提早考虑库存过剩商品的处置，如建特卖场、折扣店等手段，减少单位产品的处理费用，减少因单位处理费用够高对整个供应链利润的影响。

第五，单位生产成本的增加虽然对订购策略并没有什么影响，但是会导致供应链的期望利润的下降，因此，供应商和零售商都需要将降低生产成本作为重要目标。

其次根据 Stackelberg 决策准则和集中决策准则的对比实验，给出两阶段价格随机波动销售下的相关管理建议：

第一，价格波动性的变化对 Stackelberg 和集中决策准则的订购策略影响是同等的，无论何种准则的订购模型，决策者均需要通过降低订购量来抵御价格波动性带来的风险。

第二，若市场需求较为稳定，不确定性较低，那么采用 Stackelberg 准则的最优订购决策不会偏离集中决策太大；但是随着市场不确定性的增加，集中决策的优势变得明显，这时，如何采取合理的机制，促使供应商让步一定的利润向集中决策最优订购量靠近成了供应链各成员需要进一步考虑的策略。

第三，当以两阶段价格波动销售某易逝品时，供应链各成员尤其是供应商需要通过增加第一阶段销售量，从而可以弥补因供应商主导进行决策而导致的与集中决策的订购偏差。

第四，集中决策最优订购策略对单位处理费用的敏感性更强，因此，当供应链采取集中决策时，更需要通过各种手段降低因处理成本过高导致的订购和利润损失。

5.4　两阶段和单阶段价格随机波动的订购策略比较

本节分别就两种决策准则下两阶段和单阶段价格波动的订购策略进行对比分析。首先讨论采用 Stackelberg 决策准则时，两阶段价格波动销售和单阶段价格波动销售对订购策略以及供应链各成员利润的影响；其次，讨论采用集中决策准则时，两阶段价格波动销售和单阶段价格波动销售对订购策略以及供应链利润的影响。

在 5.3.1 节计算单阶段最优策略时，假设单阶段销售时总的市场容量与两阶段一致，而现实中，大幅降价销售往往会引起需求的变化。大幅降价通常会增加消费者的购买意愿，特别是对于那些价格敏感的顾客，降价可以显著提高其购买动力，从而实现需求的拉动效应。在两阶段销售模式下，第二阶段的降价策略不仅能够清理库存，还能够通过增加销售量来补偿第一阶段较高价格策略下可能的销售量不足。虽然同种商品的市场容量在一定时间内是有限的，但通过营销策略和价格调整，零售商能够在一定程度上扩大市场容量，或者在竞争激烈的市场中抢占更多的市场份额。因此，本节主要讨论当两阶段销售下需求总量超过单阶段需求总量时，两种决策准则的订购策略和利润对比。

本节采用需求拉动系数来刻画第二阶段需求的增减情况，设需求拉动系数为 a，定义如下

a=(两阶段销售时的总需求均值－单阶段销售时的需求均值)/单阶段销售时的需求均值

其表示的是采用两阶段销售时比单阶段多的需求比例。一般而言，价格的大幅下降会导致需求的增加，因此两阶段销售时的需求总量一般会大于单阶段销售时的需求总量，那么合理假设 $a \geqslant 0$。为了便于计算，假设两阶段需求数据不变，仅通过减少单阶段需求来体现该需求拉动效应，为了减小需求不确定性的影响，假设需求标准差与需求均值按同比例变化。讨论 a 取值增加时的订购偏差。订购偏差计算公式如下

订购偏差=(两阶段订购量－单阶段订购量)/单阶订购量

利润偏差=(两阶段供应链利润－单阶段供应链利润)/单阶段供应链利润

5.4.1　Stackelberg 决策准则下两阶段和单阶段的订购策略比较

首先给出不同需求偏离程度下两阶段和单阶段 Stackelberg 准则的订购偏差以及利润偏差，实验结果见表 5-8。

表 5-8　需求拉动下两阶段和单阶段 Stackelberg 订购偏差和利润偏差

a	订购偏差（%）	供应链利润偏差（%）
0	−0.12	−29.09
0.1	8.01	−22.08
0.2	20.43	−13.21
0.3	29.84	−7.82
0.4	40.61	1.07
0.5	50.00	9.51
0.6	61.67	15.87
0.7	70.99	23.55
0.8	81.05	29.75
0.9	89.29	36.19
1.0	98.33	42.17

由表 5-8 可见，随着需求拉动系数的增加，即两阶段销售相较于单阶段销售能带来更多的需求增加时，两阶段的最优订购量相对于单阶段的最优订购量的订购偏差先是略微减小（在需求拉动系数为 0 时，订购偏差为负，意味着两阶段订购量略低于单阶段），随后显著增加，表明在更高的需求拉动下，两阶段销售策略会导致更高的订购量。利润偏差从初始的负值开始，随着需求拉动系数的增加，利润偏差逐渐减少，并最终转为正值。这表明在一定的需求拉动效应下，两阶段销售策略开始给供应链带来比单阶段销售更高的总利润。

这与零售商订购模型不同，由于相比于零售商单独决策的情形，Stackelberg 准则下供应商的批发价对零售商的订购决策造成了一定的限制，使得零售商不得不通过降低订购量来削减因批发价增加带来的损失，使得最终两阶段和单阶段订购量趋于一致。但即便存在供应商的批发价限制因素，两阶段的供应链总利润仍然比单阶段少了 29.09%，这是两阶段销售时的市场总容量与单阶段一致，但是两阶段存在降价销售而导致的。然而，由于当批发商得知零售商采用单阶段销售的情况下，会尽可能通过提高批发价来剥夺高额的利润，因此单阶段供应商的利润剥夺效应显然大于两阶段的情形。当需求偏离程度 a 取值为 0.39 时，两个模型供应链的总利润趋于一致，这意味两阶段销售时，由于第二阶段折扣波动阶段带来的需求拉动必须增加 39%左右才能匹配上单阶段销售的供应链期望利润。

由以上分析可见，对于采取 Stackelberg 决策准则的供应链，识别和利用需求拉动效应可以显著提升供应链的利润。在计划促销或定价策略时，需要考虑如何最大化需求拉动效应，以增加销售量和总利润。随着需求拉动系数的变化，两阶段销售相比单阶段销售的订购量和利润差异显著，供应链管理者需要根据市场反应和需求预测，动态调整订购策略，以应对不同阶段的市场变化。在价格策略方面，虽然降价销售策略在两阶段销售中起着关键作用，管理者需要精心设计第二阶段的降价策略，不仅要吸引足够的需求以清理库存，还要确保总利润的最大化。这可能涉及对不同顾客群体的价格敏感度和购买行为的深入理解。尽管需求拉动效应有可能提升总利润，但也会增加库存和供应链成本的不确定性，供应链管理者需要通过精确的需求预测、有效的库存管理和灵活的供应链配置来减小这些风险。

5.4.2　集中决策准则下两阶段和单阶段的订购策略比较

本小节讨论当两阶段价格波动销售下的需求总量超过单阶段需求总量时，集中决策准则下的两阶段和单阶段最优订购策略会出现怎样的偏差。关于需求拉动系数 a 和订购偏差以及利润偏差的定义同 5.4.1 节。需求拉动效应下两阶段和单阶段集中决策订购偏差、利润偏差等结果见表 5-9。

表 5-9　需求拉动下两阶段和单阶段集中决策订购偏差和利润偏差

a	订购偏差（%）	利润偏差（%）
0	−9.89	−33.81
0.1	−1.25	−27.41
0.2	7.22	−21.51
0.3	17.15	−14.01
0.4	25.47	−7.99
0.5	33.74	−0.85
0.6	43.05	5.60
0.7	53.67	11.92
0.8	60.36	18.60
0.9	68.68	25.01
1.0	81.01	32.05

表 5－9 显示，随着需求拉动效应的增加（即两阶段销售相比于单阶段销售能引起更多的需求量），订购偏差经历了从负向正的转变。当需求拉动效应 a 取值为 0.12 时，两者的订购量趋于一致。这表示初始时，两阶段销售的订购量相比单阶段销售有所减少，但随着需求拉动效应的增强，两阶段销售的订购量开始超过单阶段销售。这种转变反映了在需求拉动效应较低时，集中决策下的供应链可能会更加谨慎，减少订购量以避免过剩库存，但当需求拉动效应足够大，能够显著增加需求量时，供应链会增加订购量，以满足增加的市场需求。利润偏差也从负值开始，随着需求拉动效应的增加而逐渐减少，最终变为正值，在该组数据下，当需求偏离程度 a 取值为 0.51 时，两个模型零售商的期望利润趋于一致。同样说明在需求拉动效应较低时，两阶段销售模式相比于单阶段销售模式会减少供应链的总利润。然而，随着需求拉动效应的增强，两阶段销售模式能够带来更高的总利润。一旦通过两阶段销售策略引发的需求增加足够补偿价格下降带来的利润损失，在该组实验数据下，要求大幅折扣带来的需求拉动必须增加 51%才能匹配上单阶段销售的期望利润，此时，相对于单阶段销售策略而言整个供应链将从两阶段销售中获益。

由表 5－8 和表 5－9 可以得到 Stackelberg 决策和集中决策供应链在不同需求拉动系数下两阶段和单阶段的订购偏差和利润偏差的对比，将对比结果作图，结果见图 5－10。

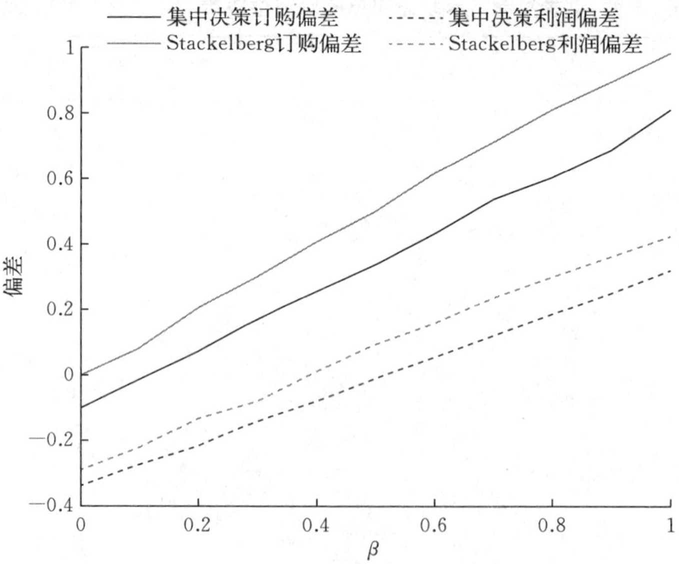

图 5－10　两种准则下两阶段和单阶段的订购偏差比较

由图 5-10 对比可知，随着两阶段销售带来的需求拉动效应的增加，无论是 Stackelberg 决策准则还是集中决策准则，两阶段相比于单阶段的利润偏差由负偏差逐渐缩小转为正偏差。这是由于两阶段需求拉动效应带来的需求增长效应逐步超过了因降价带来的利润损失，从而使得两阶段销售的总利润相对于单阶段而言增加了。

由上述分析可以得到如何选择单阶段或两阶段价格波动销售的建议。在相同的需求拉动效应下，不同决策模型两阶段和单阶段的订购偏差有所不同。随着需求拉动效应的增加，两个模型的两阶段销售策略均可获得相比于单阶段销售更高的利润；但相比较而言，在相同的需求拉动效应下，Stackelberg 决策比集中决策更倾向于采用两阶段销售策略，因为 Stackelberg 决策下若要达到两阶段和单阶段的利润均等，需要的需求拉动效应更小（$a=0.39<0.51$）。因此，相比于集中决策准则，在 Stackelberg 决策准则下零售商更倾向于采用两阶段销售策略。但是为了获得比单阶段价格波动销售更高的利润，需要考虑需求拉动效应，只有当两阶段销售时，降价波动销售阶段可以带来足够多的额外需求，才考虑采用两阶段销售策略，从而使供应链获得更多的利润。

5.5　本章小结

本章在第 3 章和第 4 章关于价格随机波动的零售商订购模型基础上研究了包含一个供应商和一个零售商的两级供应链系统在面对价格随机波动销售下的单周期最优订购策略问题。分别考虑了供应商为主导、零售商为从属的 Stackelberg 决策和集中决策两种准则下两阶段和单阶段价格随机波动的最优订购问题。

首先，构建了供应商为主导、零售商为从属的 Stackelberg 决策准则下两阶段价格随机波动销售下的双层订购模型，并将双层规划转化为单层规划进行求解，证明了下层规划中零售商的订购量是关于批发价的减函数。引入 Copula 函数刻画价格和需求的相关性，并给出 Copula 测度下的订购模型和最优订购策略。接着将以上 Stackelberg 决策准则下两阶段价格波动的订购模型退化到单阶段的情形。通过对模型的离散化处理，分别给出了两阶段和单阶段 Stackelberg 决策准则下近似最优订购量的求解算法，并证明了算法的收敛性。

其次，构建了集中决策准则下两阶段价格随机波动销售的订购模型，同样构建并求解了 Copula 测度下的订购模型和最优订购策略。之后，将两阶段模型退化到单阶段的情形。通过离散化处理，分别给出了两阶段和单阶段集中决策准则下近似最优订购量的求解算法。

最后，对 Stackelberg 决策准则和集中决策准则下的订购模型进行了数值分析。实验结果表明运用所提的算法可以求解得到价格随机波动销售下 Stackelberg 和集中决策准则下近似最优订购策略。以两阶段价格波动销售为主，讨论了价格波动性、需求不确定性、单位处理费用等对两种准则下的最优订购策略的影响。结果表明：价格波动销售时，相比于 Stackelberg 决策准则，采取集中决策准则更有利于供应链获得更高的利润。通过对两阶段和单阶段价格波动销售下 Stackelberg 和集中决策准则订购模型的对比分析可见，相比于集中决策，Stackelberg 准则下零售商更倾向于采用两阶段销售策略。

本章的主要结论及管理建议如下：

第一，价格的波动性和需求的不确定性影响两种决策准则下的最优订购策略以及供应链各成员的利润。价格波动加剧时，零售商应适当减少订购量。价格波动性较小时，Stackelberg 决策准则下零售商比供应商可能获得更多的利润，波动较大时供应商则会获得更高的利润，波动性带来的不均衡的影响使得供应链成员需设法通过一些机制（如利润分配机制、批发价数量折扣机制等）来平衡由于价格波动性带来的利润分配不均问题。需求不确定性增加时，零售商需减少订购量。因此，为了获得更高额的利润，供应商和零售商都应提供高质量的产品和服务，来保证客源的稳定性，降低需求的波动性。

第二，在市场容量不变的情况下，Stackelberg 和集中决策准则下最优订购量均随着第一阶段需求量的增加而增大，供应链各主体的利润也相应增加。因此，与零售商单独决策类似，供应链成员应尽最大努力在第一阶段销售更多的产品，通过多样化营销手段吸引更多顾客在第一阶段购买产品，而不是等到打折策略后前来购买。

第三，当单位处理费用增加时，Stackelberg 和集中决策准则下零售商均需要减少订购量，同时供应链的利润也降低了。这个结论与传统价格确定的订购模型是一致的。因此，无论是以价格波动还是价格确定方式销售商品，都需要供应链各成员提早考虑库存过剩商品的处置，如建特卖场、折扣店等，减少单位产品的处理费用，减少因单位处理费用够高对整个供应链利润的影响。

第四，若市场需求不确定性较低，可以采用非合作的 Stackelberg 决策准则的订购决策，订购策略不会偏离集中决策太远。当市场需求不确定性增加，Stackelberg 决策准则会显露出弊端，严重降低供应链的效率。处理费用过高时，应采用 Stackelberg 决策准则，从而通过批发价的制约更有利于抵御处理费用过高带来的风险。

第五，在进行易逝品销售时，Stackelberg 决策比集中决策更倾向于采用两阶段销售策略。

价格随机波动销售现象普遍存在，但考虑阶段性降价策略以及供应链环境下的价格波动订购问题并没有相关研究。本章的研究是对传统价格确定供应链订购理论的延伸，为价格随机波动销售下解决供应链环境下的订购决策问题提供了理论参考。

第6章 供应链利润分配准则下价格随机波动的最优订购策略

上一章讨论了 Stackelberg 决策准则和集中决策准则下价格随机波动的单周期最优订购问题。通过数值实验，对比了不同因素对两种决策准则最优订购策略的影响。实验结果表明价格随机波动销售以及需求的不确定性对零售商的订购策略以及供应商利润均带来了极大的影响。实际中，供应商在进行决策时若不考虑零售商的利益，当零售商感到利益分配不公平时，零售商常常不惜牺牲自己的利益来影响他方收益，比如大量减少订购，甚至不订购产品。因此，合理的利润分配是供应商与零售商长期稳定合作需要关注的焦点问题，本章考虑利润分配准则订购作为供应链契约，讨论包含一个供应商和一个零售商的两级供应链系统在所提利润分配准则下的最优订购策略问题。

首先，建立一种利润分配准则下两阶段价格随机波动的订购模型。接着，给出了零售商和供应商分别占优的条件，并讨论模型退化到单阶段的情形。其次，通过 Copula 函数获得价格和需求的相关关系，并对模型进行离散化处理，得到利润分配准则下近似最优订购策略的求解算法。再次，在前一章实验数据的基础上，对利润分配订购模型进行了数值分析，通过利润协商确定了合理的利润分配比例。接着，将利润分配准则订购策略、Stackelberg 准则订购策略、集中决策订购策略进行了对比，结果表明合理的利润分配准则可以抵御不确定性带来的订购风险和利润偏差，并且合理的利润分配比例可以实现供应链稳定合作。最后，讨论了两阶段价格随机波动销售和单阶段价格随机波动销售下利润分配准则下最优订购策略的对比。结果表明，当零售商所占优势明显时，供应链利润分配准则下零售商更倾向于采用两阶段进行销售；而当供应商所占优势明显时，零售商更倾向于采用单阶段进行销售。

6.1 问题描述及假设说明

Stackelberg 决策准则下，供应商先确定批发价，然后零售商根据批发价确定最优的订购量，因此，供应商是根据零售商在批发价对应订购量所达到最大利润值时选择最优批发价，这时候供应商选择的是零售商所有订购量中使其取最大利润时的批发价；集中决策则是供应商与零售商完全合作的一种理想决策状态，即供应商和零售商均选择供应商与零售商利润之和达到最大值时得到的批发价与零售价。Stackelberg 决策准则得到最优策略是对供应商最优利的情形，而对零售商是最不利的准则。而集中决策准则是双方所获得的总利润一定不小于 Stackelberg 决策准则双方获得的总利润，尽管使得供应链总利润最大，但零售商不一定能获得比其他决策下更好的利润。那么，双方可以通过一种利润分配准则进行决策，零售商能够获得更多利润，供应商减少对应的利润，这样零售商能够订购更多的产品，使得供应商与零售商双方在利润上达到一种比例，保障他们有稳定的合作交易发生。

供应链合作中常见的两种利润分配方式是利润共享契约和事先的利润分配准则。利润共享契约涉及供应商以较低的批发价向零售商供应商品，零售商销售后，根据事先协议的比例分配利润给供应商。这种机制通过销售利润的共享，激励供应链各方共同努力，提高销售和利润，同时分担风险。而事先的利润分配准则是在合作开始前就确定利润分配的方式和标准，这种准则通常是基于协商和合同签订，旨在保障供应链各方的权益和公平收益。通过强制性的事先利润分配比例，确保风险和收益在参与方间公平共担，促进长期合作关系。这种事先利润分配准则在某些情况下对一些弱势企业有一定的保护作用，如为了保护中小企业，政府可能要求特定的利润分配比例。

利润共享契约已经有比较多的相关研究，本章将针对价格波动产品，研究后一种事先利润分配准则情形的最优订购量，通过给定不同的利润分配值计算出最优批发价和最优订购量，以帮助供应商零售商获得他们交易最优策略。由于后一种利润分配准则，经常是在零售价固定下确定，他们可以很容易获得最优策略，但当零售价波动销售时，这种最优策略确定变得十分复杂和困难，所以在这种利润分配机制下的订购和协调问题很少有相关研究（肖玉明，2009；周娜，2020）。因此，为了保证供应链双方收益达到最大化，对于零售价波动销售的情形利润分配准则下的最优批发价和最优订购量的研究成为供应商与零售商需要解决的关键问题。

建模之前，在上一章基础上给出本章涉及的假设说明。

(1) 随机价格连续性假设

假设零售商销售某产品的单位零售价为在某一价格区间波动的连续随机变量。实际中仅有有限多个零售价格，然而竞争或主动变价或讨价还价机制的存在，导致成交零售价的不确定性，建模时设零售价无限多，对零售价做一个连续的近似处理。

(2) 相关参数假设

假设缺货不会出现诸如信誉等的额外损失，即不考虑缺货损失费；假设销售周期结束，仍销售不出去的商品需进行处理，单位处理费用为一个确定的常量，且按该处理费用一定可以处理完所有商品；单位批发价小于波动零售价的最低价且大于生产成本。

(3) 订购决策假设

假设供应商能满足订购需求，供应商决定批发价，零售商确定订购量。仅考虑在销售之前零售商订购一次，且销售期中缺货不再进行补货；假设零售商和供应商都是风险中性的，且市场相关信息对于零售商和供应商均是可知的。

(4) 价格与需求分布描述假设

假设波动价格和不确定需求为连续型随机变量以便于建模求解，同时假设价格和需求的边缘概率分布连续，且联合概率密度和联合概率分布函数也连续；假设第一阶段与第二阶段的需求相互独立；假设第一阶段和第二阶段的价格波动区间没有重叠，个别特殊订单可作为异常数据剔除。

(5) 假设供应商与零售商按照双方利润分配比例进行合作，他们同意以收益分配比例为原则确定订购量与批发价，共同确定利润分配系数

假设利润分配系数 ϕ，$\phi>0$ 表示供应商与零售商的期望利润比例。

由于单阶段是两阶段的一种特殊情形，因此本研究首先讨论两阶段价格随机波动销售下供应链的最优订购问题，再考虑模型退化到单阶段的情形。

6.2 利润分配准则下价格随机波动的订购模型构建

在上一章符号说明的基础上，本章增加以下三个符号说明：ϕ，$\phi>0$，利润分配系数；$\overline{Q}_a^*$，利润分配准则下零售商的近似最优订购量；$\overline{w}_a^*$，利润分配准则下供应商近似最优批发价。

6.2.1 两阶段价格随机波动的订购模型构建

考虑由一个供应商和一个零售商组成的两级供应链系统，以两阶段价格随机波动销售某易逝品，按照供应链利润分配准则进行决策。零售商在进行订购决策时，需要考虑零售商和供应商的利润分配，所采取的订购量使得供应商提供最优批发价。假设供应商和零售商达成以下利润分配准则——供应商的期望利润达到零售商的 ϕ 倍，$\phi>0$，即

$$E[\pi_s(Q,\ w)]=\phi E[\pi_{re}(Q,\ w)] \tag{6-1}$$

利润分配系数 ϕ 代表了供应商和零售商的期望利润比例，体现了两个经济实体在供应链利润分配中所占优势。ϕ 的确定取决于供应链系统中供应商和零售商的主导地位。当 $\phi=1$ 时，表明了两者地位均等，等比例分配供应链的总利润，$\phi\in(1,\ +\infty)$ 表示供应商占优，其所得到的利润大于零售商的利润，而当 $\phi\in(0,\ 1)$ 时表明零售商占优。一旦确定利润分配比例后，供应商与零售商必须按式（6-1）得到批发价和订购量来执行。在实际运营中，分配比例可以由供应商与零售商协商获得，双方利润均比在单独决策下要大的利润分配系数为合理的分配方案。本章将通过分配比例系数得到供应商与零售商的批发价与订购量之间的关系，为供应商与零售商谈判提供理论依据。

在已知批发价区间 $c_0\leqslant w\leqslant \eta_2^l$ 以及利润分配比例 ϕ 的前提下，需考虑如何确定订购量 Q 使整个供应链在利润分配下的期望利润最大，因此，满足该决策准则是一种合作的决策方式。当满足相应的利润分配比例下供应链总利润最大时，意味着在相关的利润分配比例下供应商和零售商的利润也达到最大，即按比例同时达到最大。因此，在该利润分配制度约束下，供应商和零售商的决策目标与供应链总目标一致。

本研究给出该利润分配准则下两阶段价格波动的供应链决策模型（P6-1）

$$\begin{cases}\max E[\pi_{sc}(Q,\ w)]=(1+\phi)E[\pi_{re}(Q,\ w)]\\ \text{s.t.}\quad E[\pi_s(Q,\ w)]:E[\pi_{re}(Q,\ w)]=\phi\\ \qquad Q\geqslant 0\\ \qquad w\in[c_0,\ \eta_2^l]\end{cases}$$

其中，$w\in[c_0,\ \eta_2^l]$ 为批发价的可行区间，为了促使零售商进行订购，一般最高批发价需低于两阶段波动零售价的最低价，且为了供应商可以获利，最低批发价需高于单位生产成本。

由第 4 章的分析可以得到当以两阶段价格波动销售时，零售商期望利润表达式为

$$\begin{aligned}E[\pi_{re}(Q,\ w)]=&\int_{\eta_1^l}^{\eta_1^h}\int_{Q}^{+\infty}\eta_1 Q h_1(\eta_1,\ \xi_1)\mathrm{d}\xi_1\mathrm{d}\eta_1+\int_{\eta_1^l}^{\eta_1^h}\int_{0}^{Q}\eta_1\xi_1 h_1(\eta_1,\xi_1)\mathrm{d}\xi_1\mathrm{d}\eta_1+\\&\int_0^Q\int_{\eta_2^l}^{\eta_2^h}\int_{Q-\xi_1}^{+\infty}\eta_2(Q-\xi_1)h_2(\eta_2,\ \xi_2)f_1(\xi_1)\mathrm{d}\xi_2\mathrm{d}\eta_2\mathrm{d}\xi_1+\\&\int_0^Q\int_{\eta_2^l}^{\eta_2^h}\int_{0}^{Q-\xi_1}\eta_2\xi_2 h_2(\eta_2,\ \xi_2)f_1(\xi_1)\mathrm{d}\xi_2\mathrm{d}\eta_2\mathrm{d}\xi_1-\\&\int_0^Q\int_{\eta_2^l}^{\eta_2^h}\int_{0}^{Q-\xi_1}c_h(Q-\xi_1-\xi_2)h_2(\eta_2,\ \xi_2)f_1(\xi_1)\mathrm{d}\xi_2\mathrm{d}\eta_2\mathrm{d}\xi_1-wQ\end{aligned} \tag{6-2}$$

供应商的期望利润函数即为其利润函数

$$E[\pi_s(Q, w)]=(w-c_0)Q \tag{6-3}$$

为了求解满足 $E[\pi_s(Q, w)]:E[\pi_{re}(Q, w)]=\phi$ 准则条件下使（P6-1）利润最大的订购量和对应的批发价，可以通过在批发价范围内给定一个批发价 w，根据目标函数求解使零售价期望利润最大的订购量 Q，再验证该决策（Q, w）是否满足 $E[\pi_s(Q, w)]:E[\pi_{re}(Q, w)]=\phi$ 约束。由于在利润分配准则约束下较难得到最优订购量的解析表达式，因此，可以通过离散化的方法求解近似最优订购策略，具体将在 6.3 节中给出求解算法。

显然，不合理的利润分配系数取值会导致得不到最优订购策略。由于批发价 w 满足一定的范围 $w\in[c_0, \eta_2^l]$，因此，利润分配参数 ϕ 也会在某范围内变化。接下来讨论不同批发价下零售商和供应商利润分配参数 ϕ 可能的取值区间。由式（6-2）和式（6-3）可以给出两阶段价格波动销售时零售商和批发商的期望利润关于订购量关系的示意图，如图 6-1 所示。

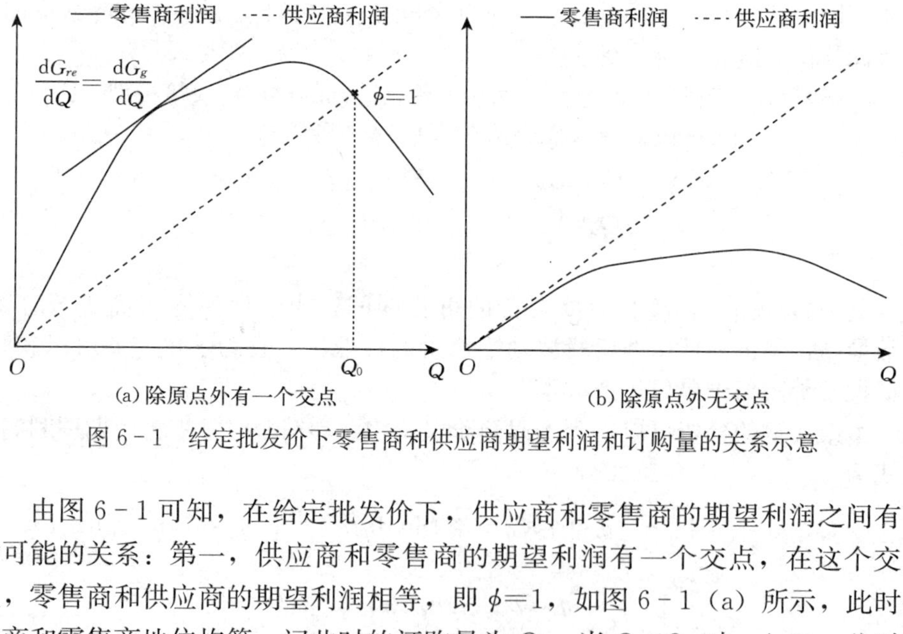

(a) 除原点外有一个交点　　(b) 除原点外无交点

图 6-1　给定批发价下零售商和供应商期望利润和订购量的关系示意

由图 6-1 可知，在给定批发价下，供应商和零售商的期望利润之间有两种可能的关系：第一，供应商和零售商的期望利润有一个交点，在这个交点上，零售商和供应商的期望利润相等，即 $\phi=1$，如图 6-1（a）所示，此时供应商和零售商地位均等，记此时的订购量为 Q_0；当 $Q<Q_0$ 时，$\phi<1$，此时零售商占优；当 $Q>Q_0$ 时，$\phi>1$，此时供应商占优。第二，供应商和零售商的期望利润之间无交点，即 ϕ 恒大于 1，如图 6-1（b）所示，这种情况下必然供应商的利润大于零售商的利润，则意味着必然供应商占优。接下来讨论，两种相关性分别需满足什么条件。

定理 6-1：当且仅当 w 满足式（6-4）时，则模型（P6-1）存在最优策略，即零售商和供应商存在利润分配系数使得他们之间存在合作交易点，即 ϕ 可以取到小于 1 的值

$$w<\frac{E(\eta_1)+c_0}{2} \tag{6-4}$$

证明：由定理 3-2 的证明可知，当批发价 w 给定时，若两阶段价格和需求的联合概率分布均连续时，$E[\pi_{re}(Q, w)]$ 是关于 Q 的严格凹函数，其关于 Q 的一阶导数是单调递减的，而 $\pi_s(Q, w)$ 是关于 Q 的单调增函数。当 $Q=0$ 时，零售商和供应商均无利可图，即两者利润在原点相交，当且仅当 $\left.\frac{\mathrm{d}E[\pi_{re}(Q, w)]}{\mathrm{d}Q}\right|_{Q=0}>\left.\frac{\mathrm{d}E[\pi_s(Q, w)]}{\mathrm{d}Q}\right|_{Q=0}$ 时，零售商和供应商存在合作交易交点。由于 $\left.\frac{\mathrm{d}E[\pi_{re}(Q, w)]}{\mathrm{d}Q}\right|_{Q=0}=E(\eta_1)-w$，$\left.\frac{\mathrm{d}[\pi_s(Q, w)]}{\mathrm{d}Q}\right|_{Q=0}=w-c_0$，因此，若零售商和供应商均可能获得优势，即他们之间有合作的交易点，则需满足 $E(\eta_1)-w>w-c_0$，化简得式（6-4）成立。相反，若式（6-4）条件不成立，必然供应商占优势。

证毕。

以上讨论了零售商和供应商之间存在利润分配系数的合作交易点，使得双方对等占优势的条件。

6.2.2　单阶段价格随机波动的订购模型构建

接下来给出退化到单阶段的利润分配准则下的订购模型。由 3.2 节的建模过程可知单阶段零售商的期望利润 $E[\pi_{re}(Q, w)]$ 表示如下

$$\begin{aligned}E[\pi_{re}(Q, w)]=&\int_{\eta^l}^{\eta^h}\int_0^Q[\eta\xi-c_h(Q-\xi)]h(\eta, \xi)\mathrm{d}\xi\mathrm{d}\eta+\\&\int_{\eta^l}^{\eta^h}\int_Q^{+\infty}\eta Qh(\eta, \xi)\mathrm{d}\xi\mathrm{d}\eta-wQ\end{aligned} \tag{6-5}$$

将式（6-5）代入模型（P6-1），即可转化为单阶段的利润分配订购模型。由式（6-5）结合式（6-3）可以给出单阶段情形下零售商和批发商的期望利润关于订购量关系，与图 6-1 类似。定理 6-2 给出了单阶段销售时，两种相关性分别需满足什么条件。

定理 6-2：当且仅当 w 满足式（6-6）时，则模型（P6-1）存在最优策略，即零售商和供应商存在利润分配系数使得他们之间存在合作交易点，零售商和供应商均可能获得优势，即 ϕ 可以取到小于 1 的值

$$w<\frac{E(\eta)+c_0}{2} \tag{6-6}$$

证明：由定理 3-1 的证明可知，当批发价 w 给定时，若单阶段价格和需求的联合概率分布均连续时，$E[\pi_{re}(Q, w)]$ 是关于 Q 的严格凹函数，其关于 Q 的一阶导数是单调递减的，而 $\pi_s(Q, w)$ 是关于 Q 的单调增函数。当 $Q=0$ 时，零售商和供应商均无利可图，即两者利润在原点相交，当且仅当 $\left.\frac{\mathrm{d}E[\pi_{re}(Q, w)]}{\mathrm{d}Q}\right|_{Q=0}>\left.\frac{\mathrm{d}E[\pi_s(Q, w)]}{\mathrm{d}Q}\right|_{Q=0}$ 时，零售商和供应商有另一个交点。

由定理 3-1 的证明过程可知，$\left.\frac{\mathrm{d}E[\pi_{re}(Q, w)]}{\mathrm{d}Q}\right|_{Q=0}=E(\eta)-w$，若零售商和供应商均可能获得优势，即他们之间有合作的交易点，则需满足 $E(\eta)-w>w-c_0$，化简得式（6-6）成立。相反，若式（6-6）条件不成立，必然供应商占优。

证毕。

由此可见，无论是单阶段销售还是两阶段销售，只要批发价小于第一阶段的价格波动均值（单阶段时就是价格波动均值）和生产成本的均值，那么零售商和供应商均存在利润分配协调合作交易点。

接下来在以上分析的基础上，运用离散化的方法，给出两阶段和单阶段价格随机波动销售利润分配准则下的近似最优订购策略的求解方法。

6.3 近似最优订购策略的求解算法

6.3.1 两阶段价格随机波动的近似最优订购策略求解算法

为了求解最优订购策略，本研究建立 Copula 函数相关性测度下两阶段的利润分配供应链的决策模型

$$\begin{cases}\max E_{Copula}[\pi_{sc}(Q, w)]=(1+\phi)E_{Copula}[\pi_{re}(Q, w)]\\ \text{s.t.}\quad E[\pi_s(Q, w)]:E_{Copula}[\pi_{re}(Q, w)]=\phi\\ \qquad Q\geqslant 0\\ \qquad w\in W\end{cases}$$

其中，$E_{Copula}[\pi_{re}(Q, w)]$ 为 Copula 测度下的零售商期望利润，两阶段时可表示为

$$\begin{aligned}E_{Copula}[\pi_{re}(Q, w)]=&\int_{\eta_1^l}^{\eta_1^h}\int_Q^{+\infty}\eta_1 Q c_1(G_1(\eta_1), F_1(Q))g_1(\eta_1)f_1(Q)\mathrm{d}\xi_1\mathrm{d}\eta_1+\\&\int_{\eta_1^l}^{\eta_1^h}\int_0^Q\eta_1\xi_1 c_1(G_1(\eta_1), F_1(Q))g_1(\eta_1)f_1(Q)\mathrm{d}\xi_1\mathrm{d}\eta_1+\end{aligned}$$

$$\int_0^Q\int_{\eta_2^l}^{\eta_2^h}\int_{Q-\xi_1}^{+\infty}\eta_2(Q-\xi_1)c_2(G_2(\eta_2),F_2(Q))g_2(\eta_2)$$

$$f_2(Q)f_1(\xi_1)\mathrm{d}\xi_2\mathrm{d}\eta_2\mathrm{d}\xi_1+\int_0^Q\int_{\eta_2^l}^{\eta_2^h}\int_0^{Q-\xi_1}\eta_2\xi_2c_2(G_2(\eta_2),$$

$$F_2(\xi_2))g_2(\eta_2)f_2(\xi_2)f_1(\xi_1)\mathrm{d}\xi_2\mathrm{d}\eta_2\mathrm{d}\xi_1-$$

$$\int_0^Q\int_{\eta_2^l}^{\eta_2^h}\int_0^{Q-\xi_1}c_h(Q-\xi_1-\xi_2)c_2(G_2(\eta_2),F_2(\xi_2))$$

$$g_2(\eta_2)f_2(\xi_2)f_1(\xi_1)\mathrm{d}\xi_2\mathrm{d}\eta_2\mathrm{d}\xi_1-wQ$$

实际中，由于价格和需求波动是以有限离散点出现的，且供应商提供有限多的批发价，将模型（P6－2）转换为离散数据下的决策模型进行求解。零售商以有限多波动价格进行销售，第一和第二阶段所有可能的价格和需求取值分别为

$$(\eta_{1i_1},\ \xi_{1j_1})\quad i_1=1,2,\cdots,r_1;\ j_1=1,2,\cdots,m_1$$

$$(\eta_{2i_2},\ \xi_{2j_2})\quad i_2=1,2,\cdots,r_2;\ j_2=1,2,\cdots,m_2$$

记第一、第二阶段价格和需求同时发生的概率为 $P(\eta=\eta_{1i_1},\ \xi=\xi_{1j_1})=P_{1i_1j_1}$，$P(\eta=\eta_{2i_2},\ \xi=\xi_{2j_2})=P_{2i_2j_2}$，$P_{1j_1}$ 表示第一阶段需求的边缘分布。$\overline{j_1}$ 表示将离散化后需求的取值按从小到大排列后，满足 $\xi_{1\overline{j_1}}\leqslant Q$ 且 $\xi_{1(\overline{j_1}+1)}>Q$。$\overline{j_2}$ 指的是第一阶段销售过后的剩余库存是否能满足第二阶段的需求阈值。即将第二阶段离散需求从小到大排列，$\overline{j_2}$ 满足 $\xi_{2\overline{j_2}}\leqslant Q-\xi_{1j_1}$ 且 $\xi_{2(\overline{j_2}+1)}>Q-\xi_{1j_1}$。令离散数据情况下的利润表达式分别为 $\overline{G}_s(Q,w)$、$\overline{G}_{re}(Q,w)$、$\overline{G}_{sc}(Q,w)$，得到离散数据下的决策模型（P6－3）如下

$$\begin{cases}\max\ \overline{G}_{sc}(Q,w)=(1+\phi)\overline{G}_{re}(Q,w)\\ \text{s. t.}\quad \overline{G}_s(Q,w):\overline{G}_{re}(Q,w)=\phi\\ \qquad Q\geqslant 0\\ \qquad w\in W\end{cases}$$

其中，$\overline{G}_s(Q,w)=E[\pi_s(Q,w)]$，$\overline{G}_{re}(Q,w)$ 表达式为

$$\overline{G}_{re}(Q,w)=\sum_{i_1=1}^{r_1}\sum_{j_1=\overline{j_1}}^{m_1}\eta_{1i_1}QP_{1i_1j_1}+\sum_{i_1=1}^{r_1}\sum_{j_1=1}^{\overline{j_1}}\eta_{1i_1}\xi_{1j_1}P_{1i_1j_1}+$$

$$\sum_{j_1=1}^{\overline{j_1}}\sum_{i_2=1}^{r_2}\sum_{j_1=\overline{j_2}}^{m_2}\eta_{2i_2}(Q-\xi_{1j_1})P_{2i_2j_2}P_{1j_1}+$$

$$\sum_{j=1}^{\overline{j_1}}\sum_{i_2=1}^{r_2}\sum_{j_2=1}^{\overline{j_2}}[\eta_{2i_2}\xi_{2j_2}-c_h(Q-\xi_{1j_1}-\xi_{2j_2})]P_{2i_2j_2}P_{1j_1}-wQ$$

一般批发价可能的取值有限，即 W 为离散集合。

通过 Copula 函数我们可以模拟得到足够多的未来可能发生的价格和需求

序列，从而计算出利润分配准则下使得供应链期望利润最大的订购策略。接下来给出在给定利润分配系数下，如何通过 Copula 模拟价格和需求数对并求解最优订购量的过程，称为算法 6－1。

算法 6－1：

Step 1：根据调研获得价格和需求的环境数据，并通过蒙特卡罗模拟得到各个销售阶段价格和需求的边缘分布，并估计出分布的相关参数。设第一阶段和第二阶段价格和需求的边缘分布满足 $G_t(\eta_t)$、$F_t(\xi_t)$，$t=1$，2。

Step 2：根据价格和需求波动的特点选取能较好描述两者相关性特征的 Copula 函数，首先根据经验选择，再进行拟合优度检验，检验通过便可。

Step 3：在选定的 Copula 函数的基础上，生成两组边缘分布为在［0，1］上的均匀分布的随机变量的取值 $U_1(u_{11}, u_{12})$、$U_2(u_{21}, u_{22})$。

Step 4：通过逆变换，获取各阶段价格和需求的随机数对，即

$$\eta_1=G_1^{-1}(u_{11}),\ \xi_1=F_1^{-1}(u_{12}),\ \eta_2=G_2^{-1}(u_{21}),\ \xi_2=F_2^{-1}(u_{22})$$

重复 Step 3 至 Step 4，可以获得足够多的两阶段价格和需求的伪随机序列，该序列满足给定的边缘分布和 Copula 相关关系。

Step 5：统计两个阶段的需求区间，第一阶段需求区间为［$\min\_Q_1$，$\max\_Q_1$］，第二阶段需求区间为［$\min\_Q_2$，$\max\_Q_2$］，确定最优订购量区间，记为［$\min\_Q$，$\max\_Q$］，其中 $\min\_Q=\min\{\min\_Q_1, \min\_Q_2\}$，$\max\_Q=\max\_Q_1+\max\_Q_2$。

根据生成的价格需求离散序列，计算两个阶段价格和需求的联合概率分布，记为 P_t（$t=1$，2），并统计需求的边缘分布 P_{ξ_t}（$t=1$，2）。初始化参数 c_0，$\delta>0$，$k=\min\_Q$ 给定批发价集合 $W=\{w_x, x=1, 2, \cdots, R\}$，并设比例系数 ϕ。

Step 6：判断 $w_x<\dfrac{E(\eta_1)+c_0}{2}$ 是否成立。

取指标集 J_x，满足 $J_x=\left\{x\left|w_x<\dfrac{E(\eta_1)+c_0}{2}\right.\right\}$，$x=x+1$，循环 Step 6。

Step 7：若 $J_x=\left\{x\left|w_x<\dfrac{E(\eta_1)+c_0}{2}\right.\right\}$ 为空，则输出“该批发价集合下不存在合作交易点”。否则，在取值区间［$\min\_Q$，$\max\_Q$］内计算满足指标集 $J_x=\left\{x\left|w_x<\dfrac{E(\eta_1)+c_0}{2}\right.\right\}$ 的 w_x 下，满足式（6－1）约束的订购量 Q_{kx}。

Step 8：判断 $|\bar{G}_s(Q_{kx}, w_x):\bar{G}_{re}(Q_{kx}, w_x)-\phi|<\delta$ 是否成立。

取指标集 I_k，满足 $I_k=\{k \mid |\bar{G}_s(Q_{kx}, w_x):\bar{G}_{re}(Q_{kx}, w_x)-\phi|<\delta\}$。$k=k+1$，循环 Step 8。

Step 9：判断若取指标集 I_k 为空，则输出“该 w_x 下无合适的订购策略”。否则，获得满足指标集 I_k 的 Q_{kx} 的集合 $\{Q_{kx},\ k\in I_k\}$，求出此时使得总利润最大的订购量 $\overline{Q_x^*}=\arg\max\limits_{Q_{kx}}\{\overline{G}(Q_{kx},\ w_x),\ k\in I_k\}$，以及此时的供应链总利润 $\{\overline{G}_{sc}(\overline{Q_x^*},\ w_x)\}$。取 $x=x+1$，$x\in J_x$，循环 Step 8 至 Step 9。

Step 10：得到所有满足等式约束的订购量集合 $\{\overline{Q_x^*}\}$ 以及对应的供应链总利润集合 $\{\overline{G}_{sc}(\overline{Q_x^*},\ w_x)\}$，$x\in J_x$，求得使得两阶段价格波动下利润分配供应链利润最大的订购量 $\overline{Q}_a^*$ 以及对应的批发价 $\overline{w}_a^*$，$(\overline{Q}_a^*,\ \overline{w}_a^*)=\arg\max\limits_{Q_x^*}\{\overline{G}_{sc}(\overline{Q_x^*},\ w_x)\}$，$x\in J_x$。

6.3.2　单阶段价格随机波动的近似最优订购策略求解算法

若以单阶段销售该易逝品，那么模型（P6－2）中的零售商利润 $E_{Copula}[\pi_{re}(Q,\ w)]$ 表示为

$$E_{Copula}[\pi_{re}(Q)]=\int_{\eta^l}^{\eta^h}\int_0^Q[\eta\xi-c_h(Q-\xi)]c(\eta,\ \xi)f(\xi)g(\eta)\mathrm{d}\xi\mathrm{d}\eta+\int_{\eta^l}^{\eta^h}\int_Q^{+\infty}\eta Qc(\eta,\ \xi)f(\xi)g(\eta)\mathrm{d}\xi\mathrm{d}\eta-wQ$$

设单阶段价格随机波动销售下价格 η 和需求 ξ 可能的取值分别为

$$\eta_i\quad i=1,\ 2,\ \cdots,\ r$$
$$\xi_j\quad j=1,\ 2,\ \cdots,\ m$$

记价格和需求同时发生的概率为

$$P(\eta=\eta_i,\ \xi=\xi_j)=P_{ij}$$

$\bar{j}$ 表示将离散化后需求的取值按从小到大排列后，满足 $\xi_{\bar{j}}\leqslant Q$ 且 $\xi_{\bar{j}+1}>Q$。参考算法 6－1，下面给出单阶段近似最优订购策略的求解算法。

令离散数据情况下供应商的利润为 $\overline{G}_s(w,\ Q)$，在模型（P6－3）的基础上，结合到单阶段离散化的零售商期望利润表达式 $\overline{G}_{re}(Q)$

$$\overline{G}_{re}(Q)=\sum_{i=1}^{r}\sum_{j=1}^{\bar{j}}[\eta_i\xi_j-c_h(Q-\xi)]P_{ij}+\sum_{i=1}^{r}\sum_{j=\bar{j}}^{m}\eta_iQP_{ij}-wQ$$

利润分配准则下单阶段价格波动的零售商近似最优订购策略的求解算法如下，称算法 6－2。

算法 6－2：

Step 1：根据历史订单数据统计各个销售阶段价格和需求的边缘分布类型，并估计出分布的相关参数，记为 $G(\eta)$、$F(\xi)$。

Step 2：根据价格和需求波动的特点选取能较好描述两者相关性特征的

Copula 函数，首先根据经验选择，再进行拟合优度检验，检验通过便可，并通过价格和需求的历史订单数据确定选定 Copula 函数的相应参数。

Step 3：选定的 Copula 函数的基础上，生成边缘分布为在 [0，1] 上的均匀分布的随机变量的取值（u_1，u_2）。

Step 4：通过逆变换，获取价格和需求的随机数对，即

$$\eta=G^{-1}(u_1),\ \xi=F^{-1}(u_2)$$

重复 Step 3 至 Step 4，可以获得足够多的两阶段价格和需求的伪随机序列，该序列满足给定的边缘分布和 Copula 相关关系。

Step 5：统计需求区间，记为 [min _ Q，max _ Q]。根据生成的价格需求离散序列，计算价格和需求的联合概率分布，记为 P_{ij}（$i=1, 2, \cdots, r$；$j=1, 2, \cdots, m$）。初始化参数 c_0，$\delta>0$，$k=\min\_Q$ 给定批发价集合 $\{w_x, x=1, 2, \cdots, R\}$，并设定分配比例 ϕ。

Step 6：判断 $w_x<\dfrac{E(\eta)+c_0}{2}$ 是否成立。

取指标集 J_x，满足 $J_x=\left\{x\left|w_x<\dfrac{E(\eta)+c_0}{2}\right.\right\}$，$x=x+1$，循环 Step 6。

Step 7：若 $J_x=\left\{x\left|w_x<\dfrac{E(\eta)+c_0}{2}\right.\right\}$ 为空，则输出“该批发价集合下不存在合作交易点”。否则，在取值区间 [min _ Q，max _ Q] 内计算满足指标集 $J_x=\left\{x\left|w_x<\dfrac{E(\eta)+c_0}{2}\right.\right\}$ 的 w_x 下，满足式（6-1）约束的订购量 Q_{kx}。

Step 8：判断 $|\overline{G}_s(Q_{kx}, w_x):\overline{G}_{re}(Q_{kx}, w_x)-\phi|<\delta$ 是否成立。

取指标集 I_k，满足 $I_k=\{k\,|\,|\overline{G}_s(Q_{kx}, w_x):\overline{G}_{re}(Q_{kx}, w_x)-\phi|<\delta\}$。$k=k+1$，循环 Step 8。

Step 9：判断若取指标集 I_k 为空，则输出“该 w_x 下无合适的订购策略”。否则，获得满足指标集 I_k 的 Q_{kx} 的集合 $\{Q_{kx}, k\in I_k\}$，求出此时使得总利润最大的订购量 $\overline{Q}_x^*=\arg\max\limits_{Q_{kx}}\{\overline{G}(Q_{kx}, w_x), k\in I_k\}$，以及此时的供应链总利润 $\{\overline{G}_{sc}(\overline{Q_x^*}, w_x)\}$。取 $x=x+1$，循环 Step 8 至 Step 9。

Step 10：得到所有满足等式约束的订购量集合 $\{\overline{Q}_x^*\}$ 以及对应的供应链总利润集合 $\{\overline{G}_{sc}(\overline{Q_x^*}, w_x)\}$，$x\in J_x$，求得使得单阶段价格波动下利润分配供应链利润最大的订购量 $\overline{Q}_a^*$ 以及对应的批发价 $\overline{w}_a^*$，$(\overline{Q}_a^*, \overline{w}_a^*)=\arg\max\limits_{Q_x^*}\{\overline{G}_{sc}(\overline{Q_x^*}, w_x)\}$，$x\in J_x$。

以上给出了两阶段和单阶段价格随机波动下利润分配准则的最优订购策略

的近似求解算法。由定理 6－1、定理 6－2 以及模型（P6－3）可知，以上算法可以求解得到供应链利润分配下的近似最优订购策略。接下来，本研究将通过数值分析求解利润分配准则最优订购策略，并分析相关参数对订购策略的影响。

6.4　利润分配准则下价格随机波动的订购策略数值实验

本节在离散模型（P6－3）的基础上，运用算法 6－1 和算法 6－2 求解利润分配准则下两阶段和单阶段价格随机波动的近似最优订购策略、供应商的最优批发价，以及各成员的利润。讨论不同参数对利润分配准则下最优订购策略的影响，同时比较利润分配准则下两阶段和单阶段价格波动销售的订购策略，最后将 Stackelberg 决策准则、集中决策准则、利润分配准则下的订购策略进行对比分析。本节的实验目的包括以下几个方面：

第一，运用算法 6－1 和算法 6－2 分别求解两阶段和单阶段价格随机波动销售下供应链利润分配准则下的近似最优订购策略；实验表明供应商与零售商通过算法 6－1 和算法 6－2 可以分别获得不同的利润分配系数下使得供应链利润最大的批发价、订购量、供应商利润和零售商利润，这些结果为他们协商合作策略提供数值依据。

第二，分析价格波动性以及需求变化对利润分配最优订购策略的影响；表明价格波动性变化、需求不确定性变化以及需求分配变化对给定利润分配系数下供应商与零售商的各自决策选择影响。

第三，讨论在 Copula 相关性、单位处理费用及单位生产成本对利润分配订购策略的影响；表明价格与需求之间的不同分布下，如何选择订购策略以及不同的处理费用及生产成本下，如何选择订购策略及批发价策略。

第四，对比两阶段和单阶段价格波动销售下的利润分配订购策略，研究不同需求拉动效应下如何选择订购策略。

第五，对比 Stackelberg 决策准则、集中决策准则、利润分配准则下的订购策略以及供应链利润。

本章采用第 5 章的实验数据进行分析计算，即通过统计得到两阶段的价格和需求边缘分布分别满足：第一阶段价格的边缘分布满足均值为 89.7、标准差为 9.21 的正态分布，第二阶段价格的边缘分布满足均值为 45.2、标准差为 4.47 的正态分布；第一阶段需求满足均值为 1 996、标准差为 197.5 的正态分布，第二阶段需求满足均值为 3 002、标准差为 299.5 的正态分布。相关参数设置同 5.3 节，即设单位处理费用 $c_h=5$ 元/件，供应商的单位生产成本 $c_0=10$ 元/件，供应商的批发价集合 $W=\{w, w\in[10, 43]\}$ 元/件，且两阶段价格和需求均满足高斯 Copula 相关关系，相关系数为－0.6。

另外，单阶段的相关参数同 5.3.1 节。其他各因素的参数变化设置也同第 5 章一致。

6.4.1 利润分配准则下的近似最优订购策略求解

(1) 两阶段近似最优订购策略求解

首先运用算法 6－1 计算利润分配准则下两阶段价格波动销售的近似最优订购策略。批发价满足一定的范围，即 $w\in[10, 43]$，且取离散的整数。讨论当利润分配系数 ϕ 变化时，零售商的最优订购量、供应商的最优批发价以及各利润的变化。分别给出供应商占优和零售商占优的情形，其中零售商占优时分别取利润分配系数 $\phi=0.1$，0.2，…，0.9，供应商占优时分别取利润分配系数 $\phi=1$，2，3，4，5，收敛系数 δ 取 $\delta=0.01\phi$。结果见表 6－1、表 6－2。

表 6－1　利润分配系数变化的订购策略及利润比较（零售商占优，两阶段）

ϕ	最优订购量（件）	最优批发价（元/件）	零售商利润（元）	供应商利润（元）	供应链总利润（元）
0.1	5 650	14	227 918	22 792	250 710
0.2	5 210	18	210 369	41 680	252 049
0.3	5 250	21	194 386	58 316	252 702
0.4	5 100	24	180 138	64 320	223 612
0.5	5 220	26	168 556	83 520	252 076
0.6	5 220	28	157 943	93 960	251 903
0.7	5 420	29	148 792	102 980	251 772
0.8	5 310	31	140 384	111 510	251 894
0.9	5 390	32	132 989	118 580	251 569

表 6－2　利润分配系数变化的订购策略及利润比较（供应商占优，两阶段）

ϕ	最优订购量（件）	最优批发价（元/件）	零售商利润（元）	供应商利润（元）	供应链总利润（元）
1	5 430	33	125 893	124 890	250 783
2	6 140	36	80 541	159 640	240 181
3	6 240	38	58 740	174 720	233 460
4	6 540	38	46 056	183 120	229 176
5	6 730	38	37 981	188 440	226 421

表 6-1 和表 6-2 展示了利润分配准则下两阶段价格波动销售环境中的近似最优订购策略求解结果。表格揭示了在不同利润分配系数下，零售商和供应商的最优订购量、批发价以及他们各自和整个供应链的利润变化情况。结合表 6-1 和表 6-2 可见：①当 $\phi<1$ 时，当利润分配系数从 0.1 增加到 0.9，最优订购量呈现波动变化而非单一趋势，最优批发价则从 14 元/件增加到 32 元/件，逐渐增加；零售商利润随利润分配系数增加而减少，供应商利润则不同，在各个利润分配系数下，供应链总利润在一定范围内波动，没有明显降低趋势。②当 $\phi>1$ 时，即供应商占优的情况下，最优订购量随利润分配系数的增加而增大，批发价从 33 元/件增加到 38 元/件，同样显示出随利润分配系数增加而上升的趋势；零售商的利润随利润分配系数的增加显著降低，而供应商的利润则显著增加；随着利润分配系数的增加，供应链总利润逐渐降低，显示出在供应商占优时，对整个供应链利润可能产生不利影响。

两表的数据显示，无论是零售商占优还是供应商占优，随着利润分配系数的增加，供应商的利益得到了提升，而零售商的利润则有所下降。然而，供应链总利润的变化趋势并不明显，表明利润分配系数的调整主要影响利润在供应链成员之间的分配，而对整个供应链的总利润影响有限。供应商占优时，随着利润分配系数的增加，供应链总利润呈现下降趋势，这可能是由于过高的批发价对零售商的订购量和供应链效率造成了负面影响。在实际应用中，找到合理的利润分配比例是实现供应链整体效益最大化的关键。

由表 6-1 和表 6-2 可知，在所取的利润分配系数 ϕ 的范围内，计算所得利润分配准则下的供应链总利润均大于 Stackelberg 决策准则下的供应链总利润（由第 5 章两阶段的计算结果可知，非合作的 Stackelberg 决策准则下的两阶段价格波动的近似最优订购量为 4 155 件，最优批发价为 38 元/件，相应的零售商和供应商的最优利润分别为 109 117 元和 116 340 元，供应链总利润为 225 457 元）。当 ϕ 取 0.9 和 1 时，供应商和零售商各自的利润大于 Stackelberg 决策准则下各自的利润，是有效的分配方案。有效方案的供应链利润仍低于集中决策下的供应链总利润（由第 5 章计算得知为 252 172 元），这是由于本研究取的利润分配系数是离散的，在实际中，可以在利润可接受范围内协商合适的利润分配比例系数，利润分配系数是一个区间。

事先利润分配系数的调整主要影响利润在供应链成员之间的分配比例，对整个供应链的总利润影响相对有限。因此，供应商和零售商应通过协商确定一个能够反映双方贡献和风险承担的合理利润分配系数，从而确保供应链关系的稳定性和双方的满意度。与分散决策准则相比，供应链利润分配准则下的订购策略和批发价策略使得供应链效率得到了提升。因此，供应商和零售商通过各自的利润进行协商，可以确定最终合理的利润分配系数，得到对应的批发价和订购量，保障供应链稳定交易的发生。

(2) 单阶段近似最优订购策略求解

接下来运用算法 6－2 计算利润分配准则下单阶段价格波动销售的近似最优订购策略。计算零售商占优和供应商占优的情形，结果见表 6－3、表 6－4。

表 6－3　利润分配系数变化的订购策略及利润比较（零售商占优，单阶段）

ϕ	最优订购量（件）	最优批发价（元/件）	零售商利润（元）	供应商利润（元）	供应链总利润（元）
0.1	5 769	16	346 438.3	34 614	381 052.3
0.2	5 772	21	317 569.0	63 492	381 061.0
0.3	5 861	25	293 335.1	87 915	381 250.1
0.4	6 045	28	272 258.6	108 810	381 068.6
0.5	6 047	31	254 075.6	126 987	381 062.6
0.6	5 954	34	238 337.6	142 896	381 233.6
0.7	5 810	37	224 291.6	156 870	381 161.6
0.8	5 840	39	211 861.9	169 360	381 221.9
0.9	5 822	41	200 706.4	180 482	381 188.4

表 6－4　利润分配系数变化的订购策略及利润比较（供应商占优，单阶段）

ϕ	最优订购量（件）	最优批发价（元/件）	零售商利润（元）	供应商利润（元）	供应链总利润（元）
1	5 954	42	190 705	190 528	381 233
2	5 910	53	127 129	254 130	381 259
3	5 956	58	95 343	285 888	381 231
4	5 974	61	76 192	304 674	380 866
5	6 092	62	63 405	316 784	380 189

表 6－3 和表 6－4 展示了单阶段情况下利润分配系数变化下的订购策略及利润比较，分别表示的是零售商占优和供应商占优的情况。当 $\phi<1$ 时，最优订购量在某一范围内波动，没有明显的趋势性，且供应链总利润也在某一范围内波动；当 $\phi>1$ 时，随着利润分配系数的增加，最优订购量也逐渐增加，但供应链总利润呈现出下降趋势。这表明在供应商占优的情况下，虽然通过增加订购量可以提高单个销售周期内的利润，但供应链总利润却因此而降低。该结论和两阶段销售下的结论相似。

由表6-3和表6-4可知，在所取的利润分配系数ϕ的范围内，计算所得利润分配准则下的供应链总利润均大于Stackelberg决策准则下的供应链总利润（由第5章单阶段的数值实验可知，非合作的Stackelberg决策准则下单阶段价格波动的最优订购量为4 160件，而对应的批发价则为73元/件，零售商利润为55 883元，供应商利润为262 080元，供应链总利润为317 963元）。实验中，当ϕ取3和4时，供应商和零售商各自的利润大于Stackelberg决策准则下各自的利润，是有效的分配方案。虽然有效方案的供应链利润仍低于集中决策下的供应链总利润（由第5章可知，为381 263元），但供应链利润分配准则下的订购策略和批发价策略使得供应链效率得到了显著的提升。因此，供应商和零售商通过各自的利润进行协商，可以确定最终合理的利润分配系数，得到对应的批发价和订购量，实现供应链稳定交易。

关于利润分配准则下两阶段和单阶段模型之间的进一步对比见第6.5节。

由于单阶段价格随机波动的订购模型是两阶段的一种特殊情形，接下来仅讨论两阶段价格波动情况下各个参数对利润分配准则订购策略的影响。

6.4.2 价格波动性对利润分配准则下最优订购策略的影响

在易逝品领域，由于产品的销售周期短和对价格的高敏感度，价格波动性的研究不仅能帮助零售商在价格随机波动和需求不确定的情况下制定有效的订购策略以最大化利润，还能为供应商提供实用有效的决策方案，帮助他们在复杂多变的市场环境中做出更加精准的订购和定价决策。

本小节讨论价格波动性对利润分配准则下最优订购策略的影响。通过利用Copula函数刻画价格和需求的不确定关系，并探讨在不同供应链决策环境下的单周期订购问题，旨在揭示价格波动和需求不确定性对订购策略的影响机制，以及如何通过优化订购和定价策略来应对这些挑战。

在统计学中，标准差是衡量数据集分散程度的一种常用指标，用于描述数据集中的值如何围绕均值分布。因此，这里价格波动性在参数方面用价格标准差进行衡量。假设各阶段价格均值不变，价格波动幅度用价格标准差偏离价格均值的百分比来衡量，百分比越大意味着波动幅度越大。本研究分别讨论两种价格波动幅度变化的情形：仅第一阶段价格幅度变化，第二阶段价格波动幅度不变；仅第二阶段价格幅度变化，第一阶段价格波动幅度不变。讨论当利润分配系数取$\phi=1$时各阶段价格波动幅度变化对利润分配准则下最优订购策略的影响。两种情况下利润分配准则的最优订购量以及供应链各主体的利润情况见表6-5、表6-6。

表 6-5　第一阶段价格波动幅度变化下的订购策略及利润比较

第一阶段价格标准差偏离均值百分比（%）	最优订购量（件）	最优批发价（元/件）	零售商利润（元）	供应商利润（元）	供应链总利润（元）
1	5 500	33	127 326	126 500	253 826
5	5 440	33	126 303	125 120	251 423
10	5 430	33	125 893	124 890	250 783
20	5 420	33	125 809	124 660	250 469
30	5 370	33	124 608	123 510	248 118
40	5 370	33	124 618	123 510	248 128

表 6-6　第二阶段价格波动幅度变化下的订购策略及利润比较

第二阶段价格标准差偏离均值百分比（%）	最优订购量（件）	最优批发价（元/件）	零售商利润（元）	供应商利润（元）	供应链总利润（元）
1	5 240	34	126 884	125 760	252 644
5	5 250	34	126 889	126 000	252 889
10	5 430	33	125 893	124 890	250 783
20	5 430	32	120 320	119 460	239 780
30	5 360	32	119 073	117 920	236 993
40	5 400	32	119 526	118 800	238 326

表 6-5 展示了第一阶段价格波动幅度对最优订购策略及利润的影响。若第二阶段价格波动幅度不变，随着第一阶段价格波动幅度的增加，供应链的总利润和各成员的利润均有所下降。这表明零售商和供应商应当关注并管理第一阶段的价格波动风险。为了减少价格波动对利润的负面影响，供应链成员可以采取以下策略：通过扩大产品线或进入新市场来分散风险；与合作伙伴协商，实施价格保护策略，减小价格波动的影响；通过减小订购量或采用灵活的库存管理系统来适应价格变化。

由表 6-6 可知，若第一阶段价格波动幅度不变，随着第二阶段价格波动幅度的增加，批发价呈下降趋势，且供应链总利润以及各成员获得的利润会随着波动幅度的增加而减少，但是订购量却没有表现出明显的变化趋势，仅在某一范围内波动。这表明在第二阶段价格波动幅度变化的情况下，为了确保既定的利润准则，主要通过批发价的调节来达到既定准则下的利润最大化，这与第一阶段价格波动幅度变化时通过订购量来调节不同。

然而，无论第一阶段还是第二阶段价格波动幅度的增加，对利润分配供应链而言都是有害的。因此，供应链各成员需要合力通过寻求丰富的产品品种、销售服务、购物环境来形成其他方面的优势，从而稳定价格，在既定的利润分配条件下获得更高的利润。

6.4.3 需求变化对利润分配准则下最优订购策略的影响

(1) 需求不确定性对最优订购策略的影响

除了价格波动性，需求不确定性也会对最优订购策略造成影响。本部分讨论需求不确定性对利润分配准则下最优订购策略的影响。参考价格波动幅度变化的研究方法，假设各阶段需求均值不变，考虑两种需求不确定性变化的情况：仅第一阶段需求的不确定性变化，第二阶段需求不确定性不变；仅第二阶段需求不确定性发生变化，第一阶段需求不确定性不变。需求不确定性用需求标准差偏离需求均值的百分比来衡量，百分比越高意味着需求不确定性越大。实验结果见表6-7和表6-8。

表6-7 第一阶段需求不确定性变化下的订购策略及利润比较

第一阶段需求标准差偏离均值百分比（%）	最优订购量（件）	最优批发价（元/件）	零售商利润（元）	供应商利润（元）	供应链总利润（元）
1	5 240	34	126 887	125 760	252 647
5	5 260	34	127 272	126 240	253 512
10	5 430	33	125 893	124 890	250 783
20	5 430	33	126 003	124 890	250 893
30	5 360	33	124 171	123 280	247 451
40	5 410	33	125 374	124 430	250 004
50	5 530	32	122 782	121 660	244 442

表6-8 第二阶段需求不确定性变化下的订购策略及利润比较

第二阶段需求标准差偏离均值百分比（%）	最优订购量（件）	最优批发价（元/件）	零售商利润（元）	供应商利润（元）	供应链总利润（元）
1	5 310	34	128 386	127 440	255 826
5	5 300	34	127 993	127 200	255 193
10	5 430	33	125 893	124 890	250 783
20	5 430	33	126 024	124 890	250 914
30	5 570	32	123 570	122 540	246 110
40	5 510	32	122 375	121 220	243 595
50	5 770	31	122 096	119 240	241 336

由表 6－7 可知，在第一阶段需求不确定性变化下，随着需求不确定性的增加，最优订购量和供应链总利润呈现波动变化，但整体趋势是随着需求不确定性的增加，供应链总利润逐渐降低。这表明需求不确定性的增加给供应链带来了更大的风险和挑战，需求预测的准确性对于供应链利润的影响显得尤为重要。表 6－8 显示，第二阶段需求不确定性变化下的情况与第一阶段类似，但需求不确定性的增加对供应链总利润的负面影响更为显著。这可能是因为在销售周期的后期，供应链更难以通过调整策略来应对需求的不确定性。

比较两种情况，可以发现供应链对第二阶段需求不确定性的变化更为敏感，表明在实际的供应链管理中，对后期需求变化的预测和应对策略更为关键。因此，供应链成员需要采用更加灵活和高效的库存管理和需求预测方法，以减少需求不确定性带来的风险，提高供应链的整体效益。

可以由图 6－2 进一步直观地表示需求波动性对订购策略以及供应链成员利润的影响。

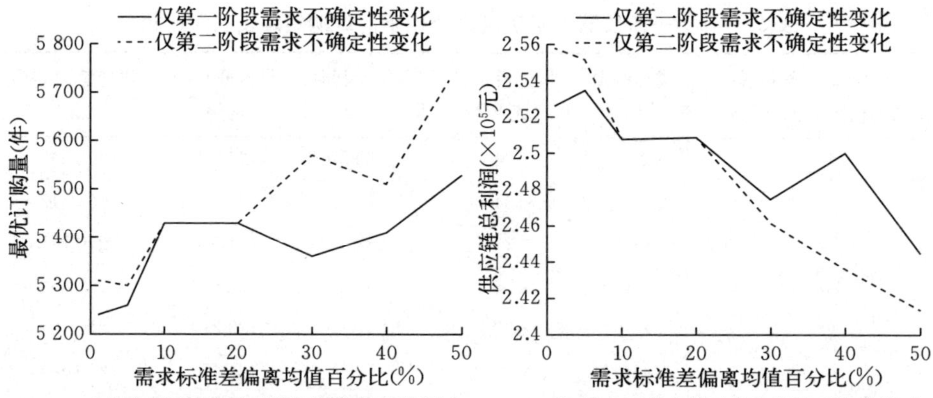

(a) 需求不确定性对最优订购策略的影响　　(b) 需求不确定性对供应链总利润的影响

图 6－2　两阶段需求不确定性分别变化对订购策略及供应链利润的影响

我们可以从图 6－2 清楚地看到两阶段需求不确定性变化对订购策略及供应链利润的影响。相比第一阶段，供应链对第二阶段需求变化的敏感性更大，也就是说第二阶段需求不确定性的增加对供应链的订购策略以及利润的影响更为显著。

这样的结果要求供应链成员应通过更好的市场研究、消费者行为分析或引入更先进的预测技术来提高需求预测的准确性从而降低需求不确定性的影响。同时零售商和供应商应采用更灵活的库存管理策略，加强供应链各环节之间的合作，共享信息和资源，可以更有效地应对需求的不确定性。

接下去讨论若两阶段需求不确定性出现同时变化，对利润分配准则最优订购策略的影响。假设两阶段需求的均值不变，各阶段需求标准差按相同比例偏离需求均值。实验结果见图 6－3。

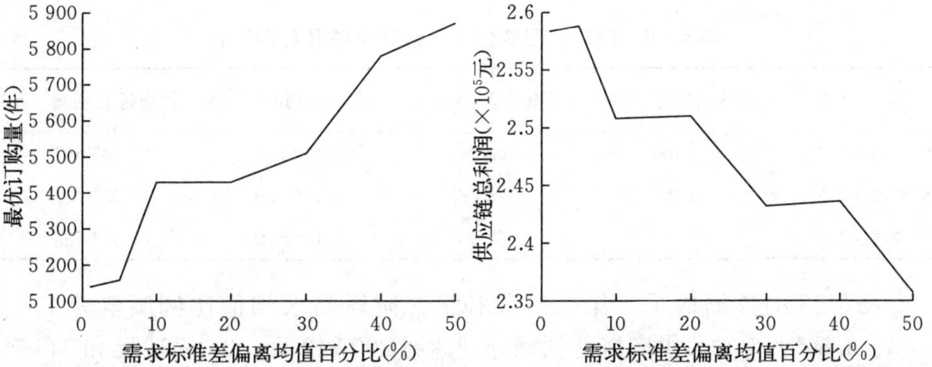

(a) 需求不确定性对最优订购策略的影响　(b) 需求不确定性对供应链总利润的影响

图 6－3　两阶段需求不确定性同时变化对订购策略及供应链利润的影响

由图 6－3 可知，当两个阶段的需求不确定性同时增加时，供应链的最优订购量上升。这是由于供应链成员以利润最大为决策目标，当需求不确定性增加时，为了更多地获得利润，通过增加订购量来试图占据更多的市场。然而，随着需求不确定性的增加，供应链总利润受到较大的负面影响。这是因为，增加的需求不确定性导致供应链成员在做出订购决策时面临更大的风险，进而影响整体的盈利能力。

由此可见，需求不确定性的变化显著影响了供应链各成员的利润以及订购策略。为了获得较高的利润，且制定更为准确的订购策略，供应链各成员需提高需求预测的精度，可以运用先进的数据分析工具，如机器学习和人工智能，对市场趋势、消费者行为等数据进行分析，以提高预测的准确性。通过精准营销挖掘潜在顾客，通过提升数字化管理稳定已有顾客，加强售前、售中、售后服务等以维持客户的稳定性。

(2) 需求分配对最优订购策略的影响

一般来说，易逝品的市场容量是有限的，在有限的市场容量下，是第一阶段即原价波动售卖阶段的需求高还是第二阶段即折价波动售卖阶段的需求高，会根据周边顾客购买时间的偏好、商品的易逝程度、商家的营销手段等有所不同。

接下来讨论两个阶段需求不同的分配情况对利润分配准则最优订购策略的影响。合理假设易逝品在整个销售周期内的需求总量是不变的，即两个阶段的需求均值总和不变，通过改变两阶段需求均值的比例来讨论最优订购策略的变化情况，分别讨论三种不同的需求均值分配下的最优订购策略，即第一和第二阶段需求均值比例分别为 $\mu_{\xi_1}:\mu_{\xi_2}=1:4$、$\mu_{\xi_1}:\mu_{\xi_2}=2:3$、$\mu_{\xi_1}:\mu_{\xi_2}=3.5:1.5$

三种情况，分别对应了第一阶段需求分配低、中等和高三种情况。为了便于对比，本研究同比增加或减小需求的方差。取利润分配系数 $\phi=1$，实验结果见表 6-9。

表 6-9　需求分配变化下的订购策略及利润比较

$\mu_{\varepsilon_1}:\mu_{\varepsilon_2}$	最优订购量（件）	零售商利润（元）	供应商利润（元）	供应链总利润（元）
1∶4	5 400	103 242	102 600	205 842
2∶3	5 450	126 381	125 350	251 731
3.5∶1.5	5 600	157 959	156 800	314 759

表 6-9 的数据揭示了第一阶段和第二阶段需求均值比例调整为 1∶4、2∶3、3.5∶1.5 时，供应链总利润分别达到 205 842 元、251 731 元和 314 759 元的趋势。这一趋势明确指出，随着第一阶段需求量的提升，整个供应链的利润水平同步上升。相应地，最优订购量随第一阶段需求分配比例的增加而逐步上升，反映出零售商和供应商为了应对初期需求的上升，相应增加了初始库存量。进一步，零售商和供应商的利润随着最优订购量的增加而显著提高，供应链总利润也相应增加。显而易见，在销售周期初期需求集中的情况下，通过增加订购量可以有效提升供应链的经济效益。

为了应对这一挑战，零售商和供应商需要紧密关注市场需求的变化趋势，并通过精确的需求预测技术，合理地分配各阶段的库存和资源。尤其在预计初期需求较高的情形下，适当增加初始订购量显得尤为重要。通过数据分析识别需求分配的最优比例，实现利润最大化，特别是在销售周期初期需求集中时，通过优化订购策略和提升运营效率，显著提升利润水平，成为供应链各方的共同目标。

此外，供应链各方应强化协作和信息共享，共同制定订购和销售策略，有效应对市场的动态变化，优化供应链的整体运作。建立动态调整机制，根据市场反馈和销售数据，实时调整订购量和销售策略，灵活应对市场需求波动，减少库存积压和浪费，提升供应链的响应速度和适应性。这意味着，在协商利润分配系数的前提下，供应商和零售商应共同努力提升初期阶段的需求量，以在满足利润分配条件的同时，最大化各自的利润，进一步巩固在激烈的市场竞争中的优势，实现供应链的可持续发展。

6.4.4　Copula 相关性对利润分配准则下最优订购策略的影响

价格与需求之间的相关关系是进行订购决策的关键，直接影响着供应链的利润水平。在理解这种相关性时，本研究主要通过两个维度进行考量：相关性模式和相关性强度。这两个维度共同决定了价格变动如何影响需求，进而影响供应链的经济效益。相关性模式描述的是价格与需求变化之间的关系类型，它是通过 Copula 函数的形式来刻画的。相关性强度则是通过相关系数来衡量的，它量化了价格变动对需求变化的影响程度。在供应链决策中，通过分析相关系数，管理者可以更精确地预测价格变化对需求的影响，据此制定更为有效的订购量和定价策略。因此，本节分别讨论不同的 Copula 函数形式以及相关系数对利润分配供应链的影响。

本研究选取可以描述价格和需求的负相关性特征的三种不同的 Copula 函数来进行试验，包括椭圆簇的高斯 Copula 函数、t - Copula 函数以及阿基米德簇的 Frank Copula 函数，并讨论不同 Copula 函数下相关性强度对最优订购策略的影响。其中高斯 Copula 函数和 t - Copula 函数用线性相关系数来衡量价格和需求的相关关系，而 Frank 函数则用秩相关系数来衡量。运用 Matlab 模拟三种不同 Copula 函数下的价格和需求，并求解三种 Copula 函数不同的相关性强度下的供应链近似最优策略。分别讨论零售商占优、地位均等和供应商占优三种情况。结果分别见图 6-4、图 6-5 以及图 6-6。

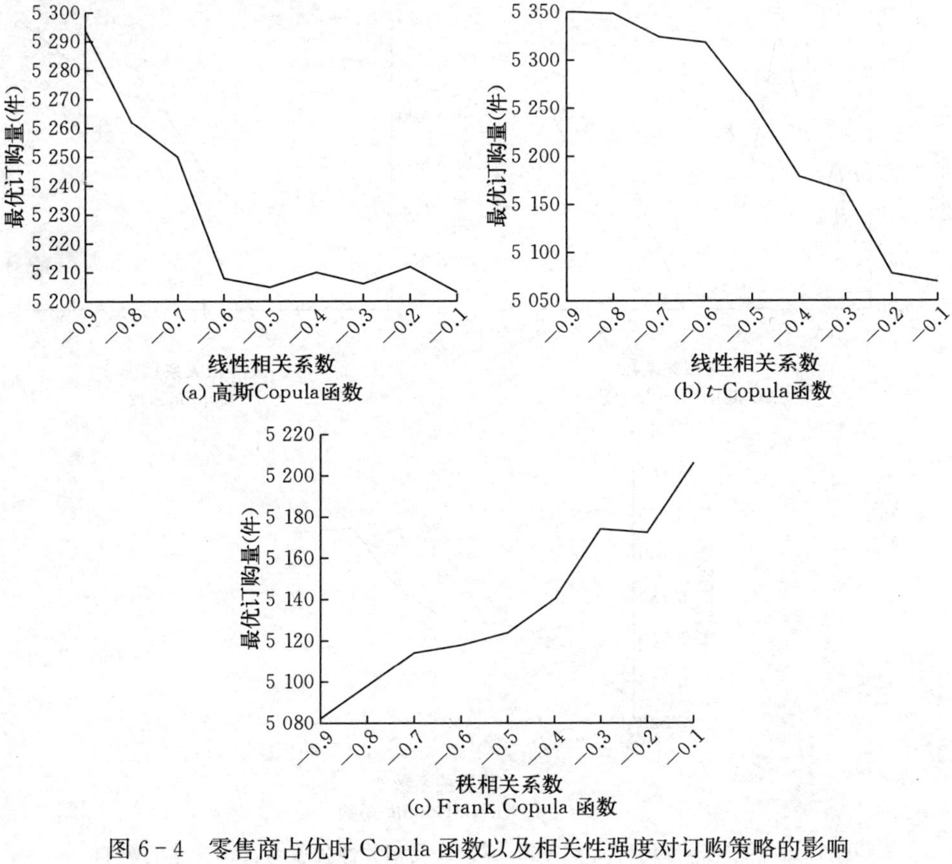

图 6-4　零售商占优时 Copula 函数以及相关性强度对订购策略的影响

图 6-4 揭示了零售商占优时，不同 Copula 函数以及相关性强度对订购策略的影响。当零售商占优时（$\phi=0.2$），在高斯 Copula 函数情况下，可以观察到最优订购量随着负相关性强度的减弱（即线性相关系数增加）先迅速减小后趋于稳定波动。这种现象可能反映了当价格与需求之间的负相关性减弱时，零售商为了减少因价格不确定性造成的潜在风险，倾向于减少订购量，直至相关性强度达到一定水平，订购策略稳定下来。t-Copula 情形下展现出几乎线性的下降趋势，表明当价格与需求的负相关性强度减弱时，零售商倾向于逐步减少订购量。这可能是因为 t-Copula 能够更好地捕捉到极端事件下的价格与需求变化，零售商在评估了极端情况下的潜在风险后，选择减少库存以降低损失。相反地，在 Frank Copula 情况下，最优订购量随着秩相关性强度的减小而增加，表明在秩相关模式下，价格与需求之间负相关性的减弱导致零售商增加订购量。这可能是因为零售商预期需求会因为价格波动的减小而变得更加稳定，因此愿意增加库存以满足潜在的需求增长。

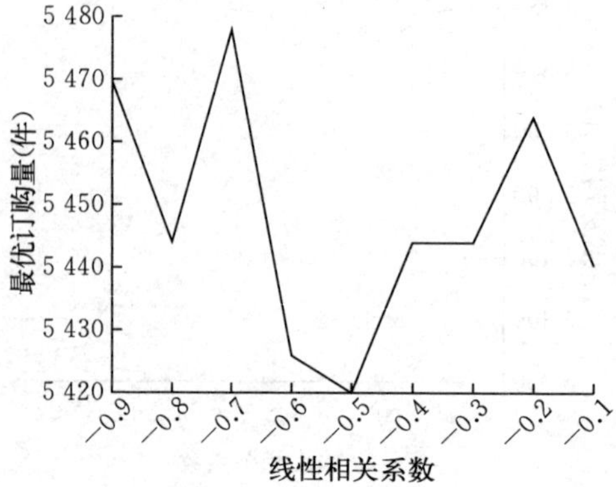

(a) 高斯Copula函数

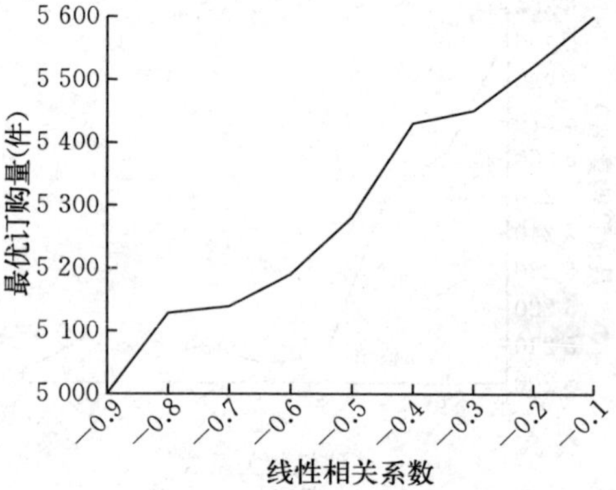

(b) t-Copula函数

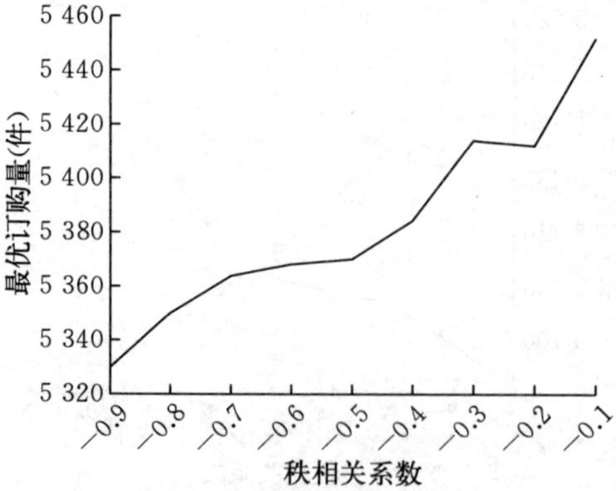

(c) Frank Copula 函数

图 6-5 优势地位均等时 Copula 函数以及相关性强度对订购策略的影响

图 6-5 展示了在利润分配供应链各主体优势地位均等的情况下，不同 Copula 函数以及相关性强度对订购策略的影响。通过考察高斯 Copula、t-Copula 和 Frank Copula 函数下最优订购量随相关性强度变化的趋势，可以获得对供应链订购策略调整的洞察。当利润分配供应链各主体地位均等时（$\phi=1$），在高斯 Copula 情境下，最优订购量随着线性相关系数的增加（即负相关性强度的减弱）出现不规则波动。这说明在地位均等的利润分配供应链中，价格与需求的负相关性变化对订购量的影响不是单一方向的，可能会因不同的相关性强度而产生不同的订购策略调整需求；相比之下，在 t-Copula 情境下，订购量随线性相关性增加表现出增加趋势，与高斯 Copula 函数的结果形成鲜明对比。这表明在 t-Copula 描述的相关性模式下，随着价格与需求之间负相关性强度的减弱，零售商倾向于增加订购量，可能是为了利用价格变动较小带来的需求稳定性；Frank Copula 情境下的表现与高斯 Copula 相似，但表现出与零售商占优情形一致的趋势，即最优订购量随秩相关性强度的减小而增加。这暗示在秩相关性模式下，需求对价格变化的反应与线性相关性模式有所不同，可能需要更复杂的策略来适应价格波动。

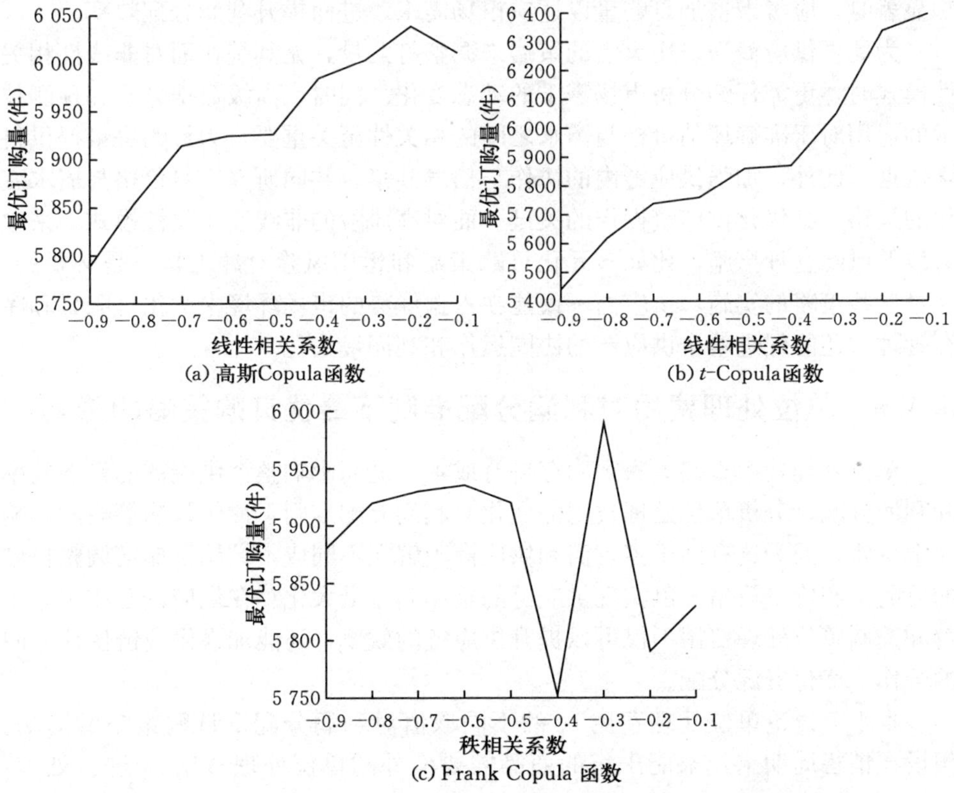

图 6-6　供应商占优时 Copula 函数以及相关性强度对订购策略的影响

由图 6-6 可知，当供应商处于优势地位时（$\phi=0.2$），价格与需求之间的关系对订购策略产生的影响因采用的 Copula 函数不同而异。具体来看，利用高斯 Copula 和 t-Copula 函数时，观察到最优订购量随着线性相关系数增加而上升，反映出价格与需求间的正线性相关性加强时，供应商倾向于提高订购量。这是由于正相关性意味着随着价格的提升，需求同样会增加，促使供应商增加订购量以满足市场需求，从而提升利润。相比之下，利用 Frank Copula 函数时，最优订购量展现出不规则波动的趋势，这说明价格与需求之间的非线性或秩相关性变化对订购策略的影响较为复杂，简单的预测模型无法准确捕捉订购量与相关性强度之间的关系。这种情况下，供应商需要根据市场的具体情况和需求反应灵活调整其订购策略。

综上所述，不同 Copula 函数刻画的相关性关系及其强度对供应链的最优订购策略具有显著影响。这要求决策者针对不同的 Copula 函数和相关性强度，采取相应的订购决策。例如，当供应链各成员地位相当时，若易逝品价格与需求呈现出 Frank Copula 或 t-Copula 的相关性模式，且价格波动对需求变化影响显著时，应考虑增加订购量以适应市场需求，进而提升利润分配效率。

为此，供应商需采用灵活的策略来调整订购量，尤其是在面对非线性相关性模式时，更需仔细分析市场需求的动态变化。同时，高级数据分析和预测技术的运用对于准确评估价格与需求之间的相关性至关重要，为订购决策提供科学依据。此外，加强供应链内的协作与信息共享，共同研究应对价格与需求变化的策略，是优化供应链操作的关键。面对高风险的非线性相关性模式，采取有效的风险管理措施，比如多元化订购策略和运用风险对冲工具，是必要的。通过这些策略的实施，供应商不仅能在占据优势的市场环境中优化订购量和库存管理，还能促进整个供应链的协同运作和利润最大化。

6.4.5 单位处理费用对利润分配准则下最优订购策略的影响

单位处理费用直接关联到库存持有成本，进而影响整个供应链的经济效率和利润分配。分析单位处理费用的变化对利润分配准则下最优订购策略的影响非常重要，因为这有助于零售商和供应商理解在不同成本结构下如何调整自己的订购量和价格策略，以实现供应链的整体利益最大化。在供应链合作中，了解和控制单位处理费用不仅可以提升供应链的效率，还能加强供应链伙伴之间的合作，优化资源分配。

本小节讨论单位处理费用 c_h 的不同取值对利润分配下订购策略的影响。假设在销售周期末，未能出售的商品需要额外的单位处理费用 c_h 进行处理。在关于报童模型的诸多研究中，c_h 也可以取负值，当 $c_h<0$ 意味着剩余商品可

以获得一定收入，此时的 c_h 称为单位残值。分别取 $c_h=-15$，-10，-5，0，5，10，15，讨论零售商占优（$\phi=0.2$）、两者地位均等（$\phi=1$）以及供应商占优（$\phi=2$）三种不同的情形。图 6－7 表示了 c_h 变化下的最优订购量变化趋势，表 6－10 至表 6－12 给出了 c_h 变化下各主体以及供应链利润的变化情况。

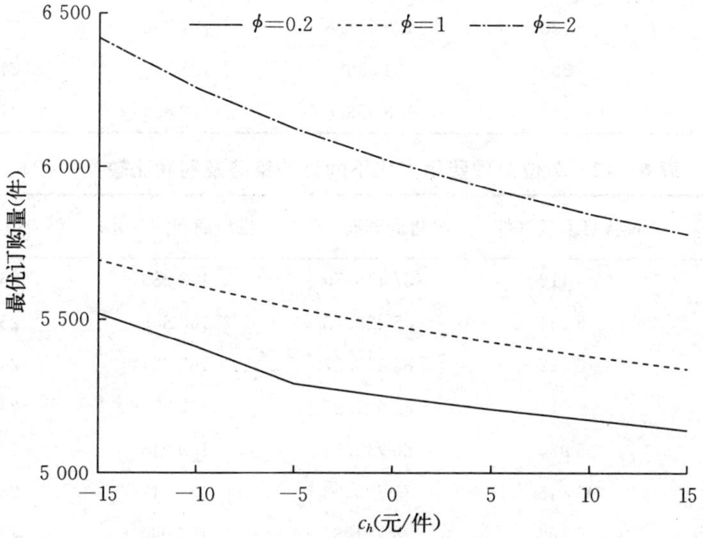

图 6－7　单位处理费用在不同分配系数下对最优订购策略的影响

表 6－10　单位处理费用变化下的订购策略及利润比较（$\phi=0.2$）

c_h	最优订购量（件）	零售商利润（元）	供应商利润（元）	供应链总利润（元）
−15	5 518	218 581.2	44 144	262 725.2
−10	5 410	215 874.7	43 280	259 154.7
−5	5 292	213 769.8	42 336	256 105.8
0	5 248	211 969.8	41 984	253 953.8
5	5 208	210 380.2	41 664	252 044.2
10	5 172	208 960.3	41 376	250 336.3
15	5 140	207 674.5	41 120	248 794.5

表 6－11　单位处理费用变化下的订购策略及利润比较（$\phi=1$）

c_h	最优订购量（件）	零售商利润（元）	供应商利润（元）	供应链总利润（元）
−15	5 692	132 172.6	130 916	263 088.6
−10	5 608	130 230.4	128 984	259 214.4

（续）

c_h	最优订购量（件）	零售商利润（元）	供应商利润（元）	供应链总利润（元）
−5	5 538	128 602.1	127 374	255 976.1
0	5 478	127 213.9	125 994	253 207.9
5	5 426	126 001.8	124 798	250 799.8
10	5 380	124 936.4	123 740	248 676.4
15	5 340	123 953.0	122 820	246 773.0

表 6-12　单位处理费用变化下的订购策略及利润比较（$\phi=2$）

c_h	最优订购量（件）	零售商利润（元）	供应商利润（元）	供应链总利润（元）
−15	6 418	87 445.79	173 286	260 731.8
−10	6 254	85 223.13	168 858	254 081.1
−5	6 122	83 463.37	165 294	248 757.4
0	6 014	82 001.25	162 378	244 379.3
5	5 924	80 742.54	159 948	240 690.5
10	5 846	79 703.55	157 842	237 545.5
15	5 780	78 721.67	156 060	234 781.7

结合图 6-7、表 6-10、表 6-11、表 6-12 可知，单位处理费用对最优订购策略和供应链利润的影响表现出明显的趋势。无论是零售商占优、供应商占优，还是两者地位均等的情形，最优订购量都随单位处理费用的增加而减少。这说明，随着处理费用的上升，供应链中的主体会通过减少订购量来降低因库存过剩造成的损失，以此来适应较高的单位处理成本。

具体而言，当单位处理费用从负值增加到正值时，零售商和供应商的利润都呈现下降趋势，供应链总利润同样降低。这种趋势反映出单位处理费用提高，增加了库存持有成本，从而压缩了供应链的总利润空间。尤其是当处理费用取负值时，可能暗示着对于库存的某些额外收入或补贴，一旦这种收入或补贴消失，处理费用增加，供应链参与者需调整其库存策略以适应成本结构的变化。

此外，不同的利润分配系数下，处理费用的影响也有所不同，但整体趋势一致。这要求供应链中的各方，在面对单位处理费用变化时，需共同考虑如何优化订购量和库存管理，以保持供应链的整体效率和利润最大化。例如，通过提高库存管理的效率、采用先进的库存优化工具或策略，以及加强供应链中各方的合作和信息共享，共同降低库存成本，提升供应链的整体表现。

这要求强化闭环供应链建设，如通过库存再利用、折扣店销售等手段来应对期末商品剩余问题，减少因库存过剩而带来的经济损失。同时，供应链各方需密切关注成本变动，适时调整订购策略，确保供应链运作的灵活性和适应性，从而在面临不同成本结构变化时保持竞争力。

6.4.6　单位生产成本对利润分配准则下最优订购策略的影响

在现实商业环境中，单位生产成本是影响产品定价、库存决策、利润分配和整个供应链运作效率的关键因素。特别在利润分配准则下，理解单位生产成本对最优订购策略的影响至关重要。这种影响不仅直接关系到供应商的成本和利润水平，而且间接影响零售商的库存持有成本和最终利润。

本小节讨论单位生产成本对利润分配准则下最优订购策略的影响。实验结果见图 6－8、表 6－13、表 6－14、表 6－15。

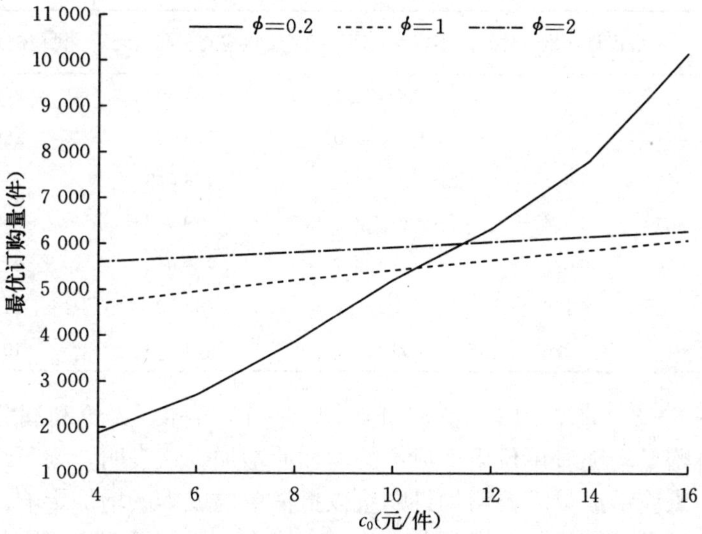

图 6－8　单位生产成本在不同分配系数下对最优订购策略的影响

表 6－13　单位生产成本变化下的订购策略及利润比较（ϕ=0.2）

c_0	最优订购量（件）	零售商利润（元）	供应商利润（元）	供应链总利润（元）
4	1 884	130 601.1	26 376	156 977.1
6	2 704	160 657.9	32 448	193 105.9
8	3 876	191 888.8	38 760	230 648.8
10	5 208	210 380.2	41 664	252 044.2
12	6 324	191 548.0	37 944	229 492.0
14	7 804	157 603.5	31 216	188 819.5
16	10 184	102 863.5	20 368	123 231.5

表 6－14　单位生产成本变化下的订购策略及利润比较（$\phi=1$）

c_0	最优订购量（件）	零售商利润（元）	供应商利润（元）	供应链总利润（元）
4	4 686	137 254.8	135 894	273 148.8
6	4 960	135 215.7	133 920	269 135.7
8	5 202	131 310.9	130 050	261 360.9
10	5 426	126 001.8	124 798	250 799.8
12	5 642	119 636.1	118 482	238 118.1
14	5 858	112 426.1	111 302	223 728.1
16	6 082	104 415.4	103 394	207 809.4

表 6－15　单位生产成本变化下的订购策略及利润比较（$\phi=2$）

c_0	最优订购量（件）	零售商利润（元）	供应商利润（元）	供应链总利润（元）
4	5 594	93 174.1	184 602	277 776.1
6	5 702	89 266.0	176 762	266 028.0
8	5 812	85 110.6	168 548	253 658.6
10	5 924	80 742.5	159 948	240 690.5
12	6 038	76 192.7	150 950	227 142.7
14	6 156	71 405.6	141 588	212 993.6
16	6 276	66 483.0	131 796	198 279.0

结合图 6－8、表 6－13、表 6－14、表 6－15 可知，无论利润分配系数如何，最优订购量均随着单位生产成本的增加而增加。这表明，为了维持或增加利润水平，供应链成员需要增加订购量以抵消单位成本的增加影响。然而，供应链总利润以及各成员的利润随着单位生产成本的增加呈现出不同的趋势。当 $\phi=0.2$ 时，供应链各成员利润以及供应链总利润随着 c_0 的增加，先增加后降低；而当 $\phi=1$ 和 $\phi=2$ 时，供应链总利润则随着生产成本 c_0 的增加而逐步减小。由于 $\phi=1$ 是有效的利润分配方案，因此，生产成本越小对供应链越有利。由图 6－8 可以明显看到，随着利润分配系数 ϕ 的降低，c_0 变化对订购策略的影响增强，即相对于供应商占优的情形，零售商越占优，单位生产成本变化所带来的影响越大。虽然单位生产成本直接对供应商的利润造成影响，但是由于利润分配准则的存在，为了使零售商利润比例增加，不得不通过大幅增加订购量来达到相应利润分配下的供应链利润最大。因此，零售商和供应商在利润分配准则下，应综合考虑利润分配比例来选择适合的生产成本。

6.4.7 小结及管理建议

本节主要针对供应链利润分配准则下的最优订购策略进行了数值分析，对比了不同参数变化下最优订购策略以及相应的供应链利润。通过数值实验提出供应链利润分配准则下订购问题的具体管理建议如下：

（1）利润分配系数确定

根据模型计算各自在不同利润分配系数下的最优批发价和最优订购量，然后，供应商应根据自己所能让步的比例，给出批发价，零售商根据让步利润的比例，给出订购量。与非合作 Stackelberg 决策准则进行对比，得到双方都愿意接受的合理的利润分配比例，使得各自利润最大化，实现供应链稳定合作，从而协调供应链。

（2）价格波动下批发价与订购量的策略调整

当第一阶段价格波动性增加时，在维持既定利润分配的前提下，零售商需要减少订购量来抵御因价格波动带来的风险；而当第二阶段价格波动性增加时，供应商则需通过减少批发价来抵御价格波动的风险。

（3）需求不确定性变化下的订购策略调整

第二阶段需求不确定性增加相比于第一阶段需求不确定性的增加，更需要降低订购量。因此，利润分配下更需要着眼于降价阶段的需求稳定性维护，即设法挖掘折价购买的潜在客户，并保证客源的稳定性，降低第二阶段需求的不确定性。

（4）与零售商单独决策、Stackelberg 决策准则和集中决策类似，在利润分配准则下，供应链成员应尽最大努力在第一阶段销售更多的产品

通过关注顾客细分、明确合适的商品定位，提高原价购买顾客类型比例；在利润分配准则下，同样需要考虑因处理费用变化带来的订购偏差，需随着处理费用的增加而适当减少订购量。

（5）在给定利润分配系数下，为了维持利润分配比例，零售商的最优订购量需随着单位生产成本的增加而增加

尤其是在零售商相对占优的利润分配供应链中，订购量对单位生产成本更为敏感。

6.5 利润分配准则下两阶段和单阶段的订购策略比较

在 6.4.1 节，本研究假设单阶段销售时总的市场容量与两阶段一致的情形下计算得到单阶段最优策略。然而现实中，往往大幅降价销售会引起需求的变化。本节讨论在不同的利润分配准则下两阶段价格随机波动销售下的需求总量超过单阶段需求总量时，订购决策会出现怎样的偏差。

设需求拉动系数为 a，a=(两阶段销售时的总需求均值－单阶段销售时的需求均值)/单阶段销售时的需求均值。由于一般来说，两阶段销售时的需求总量大于单阶段销售时的需求总量，那么 $a\geqslant 0$。为了便于计算，本研究假设两阶段需求数据不变，仅通过减少单阶段需求来体现该需求拉动效应，为了减小需求不确定性的影响，假设需求标准差与需求均值按同比例变化。不同需求拉动下两阶段和单阶段利润分配准则的订购偏差和利润偏差见表 6－16，其中订购偏差和利润偏差的定义可参考 5.3.2 节，不失一般性，本研究取 $\phi=1$ 进行分析。

表 6－16　需求拉动效应下两阶段和单阶段订购偏差及利润偏差

a	订购偏差（%）	利润偏差（%）
0	－8.80	－34.22
0.1	0.28	－27.81
0.2	8.45	－21.92
0.3	18.79	－14.48
0.4	27.11	－8.49
0.5	36.95	－1.40
0.6	45.89	5.02
0.7	54.66	11.33
0.8	63.85	17.95
0.9	72.66	24.32
1	82.46	31.35

表 6－16 展示了在不同需求拉动效应下，两阶段和单阶段订购偏差及利润偏差的实验结果。随着需求拉动效应的增加（即两阶段销售引发的需求增长），两阶段销售相比单阶段销售的订购偏差和利润偏差发生了显著变化。当需求拉动效应为 0 时，即没有额外的需求增加，两阶段销售相比单阶段销售的订购偏差为－8.80%，利润偏差为－34.22%，显示出两阶段销售在未能带来额外需求的情况下相对不利。随着需求拉动效应的增加，订购偏差逐渐从负值转为正值，利润偏差也逐渐减小，直至转为正值。这意味着，随着两阶段销售带来的需求拉动效应增加，两阶段销售的利润相对于单阶段销售有所增加。当需求拉动系数增至 0.5 时，利润偏差接近于 0，表明此时两阶段销售的总利润与单阶

段销售的总利润相近。当需求拉动系数进一步增加，利润偏差转为正值，显示两阶段销售的总利润超过单阶段销售。特别是当需求拉动系数达到 1 时，利润偏差达到 31.35%，说明此时两阶段销售的总利润显著高于单阶段销售。

在该组实验数据下，当 $a=0.9$ 时两者的订购量趋于一致，$a=0.53$ 时，两者的供应链总利润趋于一致。这意味着两阶段销售时，大幅折扣带来的需求拉动必须增加 53%才能匹配上单阶段销售的期望利润。

因此，在实施两阶段销售策略时，应注意需求拉动效应的不确定性和风险，适时调整策略以应对市场变化，确保供应链的灵活性和响应性。首先，供应链合作伙伴应共同研究和评估不同销售策略下的需求变化和利润分配，选择能最大化整体供应链利润的策略。需要精准评估两阶段销售策略能带来的需求拉动效应，以及这种效应对供应链总利润的影响。如果预期的需求拉动效应较高，两阶段销售策略可能会带来更高的总利润。

6.6　三种决策准则下价格随机波动的订购策略比较

本节以两阶段价格随机波动销售为例，将利润分配准则、Stackelberg 决策准则和集中决策准则下的最优订购策略进行对比，分别就利润分配系数、价格波动性、需求不确定性、需求分配以及单位处理费用变化下三个模型的最优订购策略进行对比分析。

6.6.1　利润分配系数变化下的三种决策准则订购策略比较

首先讨论利润分配系数变化下三种订购模型最优订购策略的对比。

表 6-17 是由 5.3.1 节结果以及表 6-1、表 6-2，通过计算得到。其中订购偏差是指利润分配准则下的最优订购量偏离其他模型最优订购量的比例，利润偏差是指利润分配准则下的供应链利润偏离其他模型总利润的比例（绝对值越大，表明偏差越大，符号为负则表示存在负偏差，符号为正表示正偏差）。

表 6-17　利润分配系数变化下的三个订购模型比较

ϕ	利润分配准则模型和集中决策模型对比		Stackelberg 决策模型和集中决策模型对比		利润分配准则模型和 Stackelberg 决策模型对比	
	订购偏差（%）	利润偏差（%）	订购偏差（%）	利润偏差（%）	订购偏差（%）	利润偏差（%）
0.2	−1.70	−0.05	−21.60	−10.59	25.39	11.79
0.5	−1.51	−0.04	−21.60	−10.59	25.63	11.81

（续）

ϕ	利润分配准则模型和集中决策模型对比		Stackelberg 决策模型和集中决策模型对比		利润分配准则模型和 Stackelberg 决策模型对比	
	订购偏差（%）	利润偏差（%）	订购偏差（%）	利润偏差（%）	订购偏差（%）	利润偏差（%）
1	2.45	−0.55	−21.60	−10.59	30.69	11.23
2	15.85	−4.76	−21.60	−10.59	47.77	6.53
5	26.98	−10.21	−21.60	−10.59	61.97	0.43

表 6－17 提供了在不同利润分配系数下，利润分配准则模型、Stackelberg 决策模型与集中决策模型之间订购量和供应链利润的偏差比较。从表中数据可见，随着利润分配系数的增加，也就是供应商占据越来越大的利润比例时，利润分配准则与集中决策之间的订购偏差和利润偏差先是缩小后增大，表明供应链整体利润相对于集中决策最优利润先增加后减少。当供应商追求更高比例的利润时，整体供应链的效益与集中决策的最优状态偏离越远。

此外，利润分配准则模型与 Stackelberg 决策模型相比，随着利润分配比例的增加，订购偏差增加，但利润偏差却减小，这意味着随着供应商利润占比的提高，与 Stackelberg 决策模型的利润越来越接近，这是因为 Stackelberg 决策模型天然倾向于优化供应商的利益。

这些分析结果表明，在合理选择利润分配系数的情况下，可以有效减小非合作决策导致的损失，提高供应链决策的效率。同时，这也提示在利润分配决策中，零售商和供应商需要权衡自身利润与供应链整体利润的关系，过分追求单方面利益可能会对整个供应链的利润产生负面影响。

因此，为了确保供应链成员之间的利益均衡、促进合作并提升整体效益，零售商和供应商应协商确定一个合理的利润分配系数。此外，面对市场环境的变化，供应链各方应展现出策略上的灵活性，调整其订购策略以适应这些变化。通过加强信息共享与协调合作，供应链成员能够更有效地应对市场的不确定性，从而提高整个供应链的响应速度和竞争力。在决策模型的选择上，应全面评估模型的长短处及其在实际应用场景中的适用性，以便选择最适合当前供应链状况的决策模型，优化供应链管理，实现最大的经济效益。

6.6.2 价格波动性变化下的三种决策准则订购策略比较

本小节讨论两阶段价格波动同比例偏离时三个订购模型的对比情况。

表 6－18 和表 6－19 是从 5.3.2 节计算结果以及计算利润分配准则订购模型两阶段价格均出现波动偏离时的订购策略得到的。其中订购偏差和利润偏差

的定义同6.6.1节中的表述。表6-18给出了两阶段价格标准差均按同比例偏离各均值情况下利润分配准则、Stackelberg决策准则以及集中决策三种订购模型的最优订购量以及相应的供应链总利润变化。表6-19给出了利润分配准则最优订购策略偏离另两种模型的订购策略的比例，以及相应的利润偏离比例，其中利润分配系数 $\phi=1$。

表6-18　价格波动性变化下的三个订购模型比较

价格标准差偏离均值百分比（%）	利润分配准则订购模型		Stackelberg决策订购模型		集中决策订购模型	
	订购量（件）	供应链利润（元）	订购量（件）	供应链利润（元）	订购量（件）	供应链利润（元）
1	5 310	256 081	4 200	236 890	5 320	256 082
5	5 260	253 628	4 198	231 982	5 295	253 646
10	5 430	250 783	4 190	228 331	5 275	253 113
20	5 420	239 461	4 130	218 372	5 245	249 695
30	5 310	234 417	4 121	215 537	5 220	249 312
40	5 340	235 928	4 070	214 764	5 180	253 222

表6-19　价格波动性变化下的三个模型订购偏差和利润偏差比较

价格标准差偏离均值百分比（%）	利润分配准则模型和集中决策模型对比		Stackelberg决策模型和集中决策模型对比		利润分配准则模型和Stackelberg决策模型对比	
	订购偏差（%）	利润偏差（%）	订购偏差（%）	利润偏差（%）	订购偏差（%）	利润偏差（%）
1	−0.19	−0.000 4	−21.05	−7.49	26.43	8.10
5	−0.66	−0.01	−20.72	−8.54	25.30	9.33
10	2.94	−0.92	−20.57	−9.79	29.59	9.83
20	3.34	−4.10	−21.26	−12.54	31.23	9.66
30	1.72	−5.97	−21.05	−13.55	28.85	8.76
40	3.09	−6.83	−21.43	−15.19	31.20	9.85

由6.4.2节关于第一阶段价格波动性变化和第二阶段价格波动性变化对利润分配准则最优订购策略的影响结果可知，两阶段价格波动性变化对最优订购策略的影响是不同的，那么当两阶段价格波动性同时发生变化时则出现了抵消效应。

由表6-18可以看出，随着价格波动性的增加，利润分配准则模型的最优订购量呈现出波动性，而集中决策和Stackelberg决策模型的最优订购量则显示为随价格波动性增加而减少的趋势。这表明，在面对价格波动性时，利润分配准则提供了一定程度的稳健性，帮助供应链维持较稳定的订购策略。然而，所有模型的供应链利润均随价格波动性的增加而减少，这指出了价格波动性对供应链经济效益的负面影响。

表 6 - 19 进一步揭示了不同订购模型间的订购偏差和利润偏差。随着价格波动性增加，利润分配准则模型相对于集中决策模型的订购偏差先减少后增加，而与集中决策模型的利润偏差则持续存在。而利润分配准则模型与 Stackelberg 决策模型相比，随着利润分配比例的增加，其订购偏差和利润偏差均呈现增加趋势，这表明在高价格波动性环境下，利润分配准则模型的表现更接近于集中决策模型，具有较好的供应链整体利润表现。

深入了解价格波动性对供应链决策的影响，并采取恰当的管理措施，对供应链成员而言是至关重要的。这不仅有助于他们更有效地应对市场的不断变化，还能确保供应链的稳定运营，并实现最大化的利润。在面临高度价格波动的市场环境时，采纳利润分配准则模型来调整订购策略，对增强供应链的稳定性和适应性尤为关键。合理设定利润分配系数，可以平衡供应链中各个成员的利益，从而在挑战重重的高波动性市场环境中，提升供应链整体的经济表现。进一步地，强化信息共享和增进协作能够使供应链成员更有效地面对价格波动，共同优化订购策略与库存管理，进而提升整个供应链的竞争力和盈利潜力。

6.6.3 需求变化下的三种决策准则订购策略比较

（1）需求不确定性对三种订购模型最优订购策略的影响

首先讨论需求不确定性变化对三种订购模型最优订购策略的影响。假设两阶段需求均值不变，需求不确定性用需求标准差偏离需求均值的百分比来衡量，讨论当两阶段需求不确定性同时同向同比例变化下三个模型的最优订购策略、供应链利润、订购偏差和利润偏差。

表 6 - 20 是由 5.3.3 节以及 6.4.3 节的计算结果得到的，表 6 - 20 给出了两阶段需求标准差按同比例偏离各阶段需求均值情况下三种订购模型的最优订购量以及相应的供应链总利润，其中取利润分配系数 $\phi=1$。

表 6 - 20　需求不确定性变化下的三个订购模型比较

需求标准差偏离均值百分比（%）	利润分配准则订购模型		Stackelberg 决策订购模型		集中决策订购模型	
	订购量（件）	供应链利润（元）	订购量（件）	供应链利润（元）	订购量（件）	供应链利润（元）
1	5 140	258 282	4 740	245 144.2	5 015	262 825
5	5 160	258 784	4 490	235 032.7	5 070	261 567

（续）

需求标准差偏离均值百分比（%）	利润分配准则订购模型		Stackelberg 决策订购模型		集中决策订购模型	
	订购量（件）	供应链利润（元）	订购量（件）	供应链利润（元）	订购量（件）	供应链利润（元）
10	5 430	250 783	4 390	231 233. 3	5 145	257 217
20	5 430	251 024	4 210	226 444. 6	5 280	252 161
30	5 510	243 218	3 910	211 770. 7	5 380	243 700
40	5 780	243 669	3 840	204 107. 1	5 625	244 154
50	5 870	235 772	3 470	192 897. 1	5 755	236 135

由表 6－21 可知，随着需求不确定性的增加，利润分配准则和集中决策准则的最优订购量均增加，而 Stackelberg 决策准则下的最优订购量则减小。利润分配准则订购模型相比于集中决策订购模型而言，订购偏差没有明显的变化趋势，但是却在缩小与集中决策间的利润的距离；而相比于 Stackelberg 决策准则的订购模型，利润分配准则的订购偏差则随着需求不确定性的增加而呈现出越来越大的订购偏差，供应链总利润也出现了越大的偏离。这说明，在合理的利润分配系数取值下，利润分配准则订购模型面对需求不确定性相比于 Stackelberg 决策准则订购模型具有较强的稳健性，即面对较大的需求不确定性时，越来越接近于集中决策的最优利润，且较 Stackelberg 决策准则有更好的利润提升。

表 6－21 给出了利润分配准则最优订购策略偏离另两种模型的比例，以及相应的利润偏离比例。其中订购偏差和利润偏差的定义同 6. 6. 1 节中的描述。

表 6－21　需求不确定性变化下的三个模型订购偏差和利润偏差比较

需求标准差偏离均值百分比（%）	利润分配准则模型和集中决策模型对比		Stackelberg 决策模型和集中决策模型对比		利润分配准则模型和 Stackelberg 决策模型对比	
	订购偏差（%）	利润偏差（%）	订购偏差（%）	利润偏差（%）	订购偏差（%）	利润偏差（%）
1	2. 49	−1. 73	−5. 48	−6. 73	8. 44	5. 36
5	1. 78	−1. 06	−11. 44	−10. 14	14. 92	10. 11
10	5. 54	−2. 50	−14. 67	−10. 10	23. 69	8. 45
20	2. 84	−0. 45	−20. 27	−10. 20	28. 98	10. 85
30	2. 42	−0. 20	−27. 32	−13. 10	40. 92	14. 85
40	2. 76	−0. 20	−31. 73	−16. 40	50. 52	19. 38
50	2. 00	−0. 15	−39. 70	−18. 31	69. 16	22. 23

表 6－21 进一步对比了三种模型的订购偏差和利润偏差，揭示了随着需求

不确定性的增加，利润分配准则模型相对于集中决策和 Stackelberg 决策模型的适应性。尽管利润分配准则模型在某些情况下与集中决策模型存在较小的订购量偏差，但它在减小与 Stackelberg 决策模型的利润偏差方面表现更为出色。这表明利润分配准则模型能够在保持与集中决策模型相近的订购策略的同时，有效地提高供应链总利润，尤其是在高需求不确定性环境下。

以上研究强调了在需求不确定性环境中，合理选择决策模型对于优化供应链订购策略和提高整体利润的重要性。利润分配准则模型因其在适应需求不确定性方面的灵活性和效率，表现出在保持供应链稳定性和最大化利润方面的潜在优势。这对于实际供应链管理实践意味着，通过合理设置利润分配系数和采取适应需求不确定性的订购策略，可以有效地提升供应链的竞争力和盈利能力。

(2) 需求分配对三种订购模型最优订购策略的影响

接下来讨论需求分配对三种模型最优订购策略的影响。需求分配指的是两阶段需求比例的改变，与 6.4.3 节的那个假设一致，假设总需求不变。其中 Stackelberg 决策准则和集中决策的计算结果从 5.3.3 节中得到，利润分配准则计算结果则从 6.4.3 节中得到。对比结果见表 6-22 和表 6-23。

表 6-22　需求分配变化下的三个订购模型比较

$\mu_{\xi_1}:\mu_{\xi_2}$	利润分配准则订购模型		Stackelberg 决策订购模型		集中决策订购模型	
	订购量（件）	供应链利润（元）	订购量（件）	供应链利润（元）	订购量（件）	供应链利润（元）
1∶4	5 400	205 842	4 060	197 111	5 320	206 162
2∶3	5 430	250 783	4 155	225 457	5 275	253 113
3.5∶1.5	5 600	314 759	4 185	311 846	5 295	319 473

表 6-23　需求分配变化下的三个模型订购偏差和利润偏差比较

$\mu_{\xi_1}:\mu_{\xi_2}$	利润分配准则模型和集中决策模型对比		Stackelberg 决策模型和集中决策模型对比		利润分配准则模型和 Stackelberg 决策模型对比	
	订购偏差（%）	利润偏差（%）	订购偏差（%）	利润偏差（%）	订购偏差（%）	利润偏差（%）
1∶4	1.50	−0.16	−23.68	−4.39	33.00	4.43
2∶3	2.94	−0.92	−21.23	−10.93	30.69	11.23
3.5∶1.5	5.76	−1.48	−20.96	−2.39	33.81	0.93

由表 6-22 可知，随着第一阶段需求比例的增加，三种模型的最优订购策

略下的期望利润均增加。利润分配准则订购模型和 Stackelberg 决策准则订购模型的最优订购策略随着第一阶段需求比例的增加而增大，集中决策的最优订购策略没有明显的趋势性。

由表 6-23 可知，随着第一阶段需求比例越高，利润分配准则最优订购量偏离集中决策最优订购的比例越高，且利润偏离也越多。这说明在两阶段价格波动销售时，集中决策对各阶段的需求量并不敏感，而利润分配准则订购模型和 Stackelberg 决策准则订购模型则会受到需求比例的影响。

6.6.4 单位处理费用变化下的三种决策准则订购策略比较

表 6-24 是从 5.3.5 节以及 6.3.5 节的计算结果得到的，表 6-24 给出了两阶段价格随机波动销售下，单位处理费用变化下三种订购模型的最优订购量以及相应的供应链总利润，利润分配系数取 $\phi=1$。

表 6-24 单位处理费用变化下的三个订购模型比较

c_h	利润分配准则订购模型		Stackelberg 决策订购模型		集中决策订购模型	
	订购量（件）	供应链利润（元）	订购量（件）	供应链利润（元）	订购量（件）	供应链利润（元）
−10	5 608	259 214	4 270	229 039	7 580	261 820
−5	5 538	255 976	4 230	227 781	5 650	257 238
0	5 478	253 207	4 190	226 540	5 430	254 382
5	5 426	250 799	4 155	225 456	5 300	252 172
10	5 380	248 676	4 125	224 523	5 200	250 351

由表 6-24 可见，随着单位处理费用的增加，三种模型下最优订购量均减小。这是由于随着单位处理费用的增加，无论何种订购模型，均需要通过减小订购量来避免因单位处理费用增加带来的库存损失。三种模型最优订购策略关于处理价变化下的敏感程度：集中决策模型＞利润分配模型＞Stackelberg 决策模型。这是由于集中决策考虑的是全局最优，仅通过订购决策来调节供应链的整体利润，处理价直接影响了供应链整体利润，且对订购决策有较大的影响；Stackelberg 决策准则订购模型在建模过程中，处理费用是直接影响零售商利润的，批发价的调节作用削弱了处理费用带来的利润损失，因此处理费用对订购量的影响较弱；而利润分配准则订购模型则通过利润分配作用，强迫批发商将部分利润让渡给零售商，因此，处理费用的影响作用介于两者之间。

6.7 本章小结

本章研究了利润分配准则下价格随机波动销售的易逝品单周期最优订购策略问题，讨论了当供应商与零售商双方在利润上达到一种比例，保障他们有稳定的合作交易发生情况下的订购决策和批发价决策。首先，构建了利润分配准则下两阶段价格随机波动的订购模型，并证明了零售商和供应商分别占优的条件。接着将模型退化到单阶段的情形。其次，对模型进行离散化处理，得到利润分配准则下两阶段和单阶段近似最优订购量的求解算法。再次，通过数值实验求解了不同利润分配系数下两阶段和单阶段的最优订购策略，并根据利润情况选择合理的利润分配系数；分析了两阶段价格随机波动销售下，价格波动性、需求不确定性、需求分配、Copula 相关性以及单位处理费用和生产成本对利润分配准则最优订购策略的影响。实验结果表明，合理的利润分配系数设定可以在保证供应链各成员利润比例的前提下尽可能接近集中决策供应链的利润，从而保障供应链稳定交易的发生。

另外，本章对两阶段和单阶段价格波动销售下利润分配准则订购模型、Stackelberg 决策准则订购模型、集中决策订购模型进行了对比分析。

根据利润分配准则下订购决策问题的主要结论以及价格波动销售下三个订购模型的比较，本研究提出如下管理建议：

第一，根据所提算法，可以计算供应商和零售商各自在不同利润分配系数下的最优批发价和最优订购量，得到双方都愿意接受的合理的利润分配比例，使得各自利润最大化，从而保障供应链的稳定交易。

第二，给出了价格波动性以及需求不确定性变化下批发价与订购量的调整策略。①当第一阶段价格波动性增加时，在维持既定利润分配的前提下，零售商需要减少订购量来抵御因价格波动带来的风险；而当第二阶段价格波动性增加时，供应商则需通过减少批发价来抵御价格波动的风险。②第二阶段需求不确定性增加相比于第一阶段需求不确定性的增加，更需要降低订购量。因此，利润分配下更需要着眼于降价阶段的需求稳定性维护，即设法挖掘折价购买的潜在客户，并保证客源的稳定性，降低第二阶段需求的不确定性。

第三，与前两章的结果一样的是，供应链成员同样需通过多样化营销手段吸引更多顾客在第一阶段购买产品，而不是等到打折策略后前来购买；充分估计价格与需求之间的相关性同样是利润分配准则需要重视的，以减少相关性测算偏差导致的订购策略偏离并需要考虑处理费用变化带来的订购偏差，需随着处理费用的增加而适当减少订购量。

第四，在给定利润分配系数下，零售商的最优订购量需随着单位生产成本的增加而增加，尤其是在零售商相对占优的利润分配供应链中，订购量对单位生产成本更为敏感，在给定利润分配系数下需要大幅增加订购量来抵御生产成本的增加。

第五，通过对三种供应链订购模型的对比，本研究得出：相比于 Stackelberg 和集中决策订购策略，利润分配准则可以抵御需求不确定性带来的订购风险和利润偏差，因此，尤其当市场环境不稳定时，应采用利润分配准则订购模型进行订购决策。集中决策最优订购策略对单位处理费用的敏感性最强，而利润分配准则可以改善处理费用变化带来的订购不确定性。因此，虽然降低处理成本可以减少利润损失，但是当企业正值起步阶段，库存的处理制度、处理方式和库存走向不完善的情况下，采用利润分配准则订购策略可以抵御上述因素造成的订购不准确。

第 7 章　结论与展望

本研究针对零售商价格随机波动销售的易逝品单周期订购问题，阐述了单阶段和两阶段价格波动下的订购决策问题。通过构建单阶段和两阶段价格波动下的订购模型对最优订购策略进行分析，分析了零售商单独决策、供应链Stackelberg决策、集中决策和供应链利润分配准则下的最优订购策略。引入Copula函数解决价格和需求相关性问题，提出了价格波动下的近似最优订购策略。数值实验验证了算法的有效性，并分析了多种因素对订购策略的影响。这些结果有助于零售商制定最佳策略，并为供应商与零售商在不同决策环境下做出正确选择提供指导。本研究丰富了订购理论，为价格波动销售环境下易逝品的订购决策问题提供了新思路。

本章首先简要回顾了研究内容和方法，分别从理论成果、数值成果和管理启示三方面总结了本研究得出的主要结论和贡献；其次，在探讨本研究局限性的基础上，指出未来研究的主要方向，为今后较长一段时间的研究和努力探索指明道路。

7.1　主要研究结论及贡献

本研究将价格随机波动销售考虑到易逝品的单周期订购决策问题中。综合运用报童模型理论、Copula理论、博弈论、供应链利润分配等理论和方法，对于零售商在面对价格阶段性随机波动销售时制定相应的单周期订购决策探索性地给出了解答，以期为易逝品的库存管理理论和企业的实践提供新的决策工具。

本研究的主要成果包括以下三个方面。

(1) 理论成果方面

① 构建了零售商单独决策下价格随机波动的单周期订购模型。构建了单阶段和两阶段价格随机波动销售下的易逝品单周期订购模型。求解得到两种价格波动模式下最优订购量的表达式，并证明了解的存在性和唯一性。以期望利润最大为目标，运用Copula函数刻画价格和需求的相关关系，通过离散化模

型分别给出两阶段和单阶段近似最优订购策略的求解算法，并证明了算法的收敛性。

② **构建了两种供应链决策准则下价格随机波动的单周期订购模型。**在两种供应链决策准则——Stackelberg 决策准则和集中决策准则下，构建了两阶段和单阶段价格随机波动销售的单周期订购模型。分别求解得到单阶段和两阶段的最优订购量表达式，并在一定条件下证明了解的存在性和唯一性。通过模型离散化处理，给出了两种决策准则下的近似最优订购策略的求解算法。

③ **构建了供应链利润分配准则下价格随机波动的单周期订购模型。**构建了利润分配准则下两阶段和单阶段价格随机波动销售的单周期订购模型，并分析了供应商和零售商分别占优的条件。通过离散化处理，给出了给定利润分配系数下近似最优订购策略的求解算法。

（2）数值成果方面

① 零售商单独决策下的数值成果。

第一，运用所提的零售商单独决策下两阶段和单阶段价格随机波动的求解算法可以求得使得零售商期望利润最大的近似最优订购策略，并且通过所提算法可以求得近似最优订购策略。

第二，两阶段零售价波动幅度超过某一阈值时，零售商的最优订购量随着波动幅度的增加而明显下降；需求不确定性以及单位处理费用增加时，零售商的最优订购量减小。

第三，两阶段价格波动销售时，若第二阶段并未带来任何额外需求，则单阶段零售商获利更多；只有第二阶段需求拉动效应达到一定程度，两阶段价格波动销售才比单阶段获利更多。

② Stackelberg 决策准则和集中决策准则下的数值成果。

第一，零售价波动性增加，Stackelberg 决策准则和集中决策准则下的最优订购量均减小，并且价格波动性对 Stackelberg 决策模型和集中决策模型订购策略的影响是一致的。随着价格波动性的增加，Stackelberg 决策准则相较于集中决策准则下的利润偏离程度则增加。

第二，在 Stackelberg 决策准则下，需求不确定性的增加会显著减小零售商的利润并逐步降低供应商的利润，同时 Stackelberg 决策准则下的最优订购量相较于集中决策最优订购量的偏离程度也增大，从而影响供应链整体收益。

第三，随着单位处理费用的增加，两种决策准则下的最优订购量均下降。然而 Stackelberg 决策准则下的订购量变化并没有集中决策敏感，即 Stackelberg 订购量偏离集中决策订购量的偏差随着单位处理费用的增加而减小；Stackelberg 决策准则下，单位生产成本变化不会对订购策略造成影响，却导致供应链总利润的下降，而集中决策下最优订购量则随着单位生产成本的增加而降低。

第四，在相同的需求拉动效应下，Stackelberg 决策比集中决策更倾向于采用两阶段销售策略，因为 Stackelberg 决策下若要达到两阶段和单阶段的利润均等，得到的需求拉动系数更小。

③ 供应链利润分配准则下的数值成果。

第一，通过数值实验结果可知，合理的利润分配系数可以得到双方都愿意接受的合理的利润分配比例，从而保障供应链稳定交易的发生。

第二，两阶段价格波动销售时，各阶段价格波动性的变化对利润分配准则下最优订购策略的影响不同：第一阶段价格波动幅度增加，订购量下降，批发价不变；第二阶段价格波动幅度增加，批发价下降，订购量却没有变化。这是由于第二阶段价格波动主要通过批发价的调节来达到既定准则下的利润最大化，而第一阶段则是通过订购量来调节的。然而，无论第一阶段还是第二阶段价格波动幅度的增加，对利润分配供应链而言都是有害的。利润分配准则订购策略相比于集中决策和 Stackelberg 决策的最优订购策略，随着价格变化具有一定的稳健性。

第三，需求不确定性的增加会导致利润分配准则最优订购量的增加，且最优批发价和供应链利润均稳步降低。在合理的利润分配系数取值下，利润分配准则订购模型面对需求不确定性相比于 Stackelberg 决策准则订购模型具有较强的稳健性，即面对较大的需求不确定性时，越来越接近于集中决策的最优利润，且较 Stackelberg 决策准则有更好的利润提升。

第四，随着利润分配系数的增加，单位生产成本变化对利润分配订购策略的影响降低，即相对于零售商占优的情形，供应商越占优，单位生产成本变化所带来的影响越小；三种模型最优订购策略关于单位处理费用变化的敏感程度：集中决策模型＞利润分配模型＞Stackelberg 决策模型。

(3) 管理启示方面

① 零售商单独决策下的管理启示。

第一，若以价格随机波动销售易逝品，零售商应采用价格随机波动的订购模型进行订购决策，尤其是在市场需求不确定性大的销售环境中，可以避免由使用确定模型进行订购决策引起的订购偏差。

第二，零售商需尽可能建立稳定的价格和需求环境，若价格和需求受到市场的冲击从而发生波动时，应及时减少订购量来抵御市场不确定性带来的风险。

第三，在采用两阶段价格随机波动销售易逝品时，零售商应通过一系列措施（如关注顾客细分，明确合适的商品定位，提高原价购买顾客类型比例；增加产品描述使产品艺术化差异化，提高需求转化率；采用自媒体等营销手段）吸引顾客在第一阶段购买产品，而不是等到打折策略后前来购买。

第四，价格和需求的相关性需要得到零售商的重视。零售商应通过历史销售情况准确测算价格与需求之间的相关性，而不是简单地假设价格和需求满足某线性函数，从而减少相关性测算偏差导致的订购策略偏离。

第五，零售商在考虑使用单阶段还是两阶段价格波动销售时，需充分考虑降价带来的需求拉动效应。若两阶段销售时，第二阶段未能带来额外的需求增加或需求增加很少，则零售商应采用单阶段价格波动销售该易逝品；若降价销售能带来足够多的额外需求，零售商应采用两阶段价格波动销售，从而获得比采用单阶段销售更高的收益。

② 供应链决策准则下的管理启示。

第一，当价格波动性和需求不确定性增加时，三种决策准则下零售商均需要通过降低订购量来抵御价格波动性和需求不确定性带来的订购风险。无论是在何种决策准则下，与零售商单独决策一样，均需要通过一系列措施增加第一阶段销售量，从而增加供应链和零售商的利润。在考虑采用单阶段还是两阶段价格波动销售时，无论何种决策准则下，均需要考虑需求拉动效应的大小，只有降价阶段可以带来足够多需求增加时，采用两阶段销售策略才能使供应链获得更多的利润。

第二，当销售环境不稳定时，即价格波动性和需求不确定性增大时，非合作的 Stackelberg 决策准则的最优订购量与集中决策下的最优订购量存在较大偏差。这时，应采用利润分配准则订购模型进行订购决策，从而抵御不确定性带来的订购风险和利润偏差。单位处理费用不确定时，相比于集中决策和 Stackelberg 决策准则订购模型，采用利润分配准则订购模型，可以改善处理费用变化带来的订购不确定性，因此，若企业正值起步阶段，库存的处理制度、处理方式和库存走向不完善的情况下，采用利润分配准则订购策略可以抵御库存因素造成的订购偏离。

7.2　进一步研究方向

本书研究了价格随机波动下的易逝品单周期最优订购策略问题，分别考虑了单阶段和两阶段价格波动下零售商单独决策、供应链 Stackelberg 决策准则、集中决策准则以及利润分配准则的易逝品单周期订购问题。在研究中，由于研究时间所限，存在一些研究不够深入的地方。例如，为了求得最优订购策略，做了许多合理的环境假设，如假设需求和价格为连续的随机变量，且分布连续等；仅考虑决策者风险中性的情况，以期望利润最大作为决策目标进行建模；由于实际价格数据获取的难度较大，获取的数据有限，本研究在有限环境数据下进行了数值模拟，从而进行相关实验。鉴于以上局限性，未来进一步的研究方向有：

(1) 考虑不同订购决策的扩展

本书仅研究了易逝品单周期订购问题，由于价格波动性给订购决策带来的巨大困难，未来可以考虑面对价格波动销售的多阶段订购、补货，提前订购等其他订购方式。

(2) 考虑不同价格波动模式的扩展

实际中价格波动的模式不仅限于两阶段和单阶段价格波动的情形，可以进一步研究多阶段价格波动销售且需求不确定情形下的订购问题。

(3) 考虑易逝品特征的扩展

由于易逝品在生命周期中存在价值的损失，因此，将易逝品的损耗考虑到模型的构建中，并考虑缺货损失作为影响订购决策的一个因素。

(4) 考虑决策者偏好的扩展

本书以利润最大化作为决策目标，由于不同决策者的风险偏好不同，因此，可以考虑决策者风险偏好，运用诸如 CVaR 理论、效用理论等刻画决策目标。

(5) 复杂供应链环境的扩展

由于实际中供应链不仅限于单个零售商和单个供应商的环境，因此可以考虑更为复杂的供应链决策环境，如多级供应链系统、多零售商多供应商环境，以及供应链网络下价格波动销售对成员决策的影响。

参考文献

REFERENCES

埃森哲，2020. 技术展望 2020：聚焦于人，破解技术冲突［R/OL］.（02 - 21）. https：//tech. sina. com. cn/it/2020 - 02 - 21/doc - iimxxstf3237282. shtml.

毕功兵，等，2013. 公平偏好下销售回扣契约供应链协调［J］. 系统工程理论与实践，33（10）：2505 - 2512.

蔡建湖，王丽萍，2010. 季节性商品两级供应链契约设计与协调模型研究综述［J］. 计算机集成制造系统（5）：118 - 125.

陈士昂，2007. 供应链环境下时尚产品库存控制研究［D］. 上海：同济大学.

高冬冬，2018. 基于易逝品供应链柔性分析的供应商选择策略研究［D］. 成都：西南交通大学.

高峻峻，等，2005. 供应链管理模型的分类和研究进展［J］. 中国管理科学，13（5）：116 - 125.

高峻峻，俞莱若，2009. 替代性需求下一类产品的品种选择与库存控制的联合决策［J］. 系统工程理论与实践，29（3）：76 - 83.

高秀明，汤兵勇，2003. 服装产品的采购与出清价格的启发式报童模型［J］. 苏州大学学报（工科版）（6）：78 - 80.

郭生练，等，2008. Copula 函数在多变量水文分析计算中的应用及研究进展［J］. 水文，28（3）：1 - 7.

华连连，邓思捷，王建国，等，2021. 考虑顾客效用和时变品质度的乳品供应链品质激励契约研究［J］. 中国管理科学，29（11）：146 - 157.

贾凯威，陈继华，2016. 基于 SVAR 的我国物价波动特征实证研究［J］. 统计与决策（18）：162 - 166.

蹇明，等，2015. 考虑销售价格变动的服装行业供应链契约研究［J］. 工业工程，18（3）：10 - 16.

李绩才，等，2013. 考虑损失厌恶一对多型供应链的收益共享契约［J］. 管理科学学报，16（2）：71 - 82.

李雪敏，等，2008. 报童模型的研究进展综述［J］. 统计与决策，2008（17）：11 - 14.

刘海军，陈菊红，2010. 供应链环境下报童问题研究述评［J］. 科技管理研究（13）：172 - 179.

刘咏梅，夏至刚，2006. 供应链契约研究综述［J］. 企业技术开发（12）：77 - 79.

罗春林，田歆，2015. CVaR 准则下随机需求依赖于价格的供应链运作策略［J］. 管理评论，

27 (4): 167-176.

孟志青，郑敏超，2020. 零售价波动销售策略下的报童模型研究 [J]. 系统工程理论与实践，40 (10): 2648-2657.

宁吉喆，2020. 中国经济运行呈现十大亮点 [J/OL]. http: //www.qstheory.cn/dukan/qs/2020-02/01/c_1125497444.htm.

邵栗，2017. 基于 Copula-CVaR 的经典报童模型扩展研究 [D]. 上海：东华大学.

宋晓丽，等，2019. 苹果市场价格波动特征研究 [J]. 合作经济与科技，604 (5): 86-90.

苏菊宁，等，2011. 不确定响应时间下价格时变供应链的协调 [J]. 系统工程理论与实践，31 (3): 461-470.

覃燕红，等，2014. 公平偏好下基于 Stackelberg 博弈的回购契约研究 [J]. 工业工程，17 (4): 85-90.

万仲平，等，2008. 报童问题的扩展模型 [J]. 武汉大学学报（理学版），54 (3): 259-266.

王冲，等，2013. 基于 Stackelberg 博弈的生鲜农产品供应链决策研究 [J]. 软科学，27 (4): 99-101.

王宣涛，张玉林，2015. 考虑顾客行为与零售商公平关切的易逝品定价与供应链协调研究 [J]. 管理工程学报，29 (1): 89-97.

王迎军，2005. 顾客需求驱动的供应链契约问题综述 [J]. 管理科学学报 (2): 68-76.

王勇，朱龙涛，2012. 考虑公平偏好的两级供应链 Stackelberg 博弈模型 [J]. 工业工程，15 (4): 28-34.

肖玉明，2009. 考虑利润分配公平性的供应链激励模型 [J]. 预测，28 (1): 42-47.

许民利，李展，2014. 需求依赖于价格情境下基于 Copula-CVaR 的报童决策 [J]. 控制与决策 (6): 1083-1090.

薛颖，2009. 关于供应链管理中报童问题的研究综述 [J]. 中国商界 (8): 242-243.

杨树，等，2007. 延期支付条件下单个生产商多个销售商库存模型 [J]. 系统工程 (4): 9-14.

姚锋敏，等，2020. 公平关切下零售商主导闭环供应链的定价策略 [J]. 运筹与管理，29 (8): 120-127.

张利庠，张喜才，2011. 外部冲击对我国农产品价格波动的影响研究：基于农业产业链视角 [J]. 管理世界 (1): 71-81.

张小栓，等，2004. 1978—2000 年我国水产品零售价格波动的周期性研究 [J]. 农业系统科学与综合研究，20 (4): 277-280.

赵峰，2003. 论互联网营销中的价格策略 [J]. 经济师 (2): 166-241.

郑敏超，孟志青，2020. 两阶段波动价格销售下的最优订购策略研究 [J]. 系统科学与数学，40 (11): 1918.

周德，2010. 我国猪肉价格波动风险与调控机制研究 [D]. 南京：南京农业大学.

周娜，2020. 智能产品的供应链差价补偿策略研究 [D]. 杭州：浙江工业大学.

ABAD P，2014. Determining optimal price and order size for a price setting newsvendor under cycle service level [J]. International journal of production economics, 158: 106 - 113.

ADACHI Y, et al., 1999. Optimal inventory control policy subject to different selling prices of perishable commodities [J]. International journal of production economics, 60 (1): 389 - 394.

AGRAWAL V, SESHADRI S, 2000. Impact of uncertainty and risk aversion on price and order quantity in the newsvendor problem [J]. Manufacturing & service operations management, 2 (4): 410 - 423.

AKERLOF G A, 1978. The market for "lemons": quality uncertainty and the market mechanism [J]. In Uncertainty in economics. Elsevier: 235 - 251.

ANDERSON C K, et al., 2016. Dynamic pricing in hospitality: overview and opportunities [J]. International journal of revenue management, 9 (2 - 3): 165 - 174.

ARROW K J, MARSCHAK H J, 1951. Optimal inventory policy [J]. Econometrica, 19 (3): 250 - 272.

AVIV Y, 2001. The effect of collaborative forecasting on supply chain performance [J]. Management science, 47 (10): 1326 - 1343.

AVIV Y, FEDERGRUEN A, 2001. Design for postponement: a comprehensive characterization of its benefits under unknown demand distributions [J]. Operations research, 49 (4): 578 - 598.

AXELROD R, HAMILTON W D, 1981. The evolution of cooperation [J]. Science, 211 (4489): 1390 - 1396.

AYDIN B, et al., 2012. A copula approach to inventory pooling problems with newsvendor products [J]. ArXiv: Optimization and Control, 81 - 101.

BENSOUSSAN A, et al., 2007. Optimal ordering policies for inventory problems with dynamic information delays [J]. Production and operations management, 16 (2): 241 - 256.

BERLING P, MARTINEZDEALBENIZ V, 2011. Optimal inventory policies when purchase price and demand are stochastic [J]. Operations research, 59 (1): 109 - 124.

BHATTI M I, DO H Q, 2019. Recent development in copula and its applications to the energy, forestry and environmental sciences [J]. International journal of hydrogen energy, 44 (36): 19453 - 19473.

BISWAS I, AVITTATHUR B, 2018. The price - setting limited clearance sale inventory model [J]. Annals of operations research: 1 - 17.

BODILY S E, WEATHERFORD L R, 1995. Perishable - asset revenue management: generic and multiple - price yield management with diversion [J]. Omega, 23 (2): 173 - 185.

BÖHM V, HALLER H, 2016. Demand theory [J/OL]. In the new Palgrave dictionary of economics: 1 - 13. https: //doi. org/10. 1057/978 - 1 - 349 - 95121 - 5 _ 539 - 1.

BOIVIN J, et al., 2012. Virtual borders [J]. Journal of international economics, 86 (2): 327 - 335.

BRUNEAU C, et al., 2020. Economic and financial risk factors, copula dependence and risk sensitivity of large multi - asset class portfolios [J]. Annals of operations research, 284 (1): 165 - 197.

BURKE G J, et al., 2007. Single versus multiple supplier sourcing strategies [J]. European journal of operational research, 182 (1): 95 - 112.

CACHON G P, FISHER M, 2000. Supply chain inventory management and the value of shared information [J]. Management science, 46 (8): 1032 - 1048.

CACHON G P, KÖK A G, 2007. Implementation of the newsvendor model with clearance pricing: how to (and how not to) estimate a salvage value [J]. Manufacturing & service operations management, 9 (3): 276 - 290.

CACHON G P, LARIVIERE M A, 2005. Supply chain coordination with revenue - sharing contracts: strengths and limitations [J]. Management science, 51 (1): 30 - 44.

CACHON G P, et al., 2005. Retail assortment planning in the presence of consumer search [J]. Manufacturing & service operations management, 7 (4): 330 - 346.

CACHON G P, ZIPKIN P H, 1999. Competitive and cooperative inventory policies in a two - stage supply chain [J]. Management science, 45 (7): 936 - 953.

CARO F, GALLIEN J, 2012. Clearance pricing optimization for a fast - fashion retailer [J]. Operations research, 60 (6): 1404 - 1422.

CAVALLO A F, et al., 2014. Currency unions, product introductions, and the real exchange rate [J]. The quarterly journal of economics, 129 (2): 529 - 595.

CHAO X, et al., 2008. Joint replenishment and pricing decisions in inventory systems with stochastically dependent supply capacity [J]. European journal of operational research, 191 (1): 142 - 155.

CHEN F, ZHENG F Y S, 2001. Near - optimal pricing and replenishment strategies for a retail/distribution system [J]. Operations research, 49 (6): 839 - 853.

CHEN L, et al., 2016. An empirical analysis of algorithmic pricing on amazon marketplace [J]. Proceedings of the 25th International Conference on World Wide Web.

CHEN Q P, 2013. A study on pair - copula constructions of multiple dependence [J]. Application of statistics & management, 44 (2): 182 - 198.

CHEN X, SIMCHI - LEVI D, 2004. Coordinating inventory control and pricing strategies with random demand and fixed ordering cost: the finite horizon case [J]. Operations research, 52 (6): 887 - 896.

CHIANG W Y K, et al., 2003. Direct - marketing, indirect profits: a strategic analysis of dual - channel supply - chain design [J]. Management science, 49 (1): 1 - 20.

CHUAN W, et al., 2010. Measurement of the fluctuation risk of the China fruit market price based on VaR [J]. Agriculture & agricultural science procedia: 212 - 218.

CHUNG C, et al., 2009. The newsvendor problem with an in - season price adjustment [J]. European journal of operational research, 198 (1): 148 - 156.

CUI T H, et al., 2007. Fairness and channel coordination [J]. Management science, 53 (8): 1303 - 1314.

DADA M, 1999. Pricing and the newsvendor problem: a review with extensions [J]. Operations research, 47 (2): 183 - 194.

DING Q, et al., 2006. Dynamic pricing through discounts for optimizing multiple - class demand fulfillment [J]. Operations research, 54 (1): 169 - 183.

EDGEWORTH F Y, 1888. The mathematical theory of banking [J]. Journal of the royal statistical society, 51 (1): 113 - 127.

ELMAGHRABY W, KESKINOCAK P, 2003. Dynamic pricing in the presence of inventory considerations: research overview, current practices, and future directions [J]. Management science, 49 (10): 1287 - 1309.

EMBRECHTS P, et al., 1999. Correlation and dependence in risk management: properties and pitfalls [J]. Risk management: 176 - 223.

FAN Y, PATTON A J, 2014. Copulas in econometrics [J]. Annual review of economics, 6 (1): 179 - 200.

FEDERGRUEN A, HECHING A, 1999. Combined pricing and inventory control under uncertainty [J]. Operations research, 47 (3): 454 - 475.

FENG Y, GALLEGO G, 2000. Perishable asset revenue management with Markovian time dependent demand intensities [J]. Management science, 46 (7): 941 - 956.

FUDENBERG D, MASKIN E, 2009. The folk theorem in repeated games with discounting or with incomplete information [J]. In a long - run collaboration on long - run games: 9 - 230.

GALLEGO G, MOON I, 1993. The distribution free newsboy problem: review and extensions [J]. Journal of the operational research society, 44 (8): 825 - 834.

GALLEGO G, VAN RYZIN G, 1994. Optimal dynamic pricing of inventories with stochastic demand over finite horizons [J]. Management science, 40 (8): 999 - 1020.

GORODNICHENKO Y, TALAVERA O, 2017. Price setting in online markets: basic facts, international comparisons, and cross - border integration [J]. American economic review, 107 (1): 249 - 282.

HAN G, et al., 2017. Sustainable governance of organic food production when market forecast is imprecise [J]. Sustainability, 9 (6): 1020.

HU L, 2006. Dependence patterns across financial markets: a mixed copula approach [J]. Applied financial economics, 16 (10): 717 - 729.

HUA G, et al., 2012. Optimal pricing and order quantity for the newsvendor problem with free shipping [J]. International journal of production economics, 135 (1): 162 - 169.

HUANG Y, et al., 2011. Coordinating pricing and inventory decisions in a multi - level supply chain: a game - theoretic approach [J]. Transportation research part e - logistics and transportation review, 47 (2): 115 - 129.

HUKA H, et al., 2014. Price fluctuation of agricultural products and its impact on small scale farmers development: case analysis from Kilimanjaro Tanzania [J]. European journal of business and management, 6 (36): 155 - 160.

HUNTER D, 2004. Extensions to the Gaussian copula: random recovery and random factor loadings [J]. Journal of credit risk, 1 (1): 5.

JACKS D S, STUERMER M, 2020. What drives commodity price booms and busts? [J]. Energy economics, 85 (36): 104035.

JADIDI O, et al., 2016. A two - price policy for a newsvendor product supply chain with time and price sensitive demand [J]. European journal of operational research, 253 (1): 132 - 143.

JOE H, 2017. Parametric copula families for statistical models (M. Vbeda Flores, E. de Amo ARTERO F. Durante, J. Fernández Sánchez, Eds.) [M]. Springer International Publishing.

JONDEAU E, ROCKINGER M, 2006. The Copula - GARCH model of conditional dependencies: an international stock market application [J]. Journal of international money and finance, 25 (5): 827 - 853.

KALYMON B A, 1971. Stochastic prices in a single - item inventory purchasing model [J]. Operations research, 19 (6): 1434 - 1458.

KATOK E, PAVLOV V, 2013. Fairness in supply chain contracts: a laboratory study [J]. Journal of operations management, 31 (3): 129 - 137.

KHOUJA M, 1995. The newsboy problem under progressive multiple discounts [J]. European journal of operational research, 84 (2): 458 - 466.

KHOUJA M, 1999. The single - period (news - vendor) problem: literature review and suggestions for future research [J]. Omega, 27 (5): 537 - 553.

KHOUJA M, et al., 2013. A free gift card alternative to price discounts in the newsvendor problem [J]. Omega, 41 (4): 665 - 678.

LARIVIERE M A., PORTEUS E L, 2001. Selling to the newsvendor: an analysis of price - only contracts [J]. Manufacturing & service operations management, 3 (4): 293 - 305.

LARSON P D, 2001. Designing and managing the supply chain: concepts, strategies, and case studies [J]. Journal of business logistics, 22 (1): 259.

LAU A H, LAU H, 1988. The newsboy problem with price - dependent demand distribution [J]. IIE transactions, 20 (2): 168 - 175.

LAU H L, LAU H - S, 1998. Decision models for single - period products with two ordering opportunities [J]. International journal of production economics, 55 (1): 57 - 70.

LEE W, AHN J Y, 2014. On the multidimensional extension of countermonotonicity and its applications [J]. Insurance mathematics & economics, 56: 68 - 79.

LI D X, 2000. On default correlation: a copula function approach [J]. Journal of fixed income, 9 (4): 43 - 54.

LUCIANO，2004. Copula methods in finance [M]. John Wiley.

LUO S，et al.，2016. On the optimality conditions of a price - setting newsvendor problem [J]. Operations research letters，44 (6)：697 - 701.

MAHAJAN S，VAN RYZIN G，2001. Stocking retail assortments under dynamic consumer substitution [J]. Operations research，49 (3)：334 - 351.

MCNEIL A J，FREY R，EMBRECHTS P，2005. Quantitative risk management：concepts，techniques，and tools [M]. Princeton：Princeton University Press.

MONDSCHEIN B S V，1996. Mailing decisions in the catalog sales industry [J]. Management science，42 (9)：1364 - 1381.

MOON I，YOO D K，SAHA S，2016. The distribution - free newsboy problem with multiple discounts and upgrades [J]. Mathematical problems in engineering (9)：1 - 11.

MORSE P M，1958. Queues，inventories and maintenance：the analysis of operational systems with variable demand and s [M]. London：Chapman & Hall.

MORTIMER J H，2002. The effects of revenue - sharing contracts on welfare in vertically - separated markets：evidence from the video rental industry [J]. Ssrn electronic journal，28：336224.

NAIR G K，2019. Dynamics of pricing and non - pricing strategies，revenue management performance and competitive advantage in hotel industry [J]. International journal of hospitality management，82：287 - 297.

NAIR H，2007. Intertemporal price discrimination with forward - looking consumers：application to the US market for console video - games [J]. Quantitative marketing and economics，5 (3)：239 - 292.

NASH J F，1950. Equilibrium points in n - person games [J]. Proceedings of the national academy of sciences，36 (1)：48 - 49.

NELSEN R B，2000. An introduction to Copulas [J]. Technometrics，42 (3)：317.

PATTON A J，2012. A review of copula models for economic time series [J]. Journal of multivariate analysis，110：4 - 18.

PETRUZZI N C，DADA M，1999. Pricing and the newsvendor problem：a review with extensions [J]. Operations research，47 (2)：183 - 194.

SHAH N H，et al.，2014. Stackelberg game for two - level supply chain with price markdown option [J]. International journal of computer mathematics，91 (5)：1054 - 1060.

SKLAR M，1959. Fonctions de repartition an dimensions et leurs marges [J]. Publ. Inst. Statist. Univ. Paris，8：229 - 231.

SWEETING A，et al.，2020. A model of dynamic limit pricing with an application to the airline industry [J]. Journal of political economy，128 (3)：1148 - 1193.

TAAFFE K，et al.，2008. Target market selection and marketing effort under uncertainty：the selective newsvendor [J]. European journal of operational research，189 (3)：987 - 1003.

TAPIERO C S, KOGAN K, 2009. Risk - averse order policies with random prices in complete market and retailers' private information [J]. European journal of operational research, 196 (2): 594 - 599.

TOMLIN B, 2006. On the value of mitigation and contingency strategies for managing supply chain disruption risks [J]. Management science, 52 (5): 639 - 657.

TSAY A A, 1999. The quantity flexibility contract and supplier - customer incentives [J]. Management science, 45 (10): 1339 - 1358.

VENEGAS B B, VENTURA J A, 2018. A two - stage supply chain coordination mechanism considering price sensitive demand and quantity discounts [J]. European journal of operational research, 264 (2): 524 - 533.

VON NEUMANN J, MORGENSTERN O, 1947. Theory of games and economic behavior [M]. 2nd revision. Princeton: Princeton University Press.

WENG Z K, 1995. Channel coordination and quantity discounts [J]. Management science, 41 (9): 1509 - 1522.

WHITIN T M, 1955. Inventory control and price theory [J]. Management science, 2 (1): 61 - 68.

WIDYADANA G A, WEE H M, 2008. Supply chain retailer price markdown policy for deteriorating inventory [C]. 2008 4th IEEE International Conference on Management of Innovation and Technology.

XU G Y, et al., 2014. Coordinating a dual - channel supply chain with risk - averse under a two - way revenue sharing contract [J]. International journal of production economics, 147: 171 - 179.

XU M, et al., 2010. The effect of demand uncertainty in a price - setting newsvendor model [J]. European journal of operational research, 207 (2): 946 - 957.

XU X, et al., 2011. Unimodality of price - setting newsvendor's objective function with multiplicative demand and its applications [J]. International journal of production economics, 133 (2): 653 - 661.

YAN Q, 2011. The newsvendor problem: review and directions for future research [J]. European journal of operational research, 213 (2): 361 - 374.

YAO L, et al., 2006. The newsvendor problem with pricing: extensions [J]. International journal of management science and engineering management, 1 (1): 3 - 16.

YE S Q, et al., 2015. Sponsored search marketing: dynamic pricing and advertising for an online retailer [J]. Management science, 61 (6): 1255 - 1274.

YE T, SUN H, 2016. Price - setting newsvendor with strategic consumers [J]. Omega, 103 - 110.

YU W, et al., 2019. Analysis of vegetable price fluctuation law and causes based on Lasso regression model [C]. Journal of Physics: Conference Series.

YU Y, et al., 2013. A newsvendor model with fuzzy price - dependent demand [J]. Applied mathematical modelling, 37 (5): 2644 - 2661.

YUN Z, et al., 2019. Optimal ordering strategy for goods at multiple retail prices under simultaneous sales [J]. Discrete dynamics in nature and society (3).

ZHEN L, YAN L, 2013. On the information sharing model for supply chain based on Stackelberg game theory [J]. Advanced materials research: 2090 - 2094.

ZHENG M, MENG Z, SHEN R, 2020. Research on two - level price - fluctuation supply chain ordering strategy problem [J]. Discrete dynamics in nature and society (6): 1 - 14.

图书在版编目（CIP）数据

零售价随机波动下的易逝品单周期最优订购策略问题研究 / 郑敏超著. -- 北京 ：中国农业出版社，2024. 10. -- ISBN 978-7-109-32532-6

Ⅰ. F713.3

中国国家版本馆 CIP 数据核字第 202498V7X8 号

中国农业出版社出版

地址：北京市朝阳区麦子店街 18 号楼

邮编：100125

责任编辑：肖 杨

版式设计：王 晨　　责任校对：吴丽婷

印刷：北京中兴印刷有限公司

版次：2024 年 10 月第 1 版

印次：2024 年 10 月北京第 1 次印刷

发行：新华书店北京发行所

开本：720mm×960mm　1/16

印张：13

字数：250 千字

定价：98.00 元